U0841025

The Study on New-Era
China Development Concept

郝立新　周康林 _ 著

新时代
中国发展观研究

辽宁人民出版社

图书在版编目（CIP）数据

新时代中国发展观研究 / 郝立新，周康林著. —沈阳：辽宁人民出版社，2019.1

ISBN 978-7-205-09445-4

Ⅰ.①新…　Ⅱ.①郝…　②周…　Ⅲ.①中国特色社会主义—发展观—研究　Ⅳ.①D616

中国版本图书馆CIP数据核字（2018）第248661号

出版发行：辽宁人民出版社
地址：沈阳市和平区十一纬路25号　邮编：110003
电话：024-23284321（邮　购）　024-23284324（发行部）
传真：024-23284191（发行部）　024-23284304（办公室）
http://www.lnpph.com.cn

印　　刷：朝阳铁路印务有限公司
幅面尺寸：175mm × 240mm
印　　张：19.5
插　　页：2
字　　数：305千字
出版时间：2019年1月第1版
印刷时间：2019年1月第1次印刷
责任编辑：娄　瓴
封面设计：丁末末
版式设计：杜　江
责任校对：吴艳杰　耿　珺
书　　号：ISBN 978-7-205-09445-4

定　　价：58.00元

郝立新　1960年1月生于贵州省凯里市，籍贯山东省东阿县。哲学博士，中国人民大学校长助理、哲学院院长，长江学者特聘教授。兼任教育部教指委（哲学）副主任委员，中国马克思主义哲学史学会会长，中国高教学会马克思主义研究会会长，中国历史唯物主义学会副会长，中国人类学民族学学会民族文化创意研究会会长，中央马克思主义理论研究和建设工程教材首席专家。主要研究领域：历史唯物主义、社会发展理论、文化理论。代表著作:《历史选择论》《当代中国马克思主义哲学研究走向》《我们为什么需要历史唯物主义》《马克思主义发展史》等。在《中国社会科学》《哲学研究》《马克思主义研究》《人民日报》《光明日报》《新华文摘》等刊物上发表论文一百三十余篇。主持国家社科基金重大项目《中国特色社会主义文化道路研究》和《马克思主义传播研究》。

周康林　1988年10月出生于贵州省镇远县。现为中国人民大学马克思主义学院博士研究生，参与国家社科基金后期资助项目《民族复兴视域下的人民主体性问题研究》，在《马克思主义研究》《马克思主义与现实》《毛泽东思想研究》《中国社会科学报》等刊物上发表学术论文十余篇。

自序

发展是当今世界的时代主题之一。哲学作为时代精神的精华，它不可能蛰居于社会发展的现实境遇之外，致力于改造世界的马克思主义理论更需要直面时代发展难题，为破解时代发展的深层次难题提供鲜活的方法论指导。马克思主义认为，解释世界与改造世界是统一的，科学地解释世界是为了更好地改造世界，对于我们这些从事马克思主义哲学研究的理论工作者而言，尤其需要将自身的理论旨趣与国家社会发展的现实需要更加紧密地结合起来。改造世界的历史活动总是按照一定的思维逻辑和实践逻辑而展开的，随着历史活动的深入，人们的思维逻辑和实践逻辑要么被证伪，要么被印证，要么迎来进一步升华的历史机遇。发展作为人类有目的的、前进性的实践活动，需要科学发展理念提供正确的指导或引领，这是不言而明的。

伟大的发展实践需要科学的发展理念作为指导，才能顺利实现发展目标。推动新时代中国特色社会主义伟大事业向前发展，更加离不开新的科学发展理念的指导。党的十八大以来，以习近平同志为核心的党中央紧紧围绕坚持中国特色社会主义“五位一体”的总体布局，紧紧围绕实现社会主义现代化和中华民族伟大复兴的“总任务”，全面总结反思中国特色社会主义建设的实践经验，结合中国特色社会主义实践的新特点、新任务，创造性地提出了一系列治国理政的新理念新思想新战略，提出并形成了全面建成小康社会、全面深化改革、全面依法治国、全面从严治党的“四个全面”战略布局，为当代中国的新发展提供了行稳致远的顶层设计。发展是我们党执政兴国的第一要务，从治国理政的战略高度来谋发展，充分显示了中国特色社会主义的制度优势。在“四个全面”战略布局基础上，党的十八届五中全会因时而谋、顺势而为，提出了创新、协调、绿色、开放、共享的“新发展理念”，为我国实现“以提高发展质量和效益为中心”的新发展指明了发展思路、发展方向、发展着力点，为当代中国实现长期持续健康发展提供了新的实践方法论。

新发展，新成就，新时代，新征程。党的十八大以来，以习近平同志为核心的党中央面对世界经济复苏乏力、局部冲突和动荡频发、全球性问题加剧的外部环境，面对我国经济发展进入新常态等一系列深刻变化，坚持稳中求进的工作总基调，团结带领中国人民迎难而上，开拓进取，取得了改革开放和社会主义现代化建设的历史性成就。正如党的十九大指出：“五年来的成就是全方位的、开创性的，五年来的变革是深层次的、根本性的。五年来，我们党以巨大的政治勇气和强烈的责任担当，提出一系列新理念新思想新战略，出台一系列重大方针政策，推出一系列重大举措，推进一系列重大工作，解决了许多长期想解决而没有解决的难题，办成了许多过去想办而没有办成的大事，推动党和国家事业发生历史性变革。这些历史性变革，对党和国家事业发展具有重大而深远的影响。”[①]这些历史性成就和历史性变革是中国共产党人领导中国人民长期艰苦奋斗取得的，它标志着中国特色社会主义新入了新时代。“中国特色社会主义进入新时代，意味着近代以来久经磨难的中华民族迎来了从站起来、富起来到强起来的伟大飞跃，迎来了实现中华民族伟大复兴的光明前景；意味着科学社会主义在二十一世纪的中国焕发出强大生机活力，在世界上高高举起了中国特色社会主义伟大旗帜；意味着中国特色社会主义道路、理论、制度、文化不断发展，拓展了发展中国家走向现代化的途径，给世界上那些既希望加快发展又希望保持自身独立性的国家和民族提供了全新选择，为解决人类问题

① 习近平：《决胜全面建成小康社会　夺取新时代中国特色社会主义伟大胜利——在中国共产党第十九次全国代表大会上的报告》，《人民日报》2017年10月28日，第2版。

贡献了中国智慧和中国方案。”[①]

“新时代”不是凭空臆造出来的，它以社会主要矛盾转化作为重要判断依据。党的十九大指出：“中国特色社会主义进入新时代，我国社会主要矛盾已经转化为人民日益增长的美好生活需要和不平衡不充分的发展之间的矛盾。”[②]新时代的社会主要矛盾深刻反映了国内外形势的新变化，深刻反映了我国各项事业的新发展，也深刻反映了中国人民对美好生活的新向往。新时代中国特色社会主义的社会主要矛盾是中国发展起来之后，社会主要矛盾呈现出的新形态，只有紧紧抓住发展的“硬道理”，一心一意谋发展，我们国家才能逐步推动社会主要矛盾从旧形态向新形态转换升级，进而推动社会全面进步，促进人的全面发展。

新时代中国特色社会主义的社会主要矛盾具有长期性。随着社会生产力水平的提升，中国稳定解决了温饱问题，人民对美好生活的需要变得日益广泛多样，人民群众不仅对物质文化生活提出了更高要求，而且在民主、法治、公平、正义、安全、环境等方面的要求日益增长，新时代对中国发展提出了更高的整体性诉求。发展的不平衡主要涉及结构性、合理性问题，包括发展中的结构、区域、领域不平衡、不合理等问题，主要表现在经济发展内在结构的不平衡，表现在经济、政治、文化、社会、生态等领域建设发展之间的不平衡，表现在区域之间特别是城乡之间、东部西部之间的不平衡，表现在收入分配、教育、医疗、社会保障方面的不平衡。发展的不充分主要是指发展程度和质量问题，主要表现在发展创新动力不足、就业质量和机会不够充分、局部区域生产发展水平滞后、文化教育发展水平尚待提高、民主与法制建设有待改进和加强、国家治理体系和治理能力水平有待提高、社会保障的覆盖面和水平有待提高，生活和工作环境需要改善，等等。发展不平衡和不充分问题是新时代发展面临的主要问题，是决定我们实际工作重点和着力点的基本依据。破解新时代发展不平衡不充分的难题是一项长期艰巨的历史任务，毫无疑问，引领新时代的发展理念必须是管全局、管根本、管方向、管长远的。党的十九大将“以人

①② 习近平：《决胜全面建成小康社会　夺取新时代中国特色社会主义伟大胜利——在中国共产党第十九次全国代表大会上的报告》，《人民日报》2017年10月28日，第2版。

民为中心的发展思想”确立为“新时代中国特色社会主义思想”的重要内容，也将“坚持新发展理念”确立为“新时代坚持和发展中国特色社会主义的基本方略”之一，足以见得，创新、协调、绿色、开放、共享的“新发展理念”依然是推动新时代中国特色社会主义向前发展必须长期坚持的实践方法论。

我从事马克思主义理论的学习、研究、教学工作三十余年，运用马克思主义的观点和方法来分析研究当代中国社会发展的若干问题和矛盾，已经成为我学术研究不可或缺的重要部分。从20世纪80年代中后期以来，我先后聚焦了“历史主体论”、“历史选择论”、“社会主义本质论”、“全球化”、“现代化”、“中国模式”、“社会公正”、“文化理论”等问题，但我的研究领域始终都没有偏离唯物史观所涉及的基本范畴，也没有回避当代中国社会全面发展面临的实际难题。党的十八届五中全会以来，我围绕“新发展理念”先后撰写并发表了《中国特色社会主义实践的战略布局和发展理念》（载《中国特色社会主义研究》）、《从“四个全面”到“五大发展理念”》（载《光明日报》）、《当代中国的新发展观》（载《中国高等教育》）等理论文章，率先提出“当代中国新发展观”的命题，在理论界引起较大反响。2016年9月，辽宁人民出版社多次向我约稿，主题就是“当代中国新发展观”。鉴于已有的相关研究成果，我欣然答应。为了给青年学生提供学习、成长、锻炼的机会，我让自己指导的博士研究生周康林参与进来。经过反复讨论，我们将著作名确定为《新时代中国发展观》，在结构设计上，我们遵循和坚持了全球视野、历史之维、问题导向、人民立场等四大基本原则。

从全球视野上看，我们把中国崛起置于经济全球化的世界历史潮流之中加以考察，崛起的中国站在新的世界历史坐标上，不断走向世界舞台的中央，迎接新的机遇和挑战，迫切需要新的发展理念作为行动指南。同时，创新发展、协调发展、开放发展、绿色发展、共享发展等都需要充分统筹国内国际两个大局，“新发展理念”与“构建人类命运共同体”的全球治理“中国方案”也存在深度契合，在本著作中，我们对这些问题进行了探讨。

从历史之维上看，我们把历史辩证法贯穿于全书的设计之中，第二章梳理了新时代中国发展观的演进历程，并用一组形象的数字来反映新时代中国发展观实践变迁的历史轨迹。从第三章到第七章，我们都特别重视从人类历史或民族兴衰的视角来探究创新发展、协调发展、开放发展、绿色发展、共享发展的历史逻辑，努力做到历史与逻辑的辩证统一，努力做到历史必然性与理论自觉性的辩证统一。

从问题导向上看，我们特别重视世界发展面临的普遍难题及其发展中国形态，以中国社会主义现代化建设的实际问题为中心，以我们党和国家正在做的事情为中心，直面当代中国发展面临的短板问题、陷阱问题、安全风险问题，具有鲜明的问题意识。比如，第三章至第七章，分别围绕创新发展、协调发展、绿色发展、开放发展、共享发展来展开，每一章都深入探讨当代中国在相关领域面临的发展难题，并提出破解发展难题的思路和对策，具有较强的现实针对性。

从人民立场上看，我们秉持“立学为民，治学报国”的情怀。正如习近平同志所言：“坚持以马克思主义为指导，核心要解决好为什么人的问题。为什么人的问题是哲学社会科学研究的根本性、原则性问题。我国哲学社会科学为谁著书、为谁立说，是为少数人服务还是为绝大多数人服务，是必须搞清楚的问题。世界上没有纯而又纯的哲学社会科学。世界上伟大的哲学社会科学成果都是在回答和解决人与社会面临的重大问题中创造出来的。研究者生活在现实社会中，研究什么，主张什么，都会打下社会烙印。我们的党是全心全意为人民服务的党，我们的国家是人民当家作主的国家，党和国家一切工作的出发点和落脚点是实现好、维护好、发展好最广大人民根本利益。我国哲学社会科学要有所作为，就必须坚持以人民为中心的研究导向。脱离了人民，哲学社会科学就不会有吸引力、感染力、影响力、生命力。我国广大哲学社会科学工作者要坚持人民是历史创造者的观点，树立为人民做学问的理想，尊重人民主体地位，聚焦人民实践创造，自觉把个人学术追求同国家和民族发展紧紧联系在一起，努力多出经得起实践、人民、历史检验的研究成果。”[①]我们始终努力将“以人民为中心”的导向贯穿于整部著作的创作之中，力图为实现“两个一百年”奋斗目标、为实现中华民族伟大复兴“中国梦”、为增进全体人民的共同

---

① 习近平：《在哲学社会科学工作座谈会上的讲话》，《人民日报》2016年5月19日，第2版。

福祉贡献自己的绵薄之力。

此外，我们还试图拓展新时代中国发展观的理论研究空间。在第八章，我们探讨了新时代中国新发展观涉及的若干深层次问题，比如伦理向度问题、文化自信问题、生产力标准再思考问题、世界关怀问题、开放性与原则性问题，对这些深层次问题的探究，无疑又为本著作增添了许多“亮色”。

现将拙著呈现给大家，不足之处，敬请批评指正！

郝立新

2017年10月27日

于中国人民大学人文楼

目录

新时代中国发展观研究

崛起的中国及其新时代发展观

XINSHIDAIZHONGGUOFAZHANGUANYANJIU

中国崛起已经成为国际社会普遍关注的话题之一。特别是进入21世纪以来，中国国内生产总值超越法国、英国、德国、日本，仅次于美国，稳居世界第二位，关于中国崛起的讨论也越来越成为一种普遍现象。国际社会对中国崛起的态度是极为复杂的，既有“中国威胁论”，也有“中国责任论”；既有“中国崩溃论”，也有“中国机遇论”。这些论断背后反映了一个共同事实：中国人来了。崛起的中国虽然没有改变社会主义初级阶段的基本国情，但它在世界历史中的具体坐标和方位已经发生巨大变化，当代中国已经不再是自我封闭的旧中国，而是在全球化浪潮中高度开放、不断崛起的新中国。中国崛起与中国发展理念的调整密切相关，随着中国的崛起，中国面临的发展难题也在发生转变，中国必须站在新的战略高度谋划新的发展理念。

经济全球化浪潮中崛起的中国

随着世界历史的深入发展，当今世界已经被全球化的浪潮席卷成一个“地球村”。然而，人类从地域性历史走向“地球村”的道路并非一马平川，这一过程充满了血与火的斗争。马克思、恩格斯曾说：“各个相互影响的活动范围在这个发展进程中越是扩大，各民族的原始封闭状态由于日益完善的生产方式、交往以及因交往而自然形成的不同民族之间的分工消灭得越彻底，历史也就越是成为世界历史。”[①]历史总是要向前发展的，世界历史一旦形成之后，各民族就很难退回到原始封闭状态了。即便一些民族试图保持绝对的独立性而进行艰苦的抗争，最终也不能阻挡世界历史向全球化时代迈进。在融入世界历史的过程中，自强不息的中华民族历经重重磨难，在浴火中经受考验，在抗争中获得新生，并以其独特的方式延续着中华民族生生不息的文明火种。中国的发

① 《马克思恩格斯选集》（第1卷），人民出版社，2012年，第168页。

展离不开世界，世界的发展也需要中国。历史发展到今天，我们探讨中国崛起问题，已经不可回避全球化这一世界历史深入发展的客观事实。

一、踏上全球化的浪潮扬帆起航

全球化是世界历史深入发展的新阶段。“当代的全球化是指当代人类社会生活跨越国家和地区界限，在全球范围内展现的全方位的沟通、联系、相互影响的客观历史进程与趋势，是人类的活动从彼此分割的地域中心逐渐向全球性社会的过渡，是人类的活动从以血缘和种族关系为基础的封闭世界向开放的和社会化的世界转变的过程，是从小规模的、以自然经济为基础的社会向大规模的、以市场经济为基础的社会转变的过程。但就其实质而言，仍然是资本的全球化运动。全球化的历史即是资本不断挣脱地域的局限而走向全球的过程。因此，当前的全球化，无论是从哪个维度进行描述，都不能脱离资本主义生产方式这一基本背景。全球化过程与资本主义生产方式在全球的扩散在某种程度上是同质的。”①全球化是一柄双刃剑，既是机遇，也有挑战。一些国家乘上资本主义全球化的东风，跨越“中等收入陷阱”跻身发达国家行列；一些国家在资本主义全球化的过程中付出了惨重的代价，深陷“中等收入陷阱”的泥潭。社会主义的中国踏上全球化的浪潮，扬帆起航，不断接近伟大复兴的奋斗目标。当然，中国融入经济全球化浪潮，经历了一个不断深化的认识过程和实践过程。

偏狭腐朽的清朝逃避世界历史进程，导致中国沦为“世界的中国”。清朝长期闭关锁国，纵使一些士大夫提出“开眼看世界”“师夷长技”的救亡图存主张，但积弊太深的清朝没能以积极主动的姿态对变革中的世界格局作出准确判断，而是以一种“藐视”“敌视”“防备”的心态对待资本主义的生产方式。然而，资本主义生产方式全球扩张的动能如同滚雪球一般，难以阻挡。清朝越是闭关锁国，就越是落后于时代发展潮流，清朝统治下的中华民族也掉进了半殖民地半封建社会的灾难深渊。由此，实现国家独立、民族解放、人民幸福就成

① 郝立新、张伟：《唯物史观视野中的全球化》，《中国人民大学学报》2001年，第6期。

为无数仁人志士毕生奋斗的旗帜。

当资本主义从自由资本主义向垄断资本主义发展，老牌资本主义国家相继进入帝国主义阶段，然而，整个帝国主义链条发展是不平衡的，为了争夺世界市场和原料产地，帝国主义国家重新瓜分世界的野心也在悄然酝酿。中国的民族资产阶级在孙中山的领导下推翻了封建帝制，建立了中华民国。但在帝国主义列强的扶持或干预下，各地军阀争相划分势力范围，军阀混战，国之不国，民不聊生。“国之不国”的中国参与了帝国主义重新瓜分世界的第一次世界大战，作为战胜国却遭遇了战败国的待遇，由此可见，寄希望于帝国主义的建国道路是走不通的。

1917年10月，在帝国主义链条上的最薄弱环节，俄国发动了“十月革命”，建立起人类历史上第一个社会主义国家，人类进入了帝国主义战争与社会主义革命的时代。在苏联的帮助下，世界社会主义运动与民族解放运动紧密结合起来。毛泽东指出：“十月革命的光芒照耀着我们。苦难的中国人民必须求得解放，并且他们坚信是能够求得解放的。一向孤立的中国革命斗争，自从十月革命胜利以后，就不再感觉孤立了。我们有全世界的共产党和工人阶级的援助。”[①]俄国十月革命的胜利，极大地鼓舞了世界民族解放运动，民族解放运动已经成为整个世界无产阶级社会主义革命的一部分。正是在这种时代背景下，中华民族谋求独立解放的运动才不是孤立的革命，它与世界社会主义革命已经紧密联系在一起。中国革命的胜利离不开中国共产党的正确领导和中国人民的艰苦斗争，也离不开帝国主义链条上的“裂口”不断扩大释放出的宽广空间。新中国是在世界历史深入发展的时代背景下建立起来的，新中国也逐渐在世界历史性的普遍交往中确立了自己的国际地位。正如邓小平所言：“中国在世界上的地位，是在中华人民共和国成立以后才大大提高的。只有中华人民共和国的成立，才使我们这个人口占世界总人口近四分之一的大国，在世界上站起来，而且站住了。”[②]我们可以认为，“中国在世界上站住了”是中国真正参与全球化进程的历史前提，离开这个历史前提，中国只能成为经济全球化进程中任人宰割的“受害者”。

新中国成立后，立即废除帝国主义强加给中国的各种不平等条约，面对世

① 《毛泽东选集》（第4卷），人民出版社，1991年，第1359页。

② 《邓小平文选》（第2卷），人民出版社，1994年，第299页。

界资本主义的封锁，中国并没有采取闭关锁国的政策予以回应，而是积极探索国际生存空间，表达自己的主张，提出了和平共处五项原则，赢得国际社会的广泛赞誉。改革开放前，中国参与全球化的方式较为单一，主要是为了谋求政治上的支持，破除资本主义国家的军事封锁，当然，中国也曾有过跟资本主义国家进行贸易往来的意图，但由于复杂的国内外局势，中国并没有实质性地参与到经济全球化的历史进程之中，在很大程度上耽误或错过了发展的时机。

党的十一届三中全会之后，党和国家的工作重心转移到经济建设上来，开启了改革开放的新时代，为迎接经济全球化浪潮创造了有利的国内环境。邓小平指出："总结历史经验，中国长期处于停滞和落后状态的一个重要原因是闭关自守。经验证明，关起门来搞建设是不能成功的，中国的发展离不开世界。当然，像中国这样大的国家搞建设，不靠自己不行，主要靠自己，这叫做自力更生。但是，在坚持自力更生的基础上，还需要对外开放，吸收外国的资金和技术来帮助我们发展。"[①]在今天看来，"中国的发展离不开世界"是一个再普通不过的常识，而在那个迫切需要解放思想的年代，这个再普通不过的"常识"却成了中国参与经济全球化进程的"宣言书"。当时，邓小平甚至将破除"封锁"思维提升到改造世界观的高度，他说："任何一项科研成果，都不可能是一个人努力的结果，都是吸收了前人和今人的研究成果。一个新的科学理论的提出，都是总结、概括实践经验的结果。没有前人或今人、中国人或外国人的实践经验，怎么能概括、提出新的理论？搞封锁是害人又害己。我们要把对待封锁的态度，作为检验一个人世界观改造得如何的重要内容之一。凡是搞封锁的，就说明他的世界观没有得到很好的改造。有的产品制造技术，国外早就有了，在国内还自己封锁自己，这种现象要坚决克服。"[②]国家的独立不是与世隔绝的独立，而是在广泛交往中的独立，并且，广泛的交往还是检验一个国家是否独立的"试金石"。邓小平指出："建设一个国家，不要把自己置于封闭状态和孤立地位。要重视广泛的国际交往，同什么人都可以打交道，在打交道的过程中趋利避

① 《邓小平文选》（第3卷），人民出版社，1993年，第78–79页。

② 《邓小平文选》（第2卷），人民出版社，1994年，第58页。

害。”[①]经济独立是政治独立的基础，经济独立不是要关起门来搞建设，也不是要自我封闭，而是要树立“他山之石，可以攻玉”的思维，积极利用人类文明的一切优秀成果为社会主义建设服务，尽快缩小与发达国家的差距，为实现后发赶超创造更加坚实的基础。即使在1989年5月下旬，邓小平也依然斩钉截铁地强调：“关门可不行啊，中国不可能再回到过去那种封闭时代。”[②]作为改革开放总设计师的邓小平在社会主义建设的时代背景下发展了马克思主义的世界历史理论，率先在社会主义国家实施了改革开放的基本国策，无论从理论上，还是在实践上，都突破了社会主义苏联模式的条条框框，开启了中国特色社会主义的发展新道路。

在邓小平的改革开放理论指导下，中国参与经济全球化的实践也逐步由点到线、由线到面铺展开来。先是通过设立深圳、珠海、汕头、厦门等4个南方经济特区“杀出了一条血路”，然后是通过开放大连、秦皇岛、天津、烟台、青岛、连云港、南通、上海、宁波、温州、福州、广州、湛江、北海等14个沿海港口城市扩大对外交往的“前沿阵地”，再由东南沿海城市向内地大中城市纵深扩展，形成了当代中国全方位的对外开放格局。鸦片战争时期，中国的国门是被列强的坚船利炮轰开的，当代中国的对外开放则是主动的。在邓小平的社会主义改革开放理论指引下，中国逐步告别了“过去那种封闭时代”，盘活国内国际一切有利因素，融入经济全球化浪潮中，赢得了40年高速发展的战略机遇期，使中国从根本上改变了贫穷落后的整体面貌。

中国凭借廉价的劳动力优势和广阔的市场优势，迅速吸引了全球过剩的资本，抓住发达国家产业转移的契机，“借鸡下蛋”，学习西方先进的科学技术和管理技术，逐步实现对中国旧产业的改造升级。中国在经济全球化浪潮中顶住了亚洲金融风暴的冲击，成功加入世界贸易组织，并在应对2008年世界金融危机中成为西方人眼中的“救世主”。但文明的冲突始终与经济全球化浪潮如影随形，中国不仅要顶住世界金融资本市场的动荡，而且要顶住政治、文化领域的冲击和渗透，有的民族国家在文明的冲突中已经采取了“去全球化”的措

① 《邓小平文选》（第3卷），人民出版社，1993年，第261页。

② 《邓小平文选》（第3卷），人民出版社，1993年，第299页。

施，或者表现出“反全球化”的迹象。在经济全球化浪潮中扬帆起航的中国该如何应对呢？

是继续开放，抑或采取关门主义？

习近平给出了明确的回答：“历史地看，经济全球化是社会生产力发展的客观要求和科技进步的必然结果，不是哪些人、哪些国家人为造出来的。经济全球化为世界经济增长提供了强劲动力，促进了商品和资本流动、科技和文明进步、各国人民交往。”[①]因而，“中国开放的大门永远不会关上”[②]。

中国的对外开放遵循先易后难的辩证法，但并不是简单的拿来主义。随着中国经济社会的快速发展，中国对外开放的水平和标准也在不断提高。党的十八大以来，中国以更加积极的姿态参与经济全球化的进程，提出了“一带一路”倡议，提出了“构建人类命运共同体”的主张。中国从适应资本主义国家主导的全球化规则到提出“构建一个新世界”的主张，这说明，中国在全球治理中的地位在不断增强，中国踏上经济全球化的浪潮，不断崛起。从国内生产总值来看，1978年，“工农业总产值达到五千六百八十九亿八千万元”[③]，到2015年，“全年国内生产总值676708亿元”[④]；从进出口贸易来看，1978年，“全年进出口贸易总额三百五十五亿元”，“全年外汇收支平衡，略有节余”[⑤]。到2015年，“年末国家外汇储备33304亿美元，比上年末减少5127亿美元。”[⑥]中国外汇储备从1978年的“略有节余”，到2006年已经超越日本排在世界第一位，到2015年已经达到33304亿美元。这些数据变化充分反映了一个经济大国的崛起。中国充分利用融入经济全球化浪潮的历史机遇，推动国家新型工业化、信息化、城镇化、农业现代化“并联式”发展，“中国制造”也在逐步升级为

① 习近平：《共担时代责任　共促全球发展——在世界经济论坛2017年年会开幕式上的主旨演讲》，《人民日报》2017年1月18日，第3版。

② 习近平：《在华盛顿州当地政府和美国友好团体联合欢迎宴会上的演讲》，《人民日报》2015年9月24日，第2版。

③⑤《关于一九七八年国民经济计划执行结果的公报》，国家统计局，2002年1月21日，http://www.stats.gov.cn/tjsj/tjgb/ndtjgb/qgndtjgb/200203/t20020331_29991.html。

④⑥《中华人民共和国2015年国民经济和社会发展统计公报》，国家统计局，2016年2月29日，http://www.stats.gov.cn/tjsj/zxfb/201602/t20160229_1323991.html。

“中国智造”，“引进来”的门槛也在逐步提高，“走出去”也在不断输出“中国标准”，在一些领域，中国已经实现了从“追赶”到“领跑”的历史跨越，中国发展“爬行主义”的帽子已经丢到太平洋去了。

中国在经济全球化浪潮中的“崛起”并不仅仅体现在经济领域，中国的崛起是全方位的。道路决定命运。中国是从走出封闭僵化的老路中崛起的，但中国也不是在改旗易帜的邪路上崛起的，中国是在邓小平开辟的中国特色社会主义道路上崛起的。全球化并不等于西方化，中国融入全球化并不等于全然按照西方化的“套路”前进，中国特色社会主义制度经得起经济全球化浪潮的冲击和考验，中国特色社会主义正是在全球化的世界历史性交往中不断完善和发展起来的。

全球化已经成为世界历史深入发展的“既成事实”，一个国家、一个民族要逃避这一历史潮流，其结果只能是落后于历史发展潮流。一个封建帝国因回避或逃避经济全球化浪潮而日渐衰落，一个生产力落后的社会主义国家突破苏联模式参与到经济全球化的世界历史性交往中实现和平崛起。当然，经济全球化并不是只有机遇，没有风险。有的国家在经济全球化浪潮中深陷“中等收入陷阱”“塔西佗陷阱”的泥潭不能自拔，有的国家在经济全球化的冲击下深陷“文明的冲突”，有的国家甚至在经济全球化浪潮的冲击下走向了“历史的终结”。由此可见，中国参与经济全球化的历史进程风险与机遇并存，中国在经济全球化浪潮中实现和平崛起实属不易，崛起的中国还时常需要应对各种“莫须有”的攻击和责难。

二、从“中国威胁论”到“中国责任论”

中国在波涛汹涌、暗流涌动的经济全球化浪潮中实现和平崛起，这毫无疑问，体现了几代中国共产党人的战略定力和中国人民的伟大智慧。然而，对西方发达国家而言，这不仅不合常理，出乎意料，匪夷所思，而且与之预期的“和平演变”背道而驰，让很多西方人坐立不安。一些坐立不安的西方人开始杜撰和炮制“中国威胁论”和“中国责任论”，在国际舞台上给中国和平发展制造舆论压力，钳制中国和平崛起的步伐，为巩固资本主义在经济全球化过程中的垄断地位服务。

当代意义的“中国威胁论”始于20世纪90年代初，随着苏东剧变和苏联解体，中国成为世界上最大的社会主义国家，自然而然地成为以美国为首的发达国家实施下一步“和平演变”的焦点，于是，一些西方学者从社会制度和意识形态等角度论证“中国威胁”，其实理由很简单，他们把社会主义苏联模式的失败归结为整个社会主义的失败，这一波“中国威胁论”的主要焦点是论证中国应该放弃社会主义制度。尔后，西方国家围绕台海危机、亚洲金融风暴、“9·11”恐怖袭击、2008年世界金融危机、中国南海问题等，炮制各种“中国威胁论”。在西方国家看来，“中国威胁”并不只是“经济威胁”“政治威胁”“文明威胁”，还有其他领域的威胁，诸如“粮食威胁”“能源威胁”“人口威胁”“环境威胁”之类，也在其列。如果中国在这些领域有所发展或有所需求，就能对发达国家构成“威胁”，言外之意，中国应该退出这些领域的竞争。西方发达国家杜撰“中国威胁论”的原因是多样的，既有西方人擅长的“人性恶”的假设，也有意识形态的偏见与傲慢，也有“普世”价值的双重或多重标准，还有地缘政治的战略需要，更有实行霸权主义和强权政治的现实需要。其实，西方发达国家杜撰和炮制“中国威胁论”，往往采用一种偏狭的经验主义历史观，大有“以小人之心，度君子之腹”的味道。纵观西方发达国家的发迹史，鲜有不曾侵略他国而发展自强的。特别是资本原始积累时期，多数国家都曾用坚船利炮为其资本主义的发展开辟道路，这是资本主义大国崛起的基本经验。西方发达国家把自身的发迹史提升为大国崛起的普遍经验，忽视了中国历史文化传统的特殊性，也忽视了中国和平崛起的现实性。随着中国的崛起，“中国威胁论”的论调也从欧美发达国家向中国周边国家扩散，很多周边国家一面共享着中国发展的机遇，一面在西方国家的怂恿下散播对抗情绪，制造对抗事端。当前，“中国威胁论”依然没有消弭，随着中国的崛起，在有些领域必然赶超西方发达国家，“中国威胁论”也将伴随中国崛起的始终，只是在不同阶段反映出不同的主题。在经济全球化浪潮中崛起的中国应对西方发达国家炮制的“中国威胁论”的斗争也必将是一场旷日持久的“拉锯战”，这无疑考验着中国和平崛起的伟大智慧和战略定力。

“中国责任论”是西方发达国家应对中国崛起的另一种论调，这种论调看似比“中国威胁论”温和一些，实际上是让中国按照西方发达国家的“套路”来承担更多国际责任，如果中国不按照西方发达国家的“套路”出牌，中国就算不上一个“负责任”的国家。“中国责任论”实际上是西方发达国家站在所谓的道义制高点“绑架”或“讹诈”中国的手段。“中国责任论”背后有两套逻辑，一是中国要为全球性的治理危机“背锅”或“买单”，比如把中国描绘成全球金融危机、生态危机、能源危机的“策动者”，以此转移矛盾，让其他发展中国家把焦点转向中国，目的是让中国成为“众矢之的”；二是中国要为国际秩序的正常运行承担更多责任，把中国描绘成第三波经济全球化浪潮中的最大“受益者”，忽视中国为全球经济增长做出的巨大贡献和付出的沉重代价。其实，中国人民长期辛勤劳动，把“Made in China”销往世界各地，维持着发达国家的高消费水准，改善了很多发展中国家人民的生活水平，毋庸讳言，中国人民用辛勤劳动为拉动世界的经济增长做出了不可替代的贡献，实际上，已经承担了超乎自身能力范围的国际责任。近年来，中国对世界经济增长的贡献率维持在30%以上，而对于这一点，西方发达国家是回避的，是置若罔闻的。中国作为一个发展中的大国，不是“世界警察”，也不是“世界的管家”，随着中国国力的增强，它确实也在承担更多的责任，但中国只能承担“有限责任”，不能承担“无限责任”。西方发达国家让中国为全球性治理危机“背锅”的“中国责任论”是无底线的责任，是无边界的责任，而崛起的中国正在以自己的实际行动承担着越来越多的国际责任，但是，中国只能承担得起“有限责任”，承担不起西方发达国家强加给中国的“无限责任”。

无论是“中国威胁论”，还是“中国责任论”，都是西方发达国家对中国崛起的一种回应，二者殊途同归。如果说“中国威胁论”是西方发达国家遏制中国崛起的“明枪实弹”，那么“中国责任论”则是西方发达国家应对崛起的中国的“糖衣炮弹”。这颗“糖衣炮弹”裹着“道义”的外衣，这颗“糖衣炮弹”并不只是向中国发射，而是向世界发射，妄图把中国推向舆论的焦点，这些舆论既有指责，又有期待，让中国沉浸在舆论的风波之中，疲于应对，以此钳制中国崛起的步伐。“中国威胁论”和“中国责任论”都是西方发达国家为中国崛起或崛起的中国设计的绊脚石，它是西方发达国家对中国崛起的不确定性的猜疑，这些问题，需要崛起的中国用新发展实践不断做出回应和解答。

三、从“中国崩溃论”到“中国机遇论”

中国在第三波经济全球化浪潮中实现和平崛起，西方发达国家怎么看？怎么办？西方发达国家对中国的看法是复杂的，也是不断变化的。与中国崛起相伴随的还有一种唱衰中国的声音，我们可以把这种唱衰中国的论调概括为“中国崩溃论”。“中国崩溃论”发端于20世纪90年代初，当苏联解体之后，有人就预言，中国即将成为下一个崩溃的国家，中国共产党也即将成为下一个崩溃的执政党，人类历史将终结于资本主义社会。一时间，以弗朗西斯·福山为代表的预言家们名噪一时。然而，中国发展的超强战略定力一次次挫败了预言家们的幻想，每一个推出“中国崩溃论”的预言家在引起人们的关注之后就像流星一般“幻灭”。“中国崩溃论”的预言家们有一个共同的特点，就是无限放大“中国问题”，继而勾勒中国从“局部崩溃”向“全面崩溃”的路线图，从政治崩溃到经济崩溃，从社会崩溃到文化崩溃，再到全面崩溃。然而，无论前赴后继的预言家们描绘出怎样的“中国崩溃”，无论他们唱衰中国的声音多么张狂，中国崛起的势头始终不可阻挡。“中国崩溃论”之所以大有市场，之所以前赴后继，很大程度上是每一轮“中国崩溃论”背后都存在激烈的国际竞争。比如，1990年前后第一轮“中国崩溃论”是社会主义制度与资本主义制度之间的激烈竞争，1997年是索罗斯欲在亚洲金融风暴中做空中国的竞争，2008年则是各大主要经济体率先走出世界金融危机的竞争。尤其是近年来，中国经济发展进入“新常态”，增长速度从高速向中高速变轨，“中国崩溃论”又开始泛滥。预言家们杜撰“中国崩溃论”迎合了阻挡国际资本流向中国的需要，妄图使资本世界“不看好”中国发展的前景，从而“逃离”中国，或者说，“中国崩溃论”是西方世界与中国竞争惯用的手段和策略，其目的在于散布悲观主义氛围，让世界对中国不信任，也让中国人对自己的国家制度、历史文化、发展道路产生不自信的态度。但是，任凭形形色色的“中国崩溃论”如何喧嚣，中国凭借社会主义的制度优势，不断从西方世界杜撰的“中国崩溃”中迎来新的胜利，中国从胜利走向新的胜利也预示着前赴后继的“中国崩溃论”的崩溃。

全球化并不等于西方化，中国在第三波经济全球化浪潮中扬帆起航，也并不等于中国只跟西方发达国家打交道，不跟广大发展中国家打交道，中国始终没有脱离发展中国家的战略定位。中国崛起不仅给发达国家闲置的剩余资本提供了广阔的舞台，也为广大发展中国家提供了大量的机遇，中国为拉动世界经济增长做出的贡献也逐渐赢得世界的肯定。近年来，与“中国威胁论”“中国责任论”“中国崩溃论”相区别的另一种声音——“中国机遇论”开始在国际社会流传开来。其实，早在1999年4月，朱镕基在美国华盛顿作演讲，就曾提出过要将“中国威胁论”改为“中国机遇论”，此后，中国又经过10多年的高速发展，中国崛起释放出的机遇不仅惠及发达国家，而且惠及广大发展中国家。现在，“中国机遇论”的音符在全球唱响，真可谓实至名归，正当其时。当然，中国崛起释放出的发展机遇在不同时期的内涵是不同的，这一点，中国需要向国际社会说清楚。比如，中国在改革开放之初，曾向世界出口大量的原材料，间接带动世界经济增长。随着改革开放的深入，中国对资源能源的需求有所增加，中国开始转向进口能源资源，直接带动世界经济增长。中国“引进来”改造自身的生产力水平，中国“走出去”增强世界经济的竞争活力。随着综合国力的提升，中国发展释放出的机遇也越来越多样化，中国释放出的发展空间也更加广阔。我们需要看到，“中国机遇论”是中国发展起来的机遇，不是中国不发展的机遇；是不断变化升级的机遇，不是一成不变的机遇。中国机遇是中国人民在中国共产党的领导下通过辛勤劳动拼搏出来的机遇，不是从天上掉下来的机遇。中国需要积极向世界各国，尤其是广大发展中国家传播“中国机遇”，鼓励他们搭上中国机遇的“快车”，实现自身的发展。传播“中国机遇”需要讲好中国故事，传递中国在全球治理中的正能量，让世界各国越来越多的人感受中国魅力，了解中国，信任中国。正如习近平指出：“世界那么大，问题那么多，国际社会期待听到中国声音、看到中国方案，中国不能缺席。面对身陷苦难和战火的人们，我们要有悲悯和同情，更要有责任和行动。

中国将永远向世界敞开怀抱，也将尽己所能向面临困境的人们伸出援手，让我们的‘朋友圈’越来越大。”①

“中国机遇论”虽然不能全然消除“中国威胁论”“中国责任论”“中国崩溃论”等论调对中国和平崛起的干扰，但它反映出国际社会对中国和平崛起的正面评价正在与日俱增，越来越多的国家期望搭上中国发展的快车，共享中国发展的历史机遇。越来越多的西方人之所以能够超越“中国崩溃论”的偏见，发出“中国机遇论”的声音，根本原因在于中国和平崛起带来的持久繁荣经得起历史和实践的双重检验。

四、中国崛起的硬道理

中国崛起不是靠吹出来的，而是中国人民在中国共产党的正确领导下实干出来的。在经济全球化浪潮中崛起的中国之所以能够挫败一波接一波的“中国威胁论”“中国崩溃论”和“中国责任论”等“莫须有”的干扰，迎来越来越多“中国机遇论”的时代强音，恰恰是因为中国崛起的每一步阶梯都是用中国智慧与中国汗水浇筑的。落后就要挨打，发展才能自强，这是中华民族从辉煌与苦难中走来得出的基本共识。新中国成立后，就立即着手恢复被战争破坏的社会生产力的各项工作，通过土改、“三反”“五反”、三大改造等一系列重大举措，逐步建立了社会主义制度，实现了中国社会制度的根本性变革，为当代中国的崛起奠定了基础。正如胡锦涛在党的十八大上指出：“以毛泽东同志为核心的党的第一代中央领导集体带领全党全国各族人民完成了新民主主义革命，进行了社会主义改造，确立了社会主义基本制度，成功实现了中国历史上最深刻最伟大的社会变革，为当代中国一切发展进步奠定了根本政治前提和制度基础。在探索过程中，虽然经历了严重曲折，但党在社会主义建设中取得的独创性理论成果和巨大成就，为新的历史时期开创中国特色社会主义提供了宝贵经验、理论准备、物质基础。”②对于肩负着复兴使命的中华民族而言，建立社会

① 《国家主席习近平发表二〇一六年新年贺词》，《人民日报》2016年1月1日，第1版。

② 《胡锦涛文选》（第3卷），人民出版社，2016年，第620页。

主义制度是复兴之路上的战略性胜利，党和国家可以通过社会主义制度将分散的“民力”有效组织起来，使之转化成可以统一调配的“国力”，为中国崛起奠定了第一层坚实的物质基础。从新中国成立开始，党和国家领导人就已经开始探索中国发展的独特道路，已经开始谋划中国崛起的长远大计。在西方封锁的情况下，中国人民在中国共产党的领导下通过自力更生、艰苦奋斗建立起相对完整的工业体系，充分显示了中华民族自强不息、勤劳勇敢的精神，并在自力更生的艰苦奋斗中培养和提振了中华民族的自信心。需要指出的是，“高度集中”的计划经济是在一穷二白的基础上“谋发展”的战略性选择，它对中国崛起的积极贡献是历史的，随着中国崛起的基础积累到一定程度，“高度集中”的弊端就会逐步显现出来，反过来制约人民群众的积极性、创造性和主动性，制约人民群众在发展实践中的“自主活动”和“自主空间”，成为社会生产力进一步发展的束缚。进入20世纪70年代后，中美关系缓和、中日建交、中英建交等，中国所处的国际环境有所好转，国际局势朝着对中国有利的方向发展，中国也在呼唤一场“发展之谋”的新变革。

党的十一届三中全会重新确立了实事求是的思想路线，破除了“两个凡是”的思想藩篱，果断结束“以阶级斗争为纲”的错误口号，把党和国家的工作重心转移到经济建设上来，当代中国新的“发展之谋”也逐步提上党和国家的议事日程。为破除一些人把“阶级斗争”看成革命的唯一形式的僵化思维，邓小平强调：“革命是要搞阶级斗争，但革命不只是搞阶级斗争。生产力方面的革命也是革命，而且是很重要的革命，从历史的发展来讲是最根本的革命。”①在邓小平看来，生产力的革命是推动历史发展的“最根本的革命”，而要实现这一伟大革命，就必须重视科学技术，重视人才，重视教育。“我们要实现现代化，关键是科学技术要能上去。发展科学技术，不抓教育不行。靠空讲不能实现现代化，必须有知识，有人才。没有知识，没有人才，怎么上得去？科学技术这么落后怎么行？”②实践证明，邓小平高度重视知识、科学技术、人才和教育事业，是富有远见的，他开启了中国从人力资源大国向人才资源大国转变的大

① 《邓小平文选》（第2卷），人民出版社，1994年，第311页。

② 《邓小平文选》（第2卷），人民出版社，1994年，第40页。

门，可以说，当代中国的发展依然受惠于不断增长的人才红利。

当然，谋发展需要实事求是，需要统筹全局，需要因地制宜，需要遵循先易后难的辩证法。邓小平强调："沿海地区要加快对外开放，使这个拥有两亿人口的广大地带较快地先发展起来，从而带动内地更好地发展，这是一个事关大局的问题。内地要顾全这个大局。反过来，发展到一定的时候，又要求沿海拿出更多力量来帮助内地发展，这也是个大局。那时沿海也要服从这个大局。这一切，如果没有中央的权威，就办不到。"[①]由此可见，中国实施改革开放，走出计划经济时代，并不是要削弱中央权威，而是要更好地发挥中央权威的调节功能。党的十三大确立了"一个中心，两个基本点"的战略布局[②]，围绕以经济建设为中心，始终坚持四项基本原则，坚持改革开放，为当代中国的发展奠定了总体基调。在苏东剧变期间，邓小平敏锐地觉察到帝国主义和平演变的图谋，重申中国发展的社会主义方向，他说："整个帝国主义西方世界企图使社会主义各国都放弃社会主义道路，最终纳入国际垄断资本的统治，纳入资本主义的轨道。现在我们要顶住这股逆流，旗帜要鲜明。因为如果我们不坚持社会主义，最终发展起来也不过成为一个附庸国，而且就连想要发展起来也不容易。"[③]坚持中国发展的社会主义方向是关系中华民族前途命运的根本问题，在这个根本问题上，不容许任何动摇，这是邓小平为当代中国发展的"定性之谋"。当然，"定性之谋"需要通过改革开放的"定量之谋"来实现，"改革和开放是手段，目标是分三步走发展我们的经济。第一步是达到温饱水平，已经提前实现了。第二步是在本世纪末达到小康水平，还有十二年时间，看来可以实现。第三步是下个世纪再花五十年时间，达到中等发达国家水平，这是很不容易的。关键是本世纪内的最后十年，要为下个世纪前五十年的发展打下基础，创造比较好的条件和环境"[④]。落实"三步走"的"定量之谋"，必须依靠发展，因为发展才能解决贫穷问题，发展才能实现后发赶超，发展才能不断扫

① 《邓小平文选》（第3卷），人民出版社，1993年，第277–278页。

② 《邓小平文选》（第3卷），人民出版社，1993年，第345页。

③ 《邓小平文选》（第3卷），人民出版社，1993年，第311页。

④ 《邓小平文选》（第3卷），人民出版社，1993年，第266–267页。

除中国崛起的障碍，正如邓小平所说：“中国解决所有问题的关键是要靠自己的发展。”[①]尽管发展也会产生新问题，但不能因为畏惧产生新问题而裹足不前，望而却步，错失良机，所以，“发展才是硬道理。这个问题要搞清楚。如果分析不当，造成误解，就会变得谨小慎微，不敢解放思想，不敢放开手脚，结果是丧失时机，犹如逆水行舟，不进则退”[②]。面对一些人关于计划经济与市场经济的争论，邓小平斩钉截铁地指出：“不要以为，一说计划经济就是社会主义，一说市场经济就是资本主义，不是那么回事，两者都是手段，市场也可以为社会主义服务。”[③]可以说，“社会主义与市场相结合”的思想是影响当代中国发展的“方法论之谋”，邓小平南方谈话对党的十四大确立社会主义市场经济体制也有积极的推动作用。

以江泽民同志为核心的第三代中央领导集体沿着邓小平对中国发展“定性之谋”“定量之谋”和“方法论之谋”的总体设计，大力推动国有企业现代产业制度改革，实施西部大开发战略，通过长期艰难谈判加入WTO，鼓励民营经济发展，逐步完善市场经济秩序，实现邓小平“三步走”战略的第二步奋斗目标。同时，随着中国经济社会快速发展，中国社会阶层结构也在发生深刻变革，如何将新生社会阶层有序纳入体制之内，成为考验中国共产党执政能力的重大现实问题。“三个代表”重要思想在中国社会结构深刻变革的时代背景下顺势而为、因时而谋、应运而生，它围绕“发展是党执政兴国的第一要务”，回答了“怎么建设党，建设什么样的党”等重大问题。

党的十六大以来，以胡锦涛同志为总书记的党中央高举中国特色社会主义伟大旗帜，总结反思中国特色社会主义实践经验，围绕“要什么样的发展，怎么发展”等重大问题，提出以人为本、全面协调可持续的科学发展观，并实施了振兴东北老工业基地、中部崛起、建设社会主义新农村等重大战略部署，人民生活水平显著提高，贫困人口明显减少，经济社会快速发展，顶住国际金融危机的压力，战胜汶川大地震等自然灾害，国内生产总值接连超越法国、英

① 《邓小平文选》（第3卷），人民出版社，1993年，第265页。
② 《邓小平文选》（第3卷），人民出版社，1993年，第377页。
③ 《邓小平文选》（第3卷），人民出版社，1993年，第367页。

国、德国、日本，稳居世界第二位，外汇储备世界第一。这期间，中国经济社会发展背后的价值理念和人文关怀也在悄然孕育，在中国发展的“体量”取得巨大突破的同时，中国发展的“度量”也得到相应“扩容”。毫无疑问，这些伟大成就不会自然生成，也不会从天而降，它是中国共产党“谋发展”与中国人民“要发展”的共同结晶。

党的十八大以来，以习近平同志为核心的党中央站在新的历史起点上承接“两个一百年”奋斗目标，运用历史唯物主义和辩证唯物主义来全面总结中国特色社会主义建设的实践经验、方法，分析中国特色社会主义实践的新特点，创造性地提出了一系列治国理政新理念、新思想、新战略，为推动当代中国的新发展进行了新思考、新探索。发展才是硬道理，但在不同的历史时期，党和国家面临的突出问题或发展难题是不同的，因而，发展的具体内涵和指向是有所差别的。习近平指出：“当代中国最大的客观实际，就是我国仍处于并将长期处于社会主义初级阶段，这是我们认识当下、规划未来、制定政策、推进事业的客观基点，不能脱离这个基点。既要看到社会主义初级阶段基本国情没有变，也要看到我国经济社会发展每个阶段呈现出来的新特点。经过40年改革开放，我国社会生产力、综合国力、人民生活水平实现了历史性跨越，我国基本国情的内涵不断发生变化，我们面临的国际国内风险、面临的难题也发生了重要变化。我们提出要准确把握、主动适应经济发展新常态，就是适应国际国内环境变化、辩证分析我国经济发展阶段性特征作出的判断。”[①]当代中国依然处于社会主义初级阶段，但它已经不是“一穷二白”的初级阶段，而是具有相当“体量”的初级阶段，也就是说，中国在社会主义初级阶段的具体历史坐标已经改变，中国发展的总体水平依然处于“初级阶段”这个坐标体系之内。在“初级阶段”新的历史坐标上，中国经济发展已经进入“新常态”，这必然要求党和国家摆脱既往发展的路径依赖，主动适应和引领经济“新常态”。党的十八届五中全会强调：“坚持发展是第一要务，以提高发展质量和效益为中心，加快形成引领经济发展新常态的体制机制和发展方式，保持战略定力，坚

① 习近平：《坚持运用辩证唯物主义世界观方法论　提高解决我国改革发展基本问题本领》，《人民日报》2015年1月25日，第1版。

持稳中求进，统筹推进经济建设、政治建设、文化建设、社会建设、生态文明建设和党的建设，确保如期全面建成小康社会，为实现第二个百年奋斗目标、实现中华民族伟大复兴的中国梦奠定更加坚实的基础。”①党的十八届五中全会将“提高发展质量和效益”确立为“第一要务”的中心，这是中国经济发展从“增量扩能”向“做优增量”转变的明确信号。

中国复兴不仅需要追求发展的“体量”支撑，而且需要追求发展的“度量”包容，更需要追求发展的“质量”充实。毫无疑问，韬光养晦谋发展是硬道理，在新的历史起点上，中国将用自身发展的“体量”“度量”和“质量”来引领和平崛起的步伐。任凭西方世界如何杜撰“中国威胁论”“中国责任论”“中国崩溃论”“中国殖民论”等富有意识形态偏见和敌意的论调，和平崛起的中国正在用自身不断发展的“体量”“度量”和“质量”让各种“莫须有”的责难、攻击、污蔑不断走向破产、崩溃、终结。“中华号”历史巨轮正踏着经济全球化的浪潮一路劈波斩浪驶向世界舞台的中央，复兴的中国值得期待。

中国复兴的挑战

人无远虑，必有近忧，对于肩负着复兴使命的中华民族而言，尤其如此。“中华号”巨轮驶向世界舞台的中央，确实值得国人骄傲自豪。但是，长风破浪的过程道阻且长，充满着激流暗涌的考验。中国固然已经具备了相当的“体量”“度量”和“质量”，但不能因此而骄傲自满，必须正视发展中的若干问题。中国这个“大块头”并不是金刚不坏之躯。问题是时代的声音，是复兴的中国须臾不可回避的问题。

① 《中共中央关于制定国民经济和社会发展第十三个五年规划的建议》，《人民日报》2015年11月4日，第3版。

一、陷阱

“中华号”巨轮前进的方向有急流，有险滩，也有各种钳制中国复兴的陷阱，有一些陷阱是国家发展过程中普遍遇到的，有些陷阱则具有比较鲜明的特色。

1. 中等收入陷阱

“中等收入陷阱”是发展中国家跻身发达国家行列的过程中普遍遭遇的陷阱。很多国家人均国内生产总值达到中等收入阶段之后，长期处于停滞或增长低迷的状态，不能实现从“中等收入”国家向“高等收入”国家跨越，我们可以认为，这样的国家陷入了“中等收入陷阱”。深陷“中等收入陷阱”的国家主要集中在拉丁美洲和东南亚，这些国家曾经经历过一段时间的繁荣发展，但这种繁荣发展在新一轮经济全球化浪潮（科技革命）的冲击下终究丧失活力和动力。深陷“中等收入陷阱”的国家面临的问题并不只是经济方面的停滞问题，经济停滞带来的危机将向政治领域、文化领域和社会领域扩散开去，造成国家的全面危机。地处拉丁美洲的委内瑞拉就是一个典型案例。二战之后，委内瑞拉依靠丰富的石油资源迅速崛起，尤其是在20世纪70年代，国际石油价格暴涨，给委内瑞拉带来了前所未有的繁荣。但在此后20多年的繁荣光景中，委内瑞拉并没有构建起自己独立完整的工业体系，基本生活生产资料主要依靠进口，这就为其发展埋下了重大隐患。在2008年世界金融危机之后，委内瑞拉再次遭到重创，玻利瓦尔币大幅贬值，生活生产资料进口面临危机，国内食品物品短缺，哄抢商铺的事件频发，国家宣布进入紧急状态。近年来，日益封闭的委内瑞拉高擎民族主义的旗帜，极端种族主义蔓延，这也给拉丁美洲的发展增添了很多不确定性因素。由此可见，“中等收入陷阱”的危害并不仅限于经济领域，它的危害是多方面的。“中等收入陷阱”是发展中国家普遍面临的问题，只是各个国家跨越“中等收入陷阱”的时间、代价和方式有所差别而已。要跨越“中等收入陷阱”，必须搞清楚一个基本问题，即谁挖了或正在挖“中等收入”这个陷阱，让众多发展中国家“往里钻”，深陷其中，不能自拔？其实，

“中等收入陷阱”在本质上是发展路径依赖的问题。深陷“中等收入陷阱”的国家都曾经历过“蒙着头赚钱”的时代，在这个时代，只要有钱赚，国家和民众就不会主动去革新生产方式。随着国际竞争趋向饱和，赚的钱也越来越少，谁都不想放弃还能赚钱的机会，哪怕赚钱很少。很多国家之间宁愿进行恶性竞争，希望把对手“拖死”，也不愿意另辟新的发展空间。由此可见，挖“中等收入陷阱”的往往是那些深陷“陷阱”的国家和民众本身，是发展的惯性思维和发展的路径依赖让他们不能自拔。“中等收入陷阱”有深有浅，跨越“中等收入陷阱”的时间也有长有短，对于那些尚未构建完整工业体系的国家而言，它们给自己挖的“陷阱”往往更深，跨越这一“陷阱”的时间也会更长。于中国而言，也同样面临“中等收入陷阱”，但中国是在“站起来了”“站稳了”之后（建立了完整的社会主义工业体系），才真正融入第三波经济全球化浪潮中的，中国在全球产业分工中赢得了30多年的高速发展。改革开放40年来，中国逐步告别了“物质短缺”的历史境遇，迎来了“产能过剩”的压力，中国市场活动从“卖方市场”向“买方市场”转变，中国经济发展也逐步进入“新常态”。由于社会主义市场经济体制不够完善，市场调节的滞后性和盲目性等因素，在一些领域，特别是在低端产能领域，中国也给自己挖了一个个发展路径依赖的“陷阱”。但总体说来，中国没有在“下中等收入”阶段徘徊不前，中国已经处于“上中等收入”阶段，只要处理得当，中国跨越“中等收入陷阱”的时间也会大幅缩短。习近平强调：“对中国而言，‘中等收入陷阱’过是肯定要过去的，关键是什么时候迈过去、迈过去以后如何更好向前发展。我们有信心在改革发展稳定之间，以及稳增长、调结构、惠民生、促改革之间找到平衡点，使中国经济行稳致远。”[①]中国跟拉美国家、东南亚国家的国情（文化、人力、自然禀赋等）不一样，中国可以充分发挥社会主义集中力量办大事的优势，这就决定了中国跨越“中等收入陷阱”的时机和方式都将与众不同。

2. 塔西佗陷阱

信任危机是潜藏在中国这个“大块头”有机体内不可忽视的“阿喀琉斯

① 习近平：《中国是区域合作受益者　更是积极倡导者和推进者》，《人民日报》2014年11月11日，第1版。

之踵”。在众多信任危机中，公民对公权力的信任危机尤其需要引起重视。可以说，公民对公权力的信任是整个社会信任体系的控制系统和保障系统，一旦公民对公权力失去信心，失去信任，整个社会就难免掉进信任危机的“陷阱”之中，导致各种失信违约现象频发。缺乏信任的发展是不可持续的。如果失去人民群众对公权力的信任，中国共产党治国理政就丧失了力量源泉，所以说，脱离群众的危险是中国共产党长期执政的最大危险。习近平总书记指出：“现在，脱离群众的现象在某些方面比十年前、二十年前、三十年前更突出了。问题出在哪儿？不能不引起我们沉思！我看主要是一些党员、干部宗旨意识淡薄了，对群众的感情变化了，作风问题突出了。如果群众观点丢掉了，群众立场站歪了，群众路线走偏了，群众眼里就没有你。古罗马历史学家塔西佗提出了一个理论，说当公权力失去公信力时，无论发表什么言论、无论做什么事，社会都会给以负面评价。这就是‘塔西佗陷阱’。我们当然没有走到这一步，但存在的问题也不谓不严重，必须下大气力加以解决。如果真的到了那一天，就会危及党执政基础和执政地位。”[①]“我们当然没有走到这一步”，习近平总书记的判断是准确无疑的，也是实事求是的。“但存在的问题也不谓不严重”，说明习近平总书记对“塔西佗陷阱”保持着高度的警惕。如果党员领导干部在发展实践中脱离群众，发展就可能“见物不见人”，或者“只见少数人，不见多数人”，在老百姓看来，这样的发展就与自己无关，这样的领导干部就不是“自己人”。当老百姓以“局外人”的身份被卷入改革发展进程中来，成为改革发展的“受害者”或“牺牲者”，老百姓自然会对一些领导干部不负责任的施政方案表示怀疑。长此以往，老百姓自然而然会对折腾自己的“外人”表现出反感，对“外人”提出的方案或措施，无论真假好坏，都保持不信任的态度。哀莫大于心死，千万不能忽视民众对政府的不信任或者民众与政府的互不信任。重构公权力的公信力权威，以公权力的公信力权威捍卫民众对改革发展的信心，是中国共产党治国理政必须正视的问题，这些问题的最终解决，还是要有赖于发展方向、发展思路、发展着力点的变革。习近平总书记强调：“发

---

① 习近平：《在河南省兰考县委常委扩大会议上的讲话》，2014年3月18日，《新华网》2015年9月8日，http://news.xinhuanet.com/politics/2015-09/08/c_128206459.htm。

展仍然是我们党执政兴国的第一要务，仍然是带有基础性、根本性的工作，但经济发展、物质生活改善并不是全部，人心向背也不仅仅决定于这一点。发展了，还有共同富裕问题。物质丰富了，但发展极不平衡，贫富悬殊，社会不公平，两极分化了，能得人心吗？因此，经济总量无论是世界第二还是世界第一，未必就能够巩固住我们的政权。经济发展了，但精神失落了，那国家能够称为强大吗？”[①]如果发展起来的问题得不到妥善解决，它们就会与不发展的问题交织在一起，从而影响人们对改革发展价值目标的信心和判断。发展是解决中国一切问题的关键，但并不是说，发展起来之后，中国的一切问题都会自动迎刃而解，而是发展可以为解决中国问题提供更多更好的选择方案。中国在繁荣发展之后，更需要警惕“塔西佗陷阱”，民众对公权力失去信任，丧失信心，也往往会经历一个由量变到质变的积累转化过程，如果不予以足够重视，妥善解决，就等于扔出去一颗颗不确定性的、不定时的“炸弹”，或者伤及矛盾双方，或者伤及无辜者。所以，复兴的中国既需要排除旧社会不发展的“旧地雷”，也需要妥善排除发展进程中的不确定性的、不定时的“炸弹”，不断规避和清除“塔西佗陷阱”，增强中国发展的安全系数。

3.“棒杀”与“捧杀”陷阱

中国在发展过程中不仅面临“中国威胁论”的诬陷、“中国崩溃论”的唱衰、“中国责任论”的绑架，而且面临“棒杀”与“捧杀”的双重陷阱。“棒杀”与“捧杀”可能只是方式的差别，起到的效果往往是一致的。“棒杀”是一种“不给机会”的全盘否定，“捧杀”则是一种“夸张造势”的吹捧渲染。一些人因为对落后中国的固有偏见，无论中国改革发展取得何等之成就，他们总是持有一种否定的观点，即凡是中国的都是坏的，凡是外国的都是好的。这种“棒杀”往往无限放大“中国问题”，试图埋没中国复兴的声音，掩盖中国复兴的故事。在棒杀者看来，中国的大米不如外国香、中国的文化不如外国文化有吸引力、中国的科技没有立锥之地、中国国民素质没有外国高、中国教育制度没有外国公平，棒杀者们极少从历史的纵向角度去审视中国复兴带来的进

① 习近平：《在河南省兰考县委常委扩大会议上的讲话》，2014年3月18日，《新华网》2015年9月8日，http://news.xinhuanet.com/politics/2015-09/08/c_128206459.htm

步，唯西是从、唯西是听，用外国的标准和尺度来裁剪崛起的中国。一些国人打着“爱国者”的旗号把中国的某项国防技术成就“吹上了天”，有人将复兴的中国说成是“发达国家的粉碎机”，也有人将中国个别企业的海外发展战略歪曲成“战书”，还有人甚至宣称复兴的中国就要告别“韬光养晦”的时代，等等，这些“捧杀”陷阱也是复兴的中国需要时刻提防的。复兴的中国需要保持应有的大国战略定力，不为任何“棒杀”或“捧杀”陷阱所左右或干扰，不卑不亢，从容应对发展中的各种挑战。

4.“修昔底德陷阱”的陷阱

所谓“修昔底德陷阱”是根据古希腊历史学家修昔底德在《伯罗奔尼撒战争史》一书中关于雅典和斯巴达之间战争的描述提炼出的学术话语和政治话语，它的大意是一个新崛起的大国（雅典）必然要挑战现存大国（斯巴达），而现存大国也必然会采取各种压制的手段来回应这种不断增长的威胁或挑战，这样就使得战争不可避免。其实，“修昔底德陷阱”本身就是一个“陷阱”，它是以美国为首的发达国家杜撰出来讹诈和绑架崛起的中国的一套“学术与政治”相统一的话语体系。以美国为首的西方发达国家作为二战以来的守成大国，在苏联解体之后，自然不希望另一个大国崛起，尤其不希望另一个社会主义大国的崛起，它们杜撰出“修昔底德陷阱”，营造“中国威胁”的舆论攻势，妄图威逼中国“就范”，并把引发战争的责任推卸给中国。实际上，“修昔底德陷阱”是发达国家剥夺发展中国家发展权的惯用手段，它并不讲事实依据，纯粹是为发动战争和推卸战争责任找借口。所以，习近平总书记在美国华盛顿的演讲中强调：“我们要坚持以事实为依据，防止三人成虎，也不疑邻盗斧，不能戴着有色眼镜观察对方。世界上本无‘修昔底德陷阱’，但大国之间一再发生战略误判，就可能自己给自己造成‘修昔底德陷阱’。”[①]习近平总书记的精彩演讲一针见血地揭穿了“修昔底德陷阱”的谬论，彰显了大国领导人深厚的战略定力。可以说，“修昔底德陷阱”是以美国为首的发达国家放出的“烟幕弹”，目的在于打乱中国崛起的节奏，钳制中国崛起的步伐，让中国疲

① 习近平：《在华盛顿州当地政府和美国友好团体联合欢迎宴会上的演讲》，《人民日报》2015年9月24日，第2版。

于应对，不能一心一意谋发展。面对“修昔底德陷阱”的“烟幕弹”，我们不能跟着西方舆论走，我们的学术领域也不能跟风，跟着炒作这个“烟幕弹”，因为这个“烟幕弹”本身就是一个伪命题，是从偏狭的历史经验中提炼出来的偏见和傲慢。发展才是硬道理，这是邓小平给中国留下的智慧，我们不要被西方释放的“烟幕弹”所迷惑、所困扰，中华民族的发展权决不能被“修昔底德陷阱”这个陷阱“套牢”。我们也需要看到，西方国家释放的虽然是“烟幕弹”，但它的效果却不“虚”，它的危害也不可全然忽视。崛起的中国不仅要攀登经济高峰，释放和平发展的中国机遇，而且要努力抢占国际话语权的制高点，传播和平发展的中国声音，讲好和平发展的中国故事，不断壮大和维护中国的“朋友圈”。中华民族没有穷兵黩武的基因，中国有信心、有能力走好和平崛起的道路，崛起的中国也将通过自己和平发展的实践成果去回应、回击各种帝国主义的傲慢与偏见。

发展是解决中国一切问题的关键，发展的思维也是解决中国问题的“方法论”。崛起的中国需要不断规避“中等收入”“塔西佗”“棒杀”与“捧杀”和“修昔底德”等陷阱，这些陷阱在不同的历史时期会以不同的形式表现出来，这就需要长期执政的中国共产党人保持高度警惕，提高战略定力，避免战略误判，牢牢把握发展这个执政兴国的第一要务，不断提高发展的质量和效益，不忘初心，继续前进，引领“中华号”巨轮不断从胜利走向新胜利。

二、短板

中国崛起具有整体性的内涵，中国崛起应该是全方位的崛起，不应该仅限于经济领域。经济领域的崛起是中国崛起的基础，但这并不是说，其他领域的崛起是可有可无的，其他领域的进步也是衡量我们国家是否真正崛起的重要考量。站在新中国成立后近30年打下的坚实基础上，经过改革开放40年的奋斗，中国国内生产总值从世界第九位上升到世界第二位，中国在经济领域实现了崛起，这是毫无疑问的。经济指标是显性指标，它可以用数字进行最直观的表达。我们需要看到，社会发展进步绝不是由经济因素单独决定的，而是经济因素与其他因素共同作用的结果，可以说，中国崛起本身也是经济因素与其他因素相互碰撞形成的历史合力造就的。当中国经济发展进入“新常态”之后，要推动中国经济社会向更高水平跃升，崛起的中国这个“大块头”尤其需要重视发展短板的问题。

重视“短板”的思维，来源于“木桶理论”，即一个木桶能装多少水，不是由最高的那块木板决定，而是由最短的那块木板决定。在很多情况下，“短板”成为特定评价体系中的“一票否决”因素。虽然中国经济总量已经稳居世界第二位，但其他领域存在的短板也越来越成为推动中国经济向更高水平跃升的制约因素，也越来越成为在发展实践中成长起来的人们所关注的内容，这些发展的短板也越来越为人们所诟病。当代中国发展的短板主要有民生短板、创新短板、思想文化短板、微观制度短板、自然禀赋短板、贫困短板等。这些短板不是一成不变的，它的内涵具有历史性。以民生短板为例，当中国处于“物质短缺”的年代，最大的民生就是温饱，当中国告别“物质短缺”进入“产能过剩”的时代，民生的内涵也在不断扩展，由温饱问题向住房、医疗、交通等领域扩展，人们对更好的工作、更加公平的教育、更加完善的医疗、更加便捷的交通、更加优质的服务等方面的需求则成为民生的新内容。当这些领域出现有效供给不足的问题之时，这些领域就成为人们诉求的焦点，也成为影响人们对改革发展成果作出价值评价的重要依据，甚至是“一票否决”的依据。创新短板是崛起的中国必须正视的问题，在过去很长一段时间，中国凭借自身“低成本”的优势，承接了发达国家的产业转移，抓住了重大战略机遇期，让“Made in China”乘上“中华号”巨轮走向全世界的各个角落。在很长一段时间里，中国不需要在科技创新方面下大功夫，只要依靠低廉的劳动力和土地，就能“赚到钱”。随着中国发展实践的深入，中国的劳动力和土地已经不再廉价，中国制造的成本也已经大幅提高，中国制造的价格优势日益消退，中国制造的生存空间日益受到东南亚、南亚国家的挤压。在这种情况下，科技创新的短板就越来越成为“中国制造”向“中国智造”飞跃的瓶颈。思想文化领域的短板也是崛起的中国需要花大力气解决的问题。改革开放以来，中国大量引进西方哲学社会科学，确实在一定程度上解放了中国人的思想，丰富了人们的视野，但也使一些人唯西是从，不自觉地用西方的尺子来衡量中国道路，用西方话语体系来解释中国问题，仿佛离开了西方标准和话语，就低人一等。当前，我们需要重新确立对中国话语、中国智慧、中国方案的自信心，构建中国特色社会主义的哲学社会科学，为崛起的中国提供源源不断的中国智慧。制度创新方面的短板也不可忽视。中国是在中国特色社会主义道路上实现和平崛起的，实践证明，中国特色社会主义的宏观制度是正确无疑的，但中国特色社会主义的微观制度依然不够完善，依然存在短板，比如设租寻租、效率低下、有法不依、无法可依、漏洞百出等问题。解决这些问题，就必须在坚持和发展中国特色社会主义的总体框架下，推进国家治理体系和治理能力现代化，用现代化的制度捍卫和巩固中国现代化建设的成果。人均资源禀赋短板日益凸显。中国拥有960多万平方千米的领土和300多万平方千米的领海，真可谓地大物博，但中国同时拥有超过13亿的人口，人均资源占有量远低于世界平均水平。中国经历了改革开放40年的高速发展，对资源能源的需求不断增加，对进口资源能源的依赖度也在增加，自然资源禀赋的短板日益凸显。贫穷不是社会主义，社会主义以实现共同富裕为目标，当前中国还有几千万人生活在贫困线以下，实现共同富裕的贫困短板也需要花大力气来解决。小康不小康，关键看老乡，农村贫困问题是全面建成小康社会的“短板中的短板”，尤其需要重视。崛起的中国依然面临许多发展短板问题，这些短板需要用发展的办法来“补好”，随着发展实践的深入，还会有其他短板凸显出来，我们需要有心理准备，同时，我们也要坚信，每补好一块发展短板，崛起的中国向更高水平发展就多一份保障。只有及时补好短板，中国发展的“长板”才能发挥更大的价值，“中华号”巨轮才能行稳致远。

三、风险

后发国家的崛起必定会经历一个卧薪尝胆、忍辱负重、韬光养晦的过程，在苦难中“站起来”的中华民族走上和平发展的道路，也经历了这样一个过程。发展才是硬道理，不发展就没有中华民族的未来，但发展过程中布满了荆棘，发展过程中的安全风险也需要引起我们足够的重视。

发展的本意是新事物取代旧事物，是一种进步的趋向，但这种“新事物取代旧事物”的过程是需要付出代价、承担风险的。在特定的历史时期，发展的代价和风险往往被那些渴望现代化的国家和民族忽略不计，人们对发展的理解也往往是单向度的，尤其体现在对GDP的狂热追求之上。中国在和平崛起的过程中，也曾有过“一万年太久，只争朝夕”的紧迫感，这种紧迫感也会让人急躁狂热，让人忽视事物发展的客观规律性，结果往往事与愿违。中国融入全球化的过程也是中国向世界开放的过程，开放的中国可以分享全球化浪潮带来的机遇，如资金、技术、信息，但也要为全球化浪潮的负面效果埋单，比如金融危机、生态破坏、贫富差距、资本泡沫等问题。

在客观上，崛起的中国引起了周边国家的不安和恐慌，美国借机重返亚太，在太平洋西岸部署了军事岛链，对中国形成“C”形包围的态势，频繁在中国南海、东海、黄海制造事端，挑起矛盾，中国的空间安全受到威胁。这并不是说，如果中国不崛起、不发展，就不会受到这种空间上的安全威胁。如果中国不崛起、不发展，中国受到的空间安全威胁就会更大，如果中国不崛起、不发展，就不可能筑起空间安全屏障，就没有说“NO”的权利，或者说“NO”也不起作用。崛起的中国不仅可以说“NO”，而且崛起的中国说的“NO”也将越来越管用。“NO”不仅指向破坏中国底线的行为，而且指向践踏国际公平正义的行为。

中国崛起不仅要顶住外部的压力，而且要防控内部的风险。改革发展带来的变革是多方面的，既有经济总量的腾飞，也有经济关系和社会关系的变革；既有社会结构的变革，也有人们思维方式和需求层次的变革。这些变革往往是不同步的、不协调的，比如，有的群体抓住改革发展的先机，在物质基础方面已经率先实现现代化，但在价值观念层面却依然“顶着暴发户的脑袋”，“先富”与“未富”之间的张力在不断加大，“未富”群体之间的竞争也越发激烈，社会矛盾变得多发多样，社会发展进入矛盾高发期。随着人们的基本物质需要得到满足，人们对优质资源的期望越来越高，争夺优质资源的博弈也变得越来越激烈。

于中国而言，和平崛起的生态代价尤其需要引起重视。现存的老牌发达国家在崛起过程中大多是通过对外扩张掠夺发家的，它们通过对域外资源的掠夺而保护了本土的生态环境，把发展的代价转移给其他国家，即使在二战之后，世界进入整体和平发展时期，发达国家凭借跨国资本输出的优势，也同样攫取了发展中国家的大量资源，遗留下生态破坏和环境污染的“烂摊子”和“后遗症”。发展中国家为了获得发展的资金、技术、信息，彼此之间进行恶性竞争，跨国资本兵不血刃、从中渔利。中国作为一个和平崛起的后发国家，不能走老牌发达国家“发家”的老路，不能把自己遭受的苦难转嫁给其他民族，中国崛起只能靠自己。所以，巧妇难为无米之炊，中国销往世界的“Made in China”不仅蕴含着几代中国人民的勤劳智慧，而且包含着中华大地“取之即损”的“祖宗饭”（矿藏、能源、耕地等）。一些地方过度攫取可再生资源，违背更替周期率，导致可再生资源出现自然更替的危机，比如沿海一带过度捕捞，导致众多海洋物种濒临灭绝，这种吃了“祖宗饭”，又砸掉“子孙碗”的发展方式是不可持续的，也是潜藏危机的。再比如，一些城市因采矿而兴，也因矿藏枯竭而衰，遗留下众多“后遗症”，如水土流失、土地污染、水污染、大气污染，甚至整个生态系统遭到破坏，出现鱼虾绝迹、荒漠化等问题。生态兴，则文明兴。中国追求的现代化也应该适时从“灰色”现代化向“绿色”现代化转变，唯此，中华民族才能在现代化的道路上永续发展。

中国抓住机遇、顶住压力，在第三波经济全球化浪潮中实现和平崛起，但资本主义实施和平演变、颠覆社会主义政权的传统安全威胁从未消减。与此同时，崛起的中国面临的非传统安全威胁也在与日俱增。非传统安全威胁是与传统安全威胁相对应的概念，它是在军事和政治之外的安全威胁。这些威胁是传统视野中未曾出现过的，如恐怖主义、跨国犯罪、网络黑客、有组织犯罪、网络诈骗、宗教渗透，等等。这些非传统安全威胁，层出不穷，花样百出，目的多样，防不胜防，在给人民群众正常生产生活带来困扰的同时，也给国家稳定发展带来巨大隐患。

面对中国崛起的纷繁复杂的问题，有些人可能会产生这样的疑问：发展起来之后，问题那么多，我们为什么还要坚持“发展才是硬道理”呢？

当今的世界处在全球化的时代，任何一个国家、民族都很难蛰居于“世界历史性的交往”之外。人类也并非全部处在单一的社会形态之中，不同社会形态之间存在着竞争的张力，即便人类处在同一社会形态之中，也会因为“资源的稀缺”或“种族的矛盾”而展开征伐，其结果往往是生产力先进的民族获得了生存发展的权利，而生产力落后的民族则在竞争中掉进灾难的深渊，或灭亡，或绝地求生。生产力发展水平对一个民族长期屹立于世界民族之林至关重要，生产力发展水平高低决定了民族内部的文明程度，如果生产力低下，民族的内部关系可能表现出更多的野蛮色彩，如果生产力发达，民族内部解决矛盾的方式也将拥有更多选择的余地。马克思、恩格斯曾说："生产力的这种发展之所以是绝对必需的实际前提，还因为如果没有这种发展，那就只会有贫穷、极端贫困的普遍化；而在极端贫困的情况下，必须重新开始争取必需品的斗争，全部陈腐污浊的东西又要死灰复燃。"[①]所以，社会主义现代化建设的根本任务要回归解放生产力、发展生产力之上，发展过程中产生的问题只能通过更高水平、更高质量、更高水准、更加公平、更有效率的新发展来破解。发展是硬道理，做大做强发展的硬道理必须坚定不移地走中国特色社会主义道路，封闭僵化产生不出持久的"硬道理"，改旗易帜更加"没道理"。

崛起的中国呼唤新发展观

改革开放40年来，"中华号"巨轮在波涛汹涌、暗流涌动的经济全球化浪潮中扬帆起航，一路披荆斩棘，长风破浪，这不仅需要准确的战略研判和深厚的战略定力，而且需要韬光养晦的深谋远虑和忍辱负重的内在品格。中国特色社会主义的实践经验已经深刻证明，韬光养晦谋发展才是中国崛起的"硬道理"，离开了发展这个"党执政兴国的第一要务"，中国必将错过、错失发展的战略机遇期，落后于时代发展潮流。改革开放之初，中国需要抓住的战略机遇主要是承接发达国家的产业转移，赚取外汇，随着中国的崛起，中国面临的战略机遇的内涵已经发生深刻变化。虽然中国对外开放的大门永远不会关闭，但中国对外开放的水平和标准正在全面升级，中国企业"走出去"的战略也在全面谋划。在"中华号"巨轮不断接近世界舞台中央的新的历史坐标上，崛起的中国迫切需要从战略高度谋划治国理政的新发展观，为化解当代中国发展的"阿喀琉斯之踵"提供新的方法论指导，促进中国特色社会主义行稳致远。

① 《马克思恩格斯选集》（第1卷），人民出版社，2012年，第166页。

党的十八大以来，以习近平同志为核心的党中央承接全面建成小康社会的奋斗目标，接过实现中华民族伟大复兴“中国梦”的接力棒，全面总结反思中国特色社会主义的实践经验，根据中国特色社会主义实践的新特点，因时而谋、顺势而为，提出了一系列治国理政新理念、新思想、新战略，为推动当代中国新发展提供了新的行动指南。习近平提出的一系列治国理政思想，是马克思主义在当代中国的新发展，是中国特色社会主义理论体系的重要组成部分。习近平治国理政思想闪耀着历史唯物主义和辩证唯物主义的光辉，是引领当代中国朝着更高质量、更有效率、更加公平、更可持续的方向发展的旗帜。习近平治国理政思想博大精深，涉及治国、治党、治军、改革、文化、科技等众多领域，并且在诸多领域都提出了新理念、新思想、新战略，但它与毛泽东思想和中国特色社会主义理论体系是一脉相承的，它们的主线是一致的，它们都牢牢地把握“发展”这条主线。发展才是硬道理，发展是党执政兴国的第一要务。在各个不同的历史时期，由于各个时代面临的突出紧迫问题不相同，党和国家对发展的目标追求也是有所差别的，发展理念往往会经历一个从“相对片面”向“更加全面”的认知转变过程。比如，从对“又快又好”的追求向对“又好又快”的追求转变，再到对“全面协调可持续的科学发展”的追求，这反映出我们党对社会发展规律的认知和探索处在不断深化的过程之中。

党的十八届五中全会强调，要“高举中国特色社会主义伟大旗帜，全面贯彻党的十八大和十八届三中、四中全会精神，以马克思列宁主义、毛泽东思想、邓小平理论、‘三个代表’重要思想、科学发展观为指导，深入贯彻习近平总书记系列重要讲话精神，坚持全面建成小康社会、全面深化改革、全面依法治国、全面从严治党的战略布局，坚持发展是第一要务，以提高发展质量和效益为中心，加快形成引领经济发展新常态的体制机制和发展方式，保持战略定力，坚持稳中求进，统筹推进经济建设、政治建设、文化建设、社会建设、生态文明建设和党的建设，确保如期全面建成小康社会，为实现第二个百年奋斗目标、实现中华民族伟大复兴的中国梦奠定更加坚实的基础”①。由此可见，

① 《中共中央关于制定国民经济和社会发展第十三个五年规划的建议》，《人民日报》2015年11月4日，第3版。

习近平治国理政思想的主线依然是“发展”，但这条发展主线的内涵已经变成“以提高发展质量和效益为中心”的发展。发展主线的内涵变迁是以中国经济发展进入“新常态”作为判断依据的。“新常态下，我国经济发展表现出速度变化、结构优化、动力转换三大特点，增长速度要从高速转向中高速，发展方式要从规模速度型转向质量效率型，经济结构调整要从增量扩能为主转向调整存量、做优增量并举，发展动力要从主要依靠资源和低成本劳动力等要素投入转向创新驱动。这些变化不依人的意志为转移，是我国经济发展阶段性特征的必然要求。”①只有以积极有为的姿态适应和引领经济发展“新常态”，才能赢得发展的时间和空间，切实提高中国发展的质量和效益。习近平指出：“面对经济社会发展新趋势新机遇和新矛盾新挑战，谋划‘十三五’时期经济社会发展，必须确立新的发展理念，用新的发展理念引领发展行动。古人说：‘理者，物之固然，事之所以然也。’发展理念是发展行动的先导，是管全局、管根本、管方向、管长远的东西，是发展思路、发展方向、发展着力点的集中体现。发展理念搞对了，目标任务就好定了，政策举措也就跟着好定了。”②党的十八届五中全会强调：“实现‘十三五’时期发展目标，破解发展难题，厚植发展优势，必须牢固树立创新、协调、绿色、开放、共享的发展理念。”③实际上，“十三五”规划建议就是以这“五大发展理念”为主线来谋篇布局的，“这五大发展理念，是‘十三五’乃至更长时期我国发展思路、发展方向、发展着力点的集中体现，也是改革开放40年来我国发展经验的集中体现，反映出我们党对我国发展规律的新认识”④。创新、协调、绿色、开放、共享的“五大发展理念”是“以提高发展质量和效益为中心”的发展思想，是治国理政的“主线”上的新发展观，是当代中国的新发展观。

创新发展是引领当代中国发展的新动力。“创新是引领发展的第一动力。

①②④ 习近平：《关于〈中共中央关于制定国民经济和社会发展第十三个五年规划的建议〉的说明》，《人民日报》2015年11月4日，第2版。

③《中共中央关于制定国民经济和社会发展第十三个五年规划的建议》，《人民日报》2015年11月4日，第3版。

必须把创新摆在国家发展全局的核心位置，不断推进理论创新、制度创新、科技创新、文化创新等各方面创新，让创新贯穿党和国家一切工作，让创新在全社会蔚然成风。”[①]创新的发展理念是实现“四个全面”战略目标的活力源泉。“我国能否在未来发展中后来居上、弯道超车，主要就看我们能否在创新驱动发展上迈出实实在在的步伐。”[②]在国际发展竞争日趋激烈和我国发展动力转换的形势下，要求我们必须把发展基点放在创新上，形成促进创新的体制架构，塑造更多依靠创新驱动、更多发挥先发优势的引领型发展。

协调发展彰显中国特色社会主义的制度优势。“协调是持续健康发展的内在要求。必须牢牢把握中国特色社会主义事业总体布局，正确处理发展中的重大关系，重点促进城乡区域协调发展，促进经济社会协调发展，促进新型工业化、信息化、城镇化、农业现代化同步发展，在增强国家硬实力的同时注重提升国家软实力，不断增强发展整体性。”[③]协调的发展理念是推进“四个全面”战略布局的方法要求。协调是持续健康发展的内在要求。必须牢牢把握“五位一体”的中国特色社会主义事业总体布局，正确处理发展中的重大关系，重点促进城乡区域协调发展，促进经济社会协调发展，促进新型工业化、信息化、城镇化、农业现代化同步发展，在增强国家硬实力的同时注重提升国家软实力，不断增强发展整体性。增强发展协调性，必须坚持区域协同、城乡一体、物质文明精神文明并重、经济建设国防建设融合，在协调发展中拓宽发展空间，在加强薄弱领域中增强发展后劲。“十三五”时期我国发展“既要看速度，也要看增量，更要看质量，要着力实现有质量、有效益、没水分、可持续的增长，着力在转变经济发展方式、优化经济结构、改善生态环境、提高发展质量和效益中实现经济增长”[④]。

绿色发展是生态文明建设的必然要求。“绿色是永续发展的必要条件和人民对美好生活追求的重要体现。必须坚持节约资源和保护环境的基本国策，坚持

①③④ 《中共中央关于制定国民经济和社会发展第十三个五年规划的建议》，《人民日报》2015年11月4日，第3版。

② 习近平：《在中国科学院第十七次院士大会、中国工程院第十二次院士大会上的讲话》，人民出版社，2014年，第11页。

可持续发展，坚定走生产发展、生活富裕、生态良好的文明发展道路，加快建设资源节约型、环境友好型社会，形成人与自然和谐发展现代化建设新格局，推进美丽中国建设，为全球生态安全作出新贡献。”[①]绿色的发展理念是推进“四个全面”战略布局的生态动力。以马克思主义生态观指导推进全面深化改革，坚持节约资源和保护环境的基本国策，坚持可持续发展，坚定走生产发展、生活富裕、生态良好的文明发展道路，加快建设资源节约型、环境友好型社会。坚持绿色富国、绿色惠民，加强法治建设，大力建设生态文明，把生态环境保护放在更加突出位置，推动形成绿色发展方式和生活方式，协同推进人民富裕、国家富强、中国美丽，形成人与自然和谐发展现代化建设新格局。

开放的发展理念是全面建成小康社会的必然选择，亦是内外联动的大势所趋。“开放是国家繁荣发展的必由之路。必须顺应我国经济深度融入世界经济的趋势，奉行互利共赢的开放战略，坚持内外需协调、进出口平衡、引进来和走出去并重、引资和引技引智并举，发展更高层次的开放型经济，积极参与全球经济治理和公共产品供给，提高我国在全球经济治理中的制度性话语权，构建广泛的利益共同体。”[②]

共享发展是“以人民为中心”的根本体现。“共享是中国特色社会主义的本质要求。必须坚持发展为了人民、发展依靠人民、发展成果由人民共享，作出更有效的制度安排，使全体人民在共建共享发展中有更多获得感，增强发展动力，增进人民团结，朝着共同富裕方向稳步前进。”[③]共享的发展理念体现了顶层设计“四个全面”战略布局的出发点和落脚点。发展成果共享是中国特色社会主义的本质要求。促进社会公平正义、增进人民福祉是改革和发展的出发点和落脚点。这是坚持我们党全心全意为人民服务根本宗旨的必然要求。改革和发展必须着眼于创造更加公平正义的社会环境，克服各种有违公平正义的现象，使改革发展成果更多更公平惠及全体人民。“如果不能给老百姓带来实实在在的利益，如果不能创造更加公平的社会环境，甚至导致更多不公平，改革

①②③ 《中共中央关于制定国民经济和社会发展第十三个五年规划的建议》，《人民日报》2015年11月4日，第3版。

就失去意义，也不可能持续。”① “国家建设是全体人民共同的事业，国家发展过程也是全体人民共享成果的过程。”②共享的发展理念彰显了社会主义制度的优越性。

发展理念是发展行动的先导，但这并不是说国家的发展理念是从个别领导人的头脑中凭空产生的，也不是说它可以远离发展实践而独立存在。新的发展理念是对既往发展理念的反思和升华，也是对既往发展实践的超越和扬弃。创新发展、绿色发展、协调发展、开放发展、共享发展的“五大发展理念”是针对中国既往发展理念和发展实践中的突出问题而提出来的，同时，又为中国决战决胜全面建成小康社会指明了发展思路、发展方向和发展着力点，既体现了“破旧”的勇气，又体现了“立新”的决心。发展理念上“破旧”与“立新”是知行合一的，破除旧思维，树立新观念，必然要求以新的发展逻辑取代旧的发展套路，必然要求以新的发展方式取代旧的发展方式，必然要求以新的发展评价体系取代旧的发展评价体系。所以，习近平总书记强调：“坚持创新发展、协调发展、绿色发展、开放发展、共享发展，是关系我国发展全局的一场深刻变革。”③树立并践行“五大发展理念”对破解当代中国的发展难题、增强发展动力、厚植发展优势具有重大现实意义和深远历史意义。

一、破解发展难题

发展是解决中国一切问题的关键，这并不是说，发展过程中不会产生新问题。发展过程中产生的难题往往比不发展的问题更加复杂，我们需要用发展的思维来解决不发展的问题，也需要用发展的思维来破解发展中的难题。在不发展的情况下，党和国家解决问题的手段往往是单一的，人们面临的问题往往具

① 《习近平关于协调推进“四个全面”战略布局论述摘编》，中央文献出版社，2015年，第68页。

② 《习近平关于协调推进“四个全面”战略布局论述摘编》，中央文献出版社，2015年，第44页。

③ 《中共中央关于制定国民经济和社会发展第十三个五年规划的建议》，《人民日报》2015年11月4日，第3版。

有趋同性。比如，改革开放之前，人们普遍聚焦于温饱的问题，人人都盯着土地，盯着粮食，盯着食品和物品，人对物的依赖性处于相对原始的阶段。马克思恩格斯曾说："人们为了能够'创造历史'，必须能够生活。"[①]当基本生活得到满足之后，人们才能摆脱生存威胁的恐惧，才能更加从容地面对其他问题。改革开放之后，随着中国温饱问题的逐步解决，人们面对的精神困惑越来越多，人们承受的压力越来越大，社会矛盾的表现形态也越发多样，这些发展中的问题，与不发展的问题相比，属于更高层次的问题，是人通往自由全面发展道路上需要面对和解决的问题。若是当代中国不崛起，可能不会面临"中国威胁论""中国崩溃论""中国责任论"的困扰，因为不崛起的中国不值得如此吸引西方世界的眼球，西方世界也不会下这么大的功夫来"折腾"中国。但是，中国不发展、不崛起，西方世界只要用最原始的方式，就可以让中国变成它们所需要的中国，不崛起的中国绝对不可能平安无事，绝对不可能有田园牧歌般的悠闲自得。中国崛起的问题那么多，但中华民族义无反顾地走在和平崛起的道路上。当然，破解当代中国的发展难题要有韧劲和拼劲，但不能蛮干。过去，一些人为了发展而发展，刻意压制民意，试图掩盖发展中的问题，导致发展矛盾不断累积，很多发展中的小问题或个别现象，逐渐演变成发展中的重大问题或普遍现象，如果任由这种发展思路指导发展行动，恐怕发展中的难题和阻力就会越积越多。特别是中国经济发展进入"新常态"之后，很多旧有的发展思维和发展方式不但不能解决问题，反而会使发展的难题更加严峻，比如，大规模上马高耗能高污染的项目，加剧产能过剩和环境污染的问题。

崛起的中国需要发展的"硬道理"来支撑，由"硬道理"带来的难题也需要新思维新理念来破解。"五大发展理念"旨在破解当代中国发展面临的突出问题和主要矛盾，当然，我们也需要看到，破解发展难题需要一定的时间和空间，破解发展难题需要注意减小"破题"带来的"阵痛"，也需要尽可能规避"破题"带来的次生问题。

① 《马克思恩格斯选集》（第1卷），人民出版社，2012年，第158页。

二、增强发展动力

发展动力是变动的，不是永恒的。投资、出口、消费这“三驾马车”是拉动增长的动力，也是推动发展的动力。在不同的历史时期，这“三驾马车”对推动发展的贡献值是不同的，改革开放之后很长一段时间，拉动中国经济增长的动力主要是投资和出口，人民群众虽然有较强的消费欲望，但消费能力并不高。随着中国的崛起，中国综合国力随之增强，老百姓的收入水平较以往有了较大提高，消费能力不断增强，消费在“三驾马车”中的贡献值也在逐步提高，中国的经济增长结构也在逐步优化。我们需要看到的是，“三驾马车”的结构是发展的，不是一成不变的。随着中国的崛起，“三驾马车”的结构也需要不断改造升级，才能引领中国经济社会的新发展。党的十八届五中全会强调，要“发挥消费对增长的基础作用，着力扩大居民消费，引导消费朝着智能、绿色、健康、安全方向转变，以扩大服务消费为重点带动消费结构升级”①，要“发挥投资对增长的关键作用，深化投融资体制改革，优化投资结构，增加有效投资。发挥财政资金撬动功能，创新融资方式，带动更多社会资本参与投资。创新公共基础设施投融资体制，推广政府和社会资本合作模式”②，要“发挥出口对增长的促进作用，增强对外投资和扩大出口结合度，培育以技术、标准、品牌、质量、服务为核心的对外经济新优势。实施优进优出战略，推进国际产能和装备制造合作，提高劳动密集型产品科技含量和附加值，营造资本和技术密集型产业新优势，提高我国产业在全球价值链中的地位”。③增强发展动力既需要“添火加薪”，又需要“另起炉灶”。推动当代中国新发展的动力也不应该只是将“三驾马车”升级为“三辆卡车”，还应该积极开辟新动力，比如优化劳动力要素、资本要素、土地要素、技术管理要素的配置，激发人民群众的创业活力，创造新产业、新业态，开辟发展新空间、新领域。崛起的中国不仅要在“怎么生产”“用什么生产”等问题上实现后发赶

①②③《中共中央关于制定国民经济和社会发展第十三个五年规划的建议》，《人民日报》2015年11月4日，第3版。

超，而且要努力在“生产什么”“消费什么”等领域发挥引领作用。“五大发展理念”是在中国经济社会发展动力转换的背景下提出来的，顺应了中国发展动力改造升级的必然趋势（“三驾马车”升级为“四轮驱动”或“多轮驱动”），必将为当代中国增强发展动力提供重要的思想引领。

三、厚植发展优势

中华文明延绵五千多年，从未中断，说明中华民族在生存繁衍过程中培育了生生不息的独特发展优势。我们需要看到的是，发展优势处在变动之中，过去有发展优势，不代表现在有发展优势，现在有发展优势，不代表永远都有发展优势。有些因素在过去是发展优势，在当代不见得是发展优势，有些因素在当下是发展优势，在将来可能会转变成发展的“鸡肋”。所以，在不同的时代和发展阶段，发展优势是有所差别的，这种发展优势也是在比较中显现的。改革开放以来，中国的发展优势也处在不断变化之中，比如，中国的廉价劳动力时代在40年的改革发展中已经走进尾声，劳动力成本不断提高，中国的老龄化时代逐步到来，人口年龄结构压力明显。但这并不是说中国在国际竞争中的优势即将消失殆尽，而是中国在国际竞争中的优势面临着改造升级的问题。低廉劳动力成本的优势是不可持续的，它会带来人口爆炸的恶性循环，也会让国家长期处于全球产业链分工的末端，成为跨国资本剥削的对象。当代中国面临从人口资源大国向人才资源大国、人才资源强国转变的历史任务，党的十八届五中全会指出，要“推动人才结构战略性调整，突出‘高精尖缺’导向，实施重大人才工程，着力发现、培养、集聚战略科学家、科技领军人才、企业家人才、高技能人才队伍。实施更开放的创新人才引进政策，更大力度引进急需紧缺人才，聚天下英才而用之。发挥政府投入引导作用，鼓励企业、高校、科研院所、社会组织、个人等有序参与人才资源开发和人才引进”。[①]发展需要赶时间，推动人力资源优势向人才资源优势转变，如果没有中国特色社会主义的制

① 《中共中央关于制定国民经济和社会发展第十三个五年规划的建议》，《人民日报》2015年11月4日，第3版。

度优势，也同样是不可能在较短时间内实现的。社会主义“集中力量办大事”的优越性是其他社会制度无法比拟的，“五大发展理念”是在中国特色社会主义“五位一体”总体布局和“四个全面”战略布局的框架下提炼出来的，它必将根据变化的实际来引导、整合中国优势，让中国优势发挥“1+1>2”的效能，避免中国优势相互掣肘、相互抵消而引发“1+1<2”的问题。“五大发展理念”闪耀着辩证唯物主义和历史唯物主义的光辉，它也必将指引当代中国不断厚植和培育发展优势。

创新、协调、绿色、开放、共享的“五大发展理念”是马克思主义发展观在当代中国的最新形态，五个词，十个字，简洁明了地概括了发展思路、发展方向、发展着力点，这五个方面构成一个有机整体，不能将它们割裂开来。“五大发展理念”打的是一套发展“组合拳”，环环相扣，有创新发展的发力源，有协调发展、绿色发展、开放发展的受力点和连接点，也有共享发展的立足点，可以说，“五大发展理念”是辩证思维与系统思维相结合的典范。崛起的中国需要发展的“硬道理”来支撑，发展的“硬道理”需要发展的新智慧来谋篇布局，“五大发展理念”是当代中国共产党人针对时代发展难题，根据时代的新需要、新特点、新任务研创出的发展新“软件”，它必将在破解发展难题、增强发展动力、厚植发展优势的实践中接受检验。

新时代中国发展观的实践变迁

“五大发展理念”作为当代中国治国理政的新发展观，我们所说的“新”不是从无到有、从天而降之“新”，而是继承、超越、扬弃之“新”。“五大发展理念”是在全面总结、反思中国社会主义实践的经验教训基础上提炼出来的，它吸取了世界各国新发展观之精华，直面中国特色社会主义实践的新任务和新挑战，是马克思主义发展观在当代中国的最新表现形态。“五大发展理念”作为当代中国的新发展观，它与中国既往发展理念一脉相承，同时又表现出许多新的时代特征。今天的历史是昨天的现实，今天的现实也将成为明天的历史，要更加深刻地认识当代中国的新发展观，我们很有必要回顾当代中国新发展观的实践历程，厘清当代中国新发展观的“源头”与“活水”，准确把握当代中国新发展观的时代特征。

新时代中国发展观的演进概要

新中国的成立，标志着中华民族丢掉了“东亚病夫”的帽子，挺直了腰杆，站起来了。60多年来，“站起来”的中国人民在中国共产党的坚强领导下，在“一穷二白”的基础上，历经自力更生、艰苦奋斗的峥嵘岁月，在波涛汹涌、暗流涌动的经济全球化浪潮中不仅“站住了”，而且“站稳了”。“站起来”的中华民族之所以能“站住”“站稳”，关键就在于中国共产党领导中国人民在社会主义实践探索中摸索出“发展的硬道理”，并用这个“发展的硬道理”武装国家，武装人民。60多年来，“发展的硬道理”经历数次重大改造升级，与之相伴随的，也有发展战略的升级换代，当代中国新发展观顺应了中国发展战略升级换代的时代呼唤。

一、从“一化三改造”到“四个现代化”的艰辛探索

道路决定命运，探索并走上社会主义发展道路是中国崛起的战略性胜利。新中国的成立，标志着中国的新民主主义革命取得胜利，中国进入新民主主义社会，但它不是一个独立的社会形态，而是一个过渡性的社会形态。作为一个过渡性的社会形态，它面临资本主义和社会主义两种前途命运的选择。众所周知，从鸦片战争到新中国成立的一百多年中，中华民族遭受帝国主义列强的残酷掠夺，国内也遭受了极其严重的吏治腐败，加上战火破坏，给中华神州留下满目疮痍，人民生活极端贫困，社会生产力甚为低下，毛泽东曾用“一穷二白”来概括，是非常准确的。中华民族是在“一穷二白”的基础上站起来的，如何在“一穷二白”的基础上“站住”“站稳”，就成为摆在中国共产党和中国人民面前的历史难题。

纵观中国历代王朝兴衰史，我们不难发现，每一个王朝在建立之初，往往会采取休养生息的政策，无为而治，经过几年的发展，一派“国泰民安”的景象就会呈现出来。但封建王朝休养生息的政策并不能带来持久繁荣，随着最初的安稳渐成常态，苛捐杂税、土地兼并、大兴土木、贪污腐败等问题又开始逐渐蔓延，历代王朝往往因此而掉进盛极而衰的“历史周期率”之中。

毛泽东作为一个伟大的历史主义者，他对历史的洞察是非常深刻的，他与黄炎培关于跳出历史周期率的“窑洞对”，已经充分展现了中国共产党人的远见卓识。毛泽东强调：“我们已经找到新路，我们能跳出这个周期率。这条新路，就是民主。只有让人民来监督政府，政府才不敢松懈；只有人人起来负责，才不会人亡政息。”[①]其实，在毛泽东那里，民主的范畴远远超乎政治领域，在经济、文化等领域也应该闪耀着民主的光辉。早在1940年，毛泽东在《新民主主义论》一文中曾指出：“中国的经济，一定要走‘节制资本’和‘平均地权’的路，决不能是‘少数人所得而私’，决不能让少数资本家少数

① 黄炎培：《延安归来》，国讯书店，民国三十四年十月（1945年10月），第65页。

地主‘操纵国计民生’，决不能建立欧美式的资本主义社会。”[①]当中国共产党领导的新民主主义革命取得胜利之后，它的前途不可能是资本主义社会，必然是超越资本主义的社会主义社会。但是，要在“一穷二白”的基础上建立社会主义社会，必须经历社会主义的改造过程。中国共产党领导中国人民在战火中获得解放，人民群众摆脱贫穷落后的愿望也空前提高，对新的社会形态也满怀期待。在进行了巩固新生人民政权的一系列斗争（抗美援朝、土改、“三反”“五反”等）之后，1953年12月，以毛泽东为代表的中国共产党人提出了过渡时期的总路线和总任务，“从中华人民共和国成立，到社会主义改造基本完成，这是一个过渡时期。党在这个过渡时期的总路线和总任务，是要在一个相当长的时期内，逐步实现国家的社会主义工业化，并逐步实现国家对农业、对手工业和对资本主义工商业的社会主义改造。这条总路线是照耀我们各项工作的灯塔，各项工作离开它，就要犯右倾或‘左’倾的错误。”[②]过渡时期的总路线可以概括为“一化三改造”，即逐步实现社会主义工业化，逐步实现对农业、手工业和资本主义工商业的社会主义改造，“一化”是核心，“三改造”是重要手段。“党在过渡时期的总路线的实质，就是使生产资料的社会主义所有制成为我国国家和社会的唯一的经济基础。我们所以必须这样做，是因为只有完成了由生产资料的私人所有制到社会主义所有制的过渡，才利于社会生产力的迅速向前发展，才利于在技术上起一个革命，把在我国绝大部分社会经济中使用简单的落后的工具农具去工作的情况，改变为使用各类机器直至最先进的机器去工作的情况，借以达到大规模地出产各种工业和农业产品，满足人民日益增长着的需要，提高人民的生活水平，确有把握地增强国防力量，反对帝国主义的侵略，以及最后地巩固人民政权，防止反革命复辟这些目的。”[③]本来，中共中央领导人对社会主义过渡阶段的估计大约是三个五年计划，大约是15年的时间，但形势的发展远远超出中共中央领导人的预判，实际上，只用了三年的时间，就基本完成社会主义的三大改造，国家工业体系也基本建成。

① 《毛泽东著作选读》（上册），人民出版社，1986年，第366页。

②③ 《毛泽东文集》（第6卷），人民出版社，1999年，第315页。

社会主义改造之所以能够在较短时间内完成，是众多社会因素相互碰撞形成了方向相对一致的历史合力，这种合力，既有中华民族改变贫穷落后面貌的整体动机，也有中国共产党人的远见卓识。正如毛泽东所言："共产党员应是实事求是的模范，又是具有远见卓识的模范。因为只有实事求是，才能完成确定的任务；只有远见卓识，才能不失前进的方向。"[①]社会主义改造在较短的时间内完成，大大缩短了社会改造过程中的"阵痛期"，避免了各阶级在细碎化的斗争中产生更多的内耗，为中华民族走上社会主义道路打开了"历史之门"，也使中国人民跨进了社会主义的"历史门槛"。三大改造的顺利完成，标志着社会主义制度在"一穷二白"的中国确立起来，社会主义制度的确立是中国最深刻的社会变革，也是中国人民的伟大历史性胜利。我们需要看到的是，中国共产党虽然带领中国人民跨进了社会主义的"门槛"，但中国共产党并没有立即成为社会主义建设的"内行"。中国共产党从社会主义建设的"门外汉"逐渐变成"内行"，经历了一个艰辛的探索历程。由于经验缺乏，在很大程度上，中国的社会主义建设是从照搬苏联经验开始的，随着"以苏联为师"的弊端逐步显现出来，中国共产党也开始反思"苏联模式"，开始了不同于"苏联模式"的社会主义道路探索。

经过三大改造，中国建立了社会主义制度，但中国共产党并没有在低水平的社会主义徘徊不前，而是马不停蹄地投入到对社会主义现代化道路的探索当中。由于险恶的国际局势，中国共产党对"现代化"的认识是从军队国防领域开始的。1952年7月，毛泽东在为中国人民解放军军事学院第一期毕业学员作训词时强调："与现代化装备相适应的，就是要求部队建设的正规化，就是要求实行统一的指挥、统一的制度、统一的编制、统一的纪律、统一的训练，就是要求实现诸兵种密切的协同动作。为此，就需要克服在过去时期曾经是正确的，而现在则是不正确的那种不集中、不统一、纪律不严、简单现象和游击习气，等等，而必须加强整个工作上、指挥上，而首先又应该是从教育训练上来培养的那种组织性、计划性、准确性和纪律性。这是建设正规化、现代化的国

① 《毛泽东选集》（第2卷），人民出版社，1991年，第522页。

防部队所不可缺少的重要的条件之一。”[①]1956年，毛泽东又将“现代化”这一概念延伸到工业领域，他说：“中国现在经济上文化上还很落后，要取得真正的独立，实现国家的富强和工业现代化，还需要很长的时间，需要各国同志和人民的支持。”[②]此后，毛泽东发出建设社会主义“现代化的工业强国”的号召，“我们必须逐步地建设一批规模大的现代化的企业以为骨干，没有这个骨干就不能使我国在几十年内变为现代化的工业强国。但是多数企业不应当这样做，应当更多地建立中小型企业，并且应当充分利用旧社会遗留下来的工业基础，力求节省，用较少的钱办较多的事”[③]。毛泽东特别重视苏联轻视农业发展的经验教训，强调中国要努力实现重工业与轻工业、农业的协调发展。他认为：“我国是一个大农业国，农村人口占全国人口的百分之八十以上，发展工业必须和发展农业同时并举，工业才有原料和市场，才有可能为建立强大的重工业积累较多的资金。大家知道，轻工业和农业有极密切的关系。没有农业，就没有轻工业。重工业要以农业为重要市场这一点，目前还没有使人们看得很清楚。但是随着农业的技术改革逐步发展，农业的日益现代化，为农业服务的机械、肥料、水利建设、电力建设、运输建设、民用燃料、民用建筑材料等等将日益增多，重工业以农业为重要市场的情况，将会易于为人们所理解。在第二个五年计划和第三个五年计划期间，如果我们的农业能够有更大的发展，使轻工业相应地有更多的发展，这对于整个国民经济会有好处。农业和轻工业发展了，重工业有了市场，有了资金，它就会更快地发展。这样，看起来工业化的速度似乎慢一些，但是实际上不会慢，或者反而可能快一些。经过三个五年计划，或者再多一些时间，我国的钢产量仍然可能由解放前最高年产量，即一九四三年的九十多万吨，发展到二千万吨，或者更多一点。这样，城乡人民都会感到高兴。”[④]在《关于农业问题》一文中，毛泽东提出了工业现代化与农业现代化“同步并举”的思想，他进一步指出：“讲到农业与工业的关系，

① 《毛泽东文集》（第6卷），人民出版社，1999年，第233页。
② 《毛泽东文集》（第7卷），人民出版社，1999年，第64页。
③ 《毛泽东文集》（第7卷），人民出版社，1999年，第240页。
④ 《毛泽东文集》（第7卷），人民出版社，1999年，第241页。

当然，以重工业为中心，优先发展重工业，这一条毫无问题，毫不动摇。但是在这个条件下，必须实行工业与农业同时并举，逐步建立现代化的工业和现代化的农业。过去我们经常讲把我国建成一个工业国，其实也包括了农业的现代化。”[①]后来，毛泽东在研读苏联政治经济学教科书的过程中强调：“建设社会主义，原来要求是工业现代化，农业现代化，科学文化现代化，现在要加上国防现代化。在我们这样的国家，完成社会主义建设是一个艰巨任务，建成社会主义不要讲得过早了。”[②]毛泽东等老一辈革命家还高度重视科学技术的发展，“我们不能走世界各国技术发展的老路，跟在别人后面一步一步地爬行。我们必须打破常规，尽量采用先进技术，在一个不太长的历史时期内，把我国建设成为一个社会主义的现代化的强国”[③]。周恩来也强调：“我国过去的科学基础很差。我们要实现农业现代化、工业现代化、国防现代化和科学技术现代化，把我们祖国建设成为一个社会主义强国，关键在于实现科学技术的现代化。”[④]在此基础上，周恩来明确提出了“四个现代化”的命题：“我国是一个人口最多的社会主义国家，我们不仅要实事求是，循序前进，还要有雄心壮志，尽快赶上世界先进水平。我们的四个现代化，要同时并进，相互促进，不能等工业现代化以后再来进行农业现代化、国防现代化和科学技术现代化。”[⑤]毛泽东、周恩来实际上提出了中国“四个现代化”同时发展、协调发展的构想，是中国共产党人在社会主义探索道路上发展观的重大飞跃，在理论上，它已经超越了“苏联模式”。但在实践上，由于“文化大革命”爆发，“四个现代化”的进程受到了很大干扰，这十年间，中国的社会主义现代化未能在实践上整体超越“苏联模式”。

中国共产党人从“一化三改造”到“四个现代化”的理论和实践探索，为中国进入改革开放新时代提供了理论准备和实践经验，从“一化三改造”到“四个现代化”是当代中国新发展观形成过程的奠基阶段。

① 《毛泽东文集》（第7卷），人民出版社，1999年，第310页。

② 《毛泽东文集》（第8卷），人民出版社，1999年，第116页。

③ 《毛泽东文集》（第8卷），人民出版社，1999年，第341页。

④⑤ 《周恩来选集》（下卷），人民出版社，1997年，第412页。

二、从“两个凡是”到“一个中心”的拨乱反正

思想路线的拨乱反正对我们国家走上中国特色社会主义发展道路至关重要。1976年10月，随着“四人帮”被粉碎，“文化大革命”也宣告结束，但人们的思想依然没有从阶级斗争的思想藩篱中解放出来，依然还有很多禁区不可讨论。1977年2月，《人民日报》、《红旗》杂志、《解放军报》发表题为“学好文件抓住纲”的社论，社论中指出“凡是毛主席作出的决策，我们都坚决维护，凡是毛主席的指示，我们都始终不渝地遵循”。这就是在“文化大革命”结束后，依然困扰着党和人民的“两个凡是”。面对“两个凡是”的错误思想，一些坚持真理的人站了出来，1977年5月，《光明日报》发表评论员文章《实践是检验真理的唯一标准》，随即在全国引起轰动，人们广泛参与到真理标准问题的大讨论当中来，为党的十一届三中全会的召开奠定了舆论基础。其实，“两个凡是”与“实践是检验真理的唯一标准”的根本指向是如何认识和坚持毛泽东思想的精髓的问题，而这一问题，最终将决定当代中国发展道路和发展理念的基本走向。邓小平旗帜鲜明地批判“两个凡是”，认为“两个凡是”不符合马克思主义，而是伪马克思主义。十一届三中全会前，邓小平曾说：“怎么样高举毛泽东思想旗帜，是个大问题。现在党内外、国内外很多人都赞成高举毛泽东思想旗帜。什么叫高举？怎么样高举？大家知道，有一种议论，叫做‘两个凡是’，不是很出名吗？凡是毛泽东圈阅的文件都不能动，凡是毛泽东做过的、说过的都不能动。这是不是叫高举毛泽东思想的旗帜呢？不是！这样搞下去，要损害毛泽东思想。毛泽东思想的基本点就是实事求是，就是把马列主义的普遍原理同中国革命的具体实践相结合。”①

随着十一届三中全会胜利召开，党和国家逐步实现思想路线和政治路线的拨乱反正，把党和国家的工作重心转移到“社会主义现代化”上来。此后，邓小平也非常警惕“两个凡是”，他说：“我们要注意，现在反对党的政治路

① 《邓小平文选》（第2卷），人民出版社，1994年，第126页。

线、思想路线的，还大有人在。他们基本上是林彪、‘四人帮’那样一种思想体系，认为中央现在搞的是倒退，是右倾机会主义。他们打着拥护毛泽东的旗帜，搞‘两个凡是’，实际上是换个面貌来坚持林彪、‘四人帮’那一套。这些人大体上都是‘文化大革命’中提起来的，是既得利益的。他们感到现在的一套对他们益处不大，所以对过去很留恋。经过工作，其中有些人可能转变过来，但不一定都能转过来。如果让转不过来的人掌权，这些人能听党的话吗？他们一遇机会就会出来翻腾的。”[①]在实现思想路线的拨乱反正的同时，党和国家也沿着社会主义“四个现代化”的发展方向进行了新的探索，得出来一些关于社会主义的新认识。邓小平指出：“至于什么是目前时期的主要矛盾，也就是目前时期全党和全国人民所必须解决的主要问题或中心任务，由于三中全会决定把工作重点转移到社会主义现代化建设方面来，实际上已经解决了。我们的生产力发展水平很低，远远不能满足人民和国家的需要，这就是我们目前时期的主要矛盾，解决这个主要矛盾就是我们的中心任务。”[②]在当时的历史条件下，“社会主义现代化”就是特指“四个现代化”，这“四个现代化”具有很多中国特点，它的重点是经济。邓小平强调：“经济工作是当前最大的政治，经济问题是压倒一切的政治问题。不只是当前，恐怕今后长期的工作重点都要放在经济工作上面。所谓政治，就是四个现代化。我们开了大口，本世纪末实现四个现代化。后来改了个口，叫中国式的现代化，就是把标准放低一点。特别是国民生产总值，按人口平均来说不会很高。”[③]“同心同德地实现四个现代化，是今后一个相当长的时期内全国人民压倒一切的中心任务，是决定祖国命运的千秋大业。各条战线上的群众和干部，都要做解放思想的促进派，安定团结的促进派，维护祖国统一的促进派，实现四个现代化的促进派。对实现四个现代化是有利还是有害，应当成为衡量一切工作的最根本的是非标准。”[④]当然，“重点”是经济，但不囿于经济，还有其他领域，但这些其他领域都与

① 《邓小平文选》（第2卷），人民出版社，1994年，第192页。

② 《邓小平文选》（第2卷），人民出版社，1994年，第182页。

③ 《邓小平文选》（第2卷），人民出版社，1994年，第194页。

④ 《邓小平文选》（第2卷），人民出版社，1994年，第208–209页。

经济有关联，并且受到经济的制约。“现代化建设的任务是多方面的，各个方面需要综合平衡，不能单打一。但是说到最后，还是要把经济建设当作中心。离开了经济建设这个中心，就有丧失物质基础的危险。其他一切任务都要服从这个中心，围绕这个中心，决不能干扰它，冲击它。”[①]围绕经济建设这个“中心”，需要一系列的举措，改革与开放就是两大主要举措，并在党的十三大上，确立“一个中心，两个基本点”的发展战略布局，这套发展的战略布局要管“一百年”。邓小平又强调，“要坚持党的十一届三中全会以来的路线、方针、政策，关键是坚持‘一个中心，两个基本点’。不坚持社会主义，不改革开放，不发展经济，不改善人民生活，只能是死路一条。基本路线要管一百年，动摇不得。只有坚持这条路线，人民才会相信你，拥护你。谁要改变三中全会以来的路线、方针、政策，老百姓不答应，谁就会被打倒”[②]。

在邓小平那里，以现代化建设为中心、以发展生产力为中心、以经济建设为中心是同义语，它们的深层内涵是一致的，它们与以阶级斗争为中心存在根本区别。从以“四个现代化”为中心到以“社会主义现代化”为中心，再从以经济建设为中心到“一个中心，两个基本点”，说明以邓小平为核心的中国共产党第二代领导集体对中国特色社会主义发展道路的认识是不断丰富和深化的。将“四个现代化”扩展到“社会主义现代化”，再从“社会主义现代化”中找准“经济建设”这个中心，围绕这个中心设计“两个基本点”的战略布局，这些都是中国共产党人探索中国发展道路的思想结晶。所以，从“两个凡是”到“一个中心”的拨乱反正，是当代中国新发展观形成的第二阶段，它延续和丰富了第一阶段的“四个现代化”发展理念，致力于把中国建设成社会主义现代化强国，也致力于设计实现中华民族伟大复兴的“三步走”战略。

三、从“一个先锋队”到“三个先锋队”的实践创新

办好中国的事情，关键在于加强党的自身建设。党的十三届四中全会后，

① 《邓小平文选》（第2卷），人民出版社，1994年，第250页。

② 《邓小平文选》（第3卷），人民出版社，1993年，第370-371页。

以江泽民同志为核心的党的第三代领导集体带领中国人民继续沿着改革开放的总设计师邓小平设计的“一个中心，两个基本点”的发展战略和“三步走”的既定路线奋勇前进，建立了社会主义市场经济体制，为当代中国发展开辟了实践场域，也为丰富当代中国新发展观扩展了理论空间。江泽民指出：“按照中央和小平确定的‘三步走’发展战略，积极稳步地发展国民经济，始终是我们现代化建设的中心任务……经济发展了，国力强大了，我们才能有力量抵御任何自然的和社会的风浪，顶住任何外来的威胁和压力，才能实现民族振兴，对人类作出更大贡献。”①经济与政治不可分离，不能脱离经济建设这个中心任务来搞政治，而是要将政治建设作为经济发展的条件。“我们搞社会主义现代化建设，中心任务是发展经济，必须牢牢抓住，决不能动摇。经济发展需要有坚强的政治保证和充分的政治条件，否则经济建设也搞不好。经济工作和其他各项业务工作中都有政治。”②

党和国家把经济建设确立为社会主义现代化的中心，不可避免地带来社会利益格局调整。很多部门可能会从原来的权力部门变成“清水衙门”，很多原来不起眼的部门可能会因为政策的倾斜而变成“肥水单位”，很多领域也会因为国家政策的调整而发展滞后或突飞猛进，这些都是经济发展中的问题和矛盾。解决这些问题，不能采取“一刀切”的办法，也不能退回到原来的老路上。江泽民强调，要“坚持以经济建设为中心，用发展的办法解决前进中的问题。发展是硬道理。必须抓住一切机遇加快发展。发展要有新思路”③。发展是解决中国问题的“头等大事”，而“要把中国的事情办好，关键在我们党”④。江泽民高度重视党在引领当代中国发展中的“定位”问题，并对这一问题进行了长期的探索。早在党的十三届四中全会上，江泽民就曾指出：“我们党是工人阶级的先锋队，是社会主义事业的领导力量。形势和任务不断变化，党的路线方针政策和斗争策略、活动方式、工作方法也要相应改变，但党的性质不能

① 《江泽民文选》（第1卷），人民出版社，2006年，第59页。

② 《江泽民文选》（第2卷），人民出版社，2006年，第363页。

③ 《江泽民文选》（第3卷），人民出版社，2006年，第533-534页。

④ 《江泽民文选》（第2卷），人民出版社，2006年，第547页。

变，共产主义的最高目标不能变。”[①]同年12月，江泽民又重申了“把党建设成更加坚强的工人阶级先锋队”的任务，他说：“我们应该怎样把握住加强党的建设的指导思想，明确什么样的要求呢？最根本、最重要的，就是一定要坚持把我们党建设成为马列主义、毛泽东思想武装的更加坚强的中国工人阶级的先锋队，这样的先锋队，必须在理论上更加成熟，思想上更加统一，政治上更加坚强，内部更加团结，同群众的关系更加亲密，是领导全国各族人民建设有中国特色的社会主义的坚强领导核心。”[②]江泽民还强调，先进的党必须要用先进的理论来武装，“没有先进理论武装的党，不可能是先进的党；没有先进理论武装的共产党员，不可能发挥先进战士的作用，拒绝用先进理论武装头脑的人，就不会有真正的党性，就没有资格存身于工人阶级先锋队的行列”[③]。

党的十四大之后，中国确立了社会主义市场经济体制，这给党的建设提出了新的历史课题。“在发展社会主义市场经济的条件下，我们党如何始终保持工人阶级先锋队性质，更好地代表最广大人民的根本利益，这是我们在新的历史条件下加强党的建设的一个重大理论问题，也是一个重大现实问题。只有正确回答了这个问题，党的建设才能更好地推进。”[④]经过长期的探索，2000年2月25日，江泽民在广东省考察工作时，第一次提出了“三个代表”重要思想，解答了上述问题。他说：“总结我们党七十多年的历史，可以得出一个重要结论，这就是：我们党所以赢得人民的拥护，是因为我们党在革命、建设、改革的各个历史时期，总是代表着中国先进生产力的发展要求，代表着中国先进文化的前进方向，代表着中国最广大人民的根本利益，并通过制定正确的路线方针政策，为实现国家和人民的根本利益而不懈奋斗。人类又来到一个新的世纪之交和新的千年之交。在新的历史条件下，我们党如何更好地做到这‘三个代表’，是一个需要全党同志特别是党的高级干部深刻思考的重大课题。”[⑤]

① 《江泽民文选》（第1卷），人民出版社，2006年，第62页。
② 《江泽民文选》（第1卷），人民出版社，2006年，第89页。
③ 《江泽民文选》（第1卷），人民出版社，2006年，第95页。
④ 《江泽民文选》（第2卷），人民出版社，2006年，第555页。
⑤ 《江泽民文选》（第3卷），人民出版社，2006年，第2页。

而“贯彻‘三个代表’重要思想，关键在坚持与时俱进，核心在坚持党的先进性，本质在坚持执政为民”。①

“三个代表”重要思想并不是要否定党的工人阶级先锋队性质，而是要在当时的历史条件下不断发展党的阶级基础和群众基础。“我们必须坚持党的工人阶级先锋队性质，始终保持党的先进性，同时要根据经济发展和社会进步的实际，不断增强党的阶级基础和扩大党的群众基础，不断提高党的社会影响力。”②保持党的先进性，关键在于推动当代中国的发展。江泽民强调：“贯彻‘三个代表’重要思想，必须把发展作为党执政兴国的第一要务，不断开创现代化建设的新局面。马克思主义执政党必须高度重视解放和发展生产力。离开发展，坚持党的先进性、发挥社会主义制度的优越性和实现民富国强都无从谈起。党的先进性是具体的、历史的，必须放到推动当代中国先进生产力和先进文化的发展中去考察，放到维护和实现最广大人民根本利益的奋斗中去考察，归根到底要看党在推动历史前进中的作用。”③发展是全面的发展，既有物质的发展，也有人们精神世界的丰富，必须充分认识二者的辩证关系，在实践中，要自觉促进二者的平衡发展。“三个代表”重要思想推动中国共产党从“一个先锋队”向“三个先锋队”的发展转变，使党更具开放性和包容性。正如江泽民所言：“通过锲而不舍的努力，保证我们党始终是中国工人阶级的先锋队，同时是中国人民和中华民族的先锋队，始终是中国特色社会主义事业的领导核心，始终代表中国先进生产力的发展要求，代表中国先进文化的前进方向，代表中国最广大人民的根本利益。”④

“三个代表”重要思想科学回答了在社会主义市场经济条件下“建设一个什么样的党”和“怎样建设党”的问题，它极大地调动了广大人民群众的积极性，尤其是调动体制外群众的积极性、主动性和创造性。在社会主义市场经济条件下，不断涌现出新业态、新行业，各种自谋职业的群体迫切需要体制内

① 《江泽民文选》（第3卷），人民出版社，2006年，第537页。

② 《江泽民文选》（第3卷），人民出版社，2006年，第284页。

③ 《江泽民文选》（第3卷），人民出版社，2006年，第538页。

④ 《江泽民文选》（第3卷），人民出版社，2006年，第569页。

予以合法的“身份确认”，而中国共产党适时从“工人阶级的先锋队”（一个先锋队）向“中国人民和中华民族的先锋队”（三个先锋队）扩展自己的群众基础和阶级基础，无疑也扩展了中国特色社会主义的发展道路，增强了中国特色社会主义事业的开放性和包容性。“三个代表”与“工人阶级的先锋队”在本质上是一致的，同时又扩展了“工人阶级的先锋队”的内涵和外延。从“一个先锋队”到“三个先锋队”，是我们党重要的理论创新，也是我们党重大的实践突破，它的主线始终是发展的硬道理，它始终围绕“一个中心，两个基本点”的总体设计。从“一个先锋队”到“三个先锋队”的理论和实践的双重创新，是当代中国新发展观演变的第三阶段概要。

四、从“三位一体”到“五位一体”的内涵拓展

发展理念是在总结反思既往发展实践的经验教训中趋向成熟的。党的十六大到十八大期间，以胡锦涛为总书记的党中央对中国既往发展理念和发展实践进行了反思，提出了关于发展的一系列新观点、新论断，丰富了当代中国的发展理念，使当代中国关于发展的思想更加系统化、更加成型。早在2003年4月，胡锦涛在广东考察时就曾指出：“在发展问题上，我们始终要坚持两条。一是发展是硬道理，是解决中国所有问题的关键，必须抓住一切机遇加快发展，首先要把经济建设进一步搞上去。二是发展要有新思路，必须实施科教兴国战略和可持续发展战略，实现速度和结构、质量、效益相统一，经济发展和人口、资源、环境相协调，同时要促进中国特色社会主义经济、政治、文化全面发展。”①由此可见，胡锦涛关于发展问题的看法，可以概括为一点，用新思路来发展“硬道理”，这种新思路就是经济、政治、文化全面发展的思路。

胡锦涛根据中国特色社会主义“三位一体”总体布局，致力于推动物质文明、政治文明、精神文明协调发展，努力克服“只顾经济，不顾其他”的错误认识和实践偏差，不断丰富发展“硬道理”的内涵。胡锦涛指出：“促进经济

① 《胡锦涛文选》（第2卷），人民出版社，2016年，第39页。

社会协调发展，是建设中国特色社会主义的必然要求，也是全面建设小康社会的必然要求。我们讲发展是党执政兴国的第一要务，这里的发展绝不只是指经济增长，而是要坚持以经济建设为中心，在经济发展的基础上实现社会全面发展。我们要更好坚持全面发展、协调发展、可持续发展的发展观，更加自觉地坚持推动社会主义物质文明、政治文明、精神文明协调发展，坚持在经济社会发展的基础上促进人的全面发展，坚持促进人与自然的和谐。”①由于一些党员领导干部对“三个代表”重要思想存在误读和误解，在认识上，将“以经济建设为中心”理解为“以GDP为中心”，在实践上，只注重国内生产总值的短期增长，违背经济社会发展规律，急于求成，不顾增长的代价和后果，甚至形成以国内生产总值为中心的政绩评价机制。胡锦涛敏锐地觉察到这些问题，从尊重客观规律性与发挥人的主观能动性的高度提出了科学发展观，“树立和落实科学发展观，十分重要的一环就是要正确处理增长数量和质量、速度和效益的关系。增长是发展的基础，没有经济数量的增长，没有物质财富积累，就谈不上发展。但是，增长并不简单等同于发展，如果单纯扩大数量，单纯追求速度，而不重视质量和效益，不重视经济、政治、文化协调发展，不重视人与自然的和谐，就会出现增长失调、从而最终制约发展的局面。忽视社会主义民主法制建设，忽视社会主义精神文明建设，忽视各项社会事业的发展，忽视资源环境保护，经济建设是难以搞上去的，即使一时搞上去了最终也可能要付出沉重代价。”②

一些领导干部违背经济社会发展自身的客观规律性来搞发展，给中国社会造成的问题不可小觑，比如贫富差距不断扩大化、群体性事件频发、贪污腐败屡禁不止、生态环境破坏严重等，社会不和谐因素在经济高速增长的时代与日俱增，经济繁荣增长与社会矛盾多发并存，多发的社会矛盾削减着经济增长的“效用”，社会领域的建设就成为迫在眉睫的任务。胡锦涛强调：“我们党明确提出构建社会主义和谐社会的重大任务，就是要求全党同志在建设中国特色社会主义伟大实践中更加自觉地加强社会主义和谐社会建设，是社会主义物质文明、政治文明、精神文明建设与和谐社会建设全面发展。这表明，随着我国

① 《胡锦涛文选》（第2卷），人民出版社，2016年，第67页。

② 《胡锦涛文选》（第2卷），人民出版社，2016年，第105页。

经济社会不断发展，中国特色社会主义事业总体布局更加明确地由社会主义经济建设、政治建设、文化建设三位一体发展为社会主义经济建设、政治建设、文化建设、社会建设四位一体。”[①]社会主义和谐社会是发展中的和谐社会，离开了发展，和谐也只能是低水平的和谐，所以，构建社会主义和谐社会必须依靠科学发展观来引领。

科学发展观是对“发展才是硬道理”思想的丰富和发展，它要求发展的各要素之间有机融合，更加重视发展的内部结构和发展的整体性问题。科学发展观并不是不讲先进性，而是强调整体协调推进的先进性，强调整体协调发展的先进性，不是单兵突进的先进性，不是“一条腿走路”的先进性，不是个人风头主义的先进性，也不是违背客观规律的先进性。胡锦涛在党的十七大报告上明确了科学发展观的内涵：“科学发展观，第一要义是发展，核心是以人为本，基本要求是全面协调可持续，根本方法是统筹兼顾。”[②]党的十七大提出了构建生态文明的目标，随着资源环境对中国经济社会发展约束趋紧的问题越发明显，把生态文明建设放到更加突出的位置，就成为势在必行的重要任务。因为“推进生态文明建设，是涉及生产方式和生活方式根本性变革的战略任务，必须把生态文明建设的理念、原则、目标等深刻融入和全面贯穿到我国经济、政治、文化、社会建设各方面和全过程”[③]。

党的十八大因时而谋，顺势而为，将生态文明建设纳入中国特色社会主义“五位一体”总体布局之中，“必须更加自觉地把全面协调可持续作为深入贯彻落实科学发展观的基本要求，全面落实经济建设、政治建设、文化建设、社会建设、生态文明建设五位一体总体布局，促进现代化建设各方面相协调，促进生产关系与生产力、上层建筑与经济基础相协调，不断开拓生产发展、生活富裕、生态良好的文明发展道路”[④]。党的十八大还指出：“建设中国特色社会主义，总依据是社会主义初级阶段，总布局是五位一体，总任务是实现社会主

① 《胡锦涛文选》（第2卷），人民出版社，2016年，第274页。

② 《胡锦涛文选》（第2卷），人民出版社，2016年，第623页。

③ 《胡锦涛文选》（第3卷），人民出版社，2016年，第610页。

④ 《胡锦涛文选》（第3卷），人民出版社，2016年，第618–619页。

义现代化和中华民族伟大复兴。”[①]在科学发展观的指导下，中国特色社会主义的总体布局从“三位一体”到“四位一体”，再到“五位一体”扩展，说明中国共产党人对社会主义建设规律和人类社会发展规律的认识处在不断深化的认识过程之中。科学发展观对当代中国发展问题进行了长期深入的思考，它吸取了中国既往发展实践的经验教训，也吸取了世界各国发展实践的经验教训，遵循了经济社会发展规律，是当代中国发展必须长期坚持的发展理念。胡锦涛也深刻地指出：“深入贯彻落实科学发展观仍然是一项长期艰巨的任务，面临着一系列极具挑战性的矛盾和困难。实现科学发展，必然涉及生产力和生产关系、经济基础和上层建筑领域的深刻变革，必然涉及思想观念、体制机制、利益格局的深度调整，是一场攻坚战、持久战。”[②]

实践永无止境，发展永无止境。我们要在新的历史条件下坚持科学发展观，打赢科学发展的“攻坚战”和“持久战”，让当代中国发展更加遵循人类社会发展的客观规律，就必须不断推动科学发展的理念创新，以新的发展理念指导新的发展实践，让科学发展的价值在中国现代化建设的新实践中闪耀光辉。在科学发展观的指导下，中国特色社会主义总体布局实现了从“三位一体”向“五位一体”的内涵拓展，从“三位一体”到“五位一体”的内涵拓展也是当代中国新发展观第四阶段的演进概要。

五、从“四个全面”到“五大理念”的整体飞跃

民族复兴的重大历史节点呼唤全面的战略布局和稳健的发展理念。党的十八大以来，以习近平同志为核心的党中央高举中国特色社会主义伟大旗帜，根据中国特色社会主义实践的新任务、新条件、新特点、新机遇和新挑战，提出了一系列治国理政的新理念、新思想、新战略，指引当代中国在“具有许多新的历史特点的伟大斗争”中不断取得新胜利，它丰富和发展了中国特色社会主义的发展理念，是对中国特色社会主义理论体系的新发展。

① 《胡锦涛文选》（第3卷），人民出版社，2016年，第622页。

② 《胡锦涛文选》（第3卷），人民出版社，2016年，第608页。

党的十八大围绕实现社会主义现代化和中华民族伟大复兴的“总任务”，明确提出全面建成小康社会的战略目标，并将实现这个战略目标确立为实现“总任务”的关键一步，习近平强调：“全面建成小康社会是我们的战略目标，到二〇二〇年实现这个目标，我们国家的发展就会迈上一个大台阶，我们所有的奋斗都要聚焦于这个目标。”[①]要实现如此宏大而又全面的战略目标，就必然呼唤全面的战略思维为之谋篇布局，也必然呼唤全面的战略举措为之保驾护航。因为“战略问题是一个政党、一个国家的根本性问题。战略上判断得准确，战略上谋划得科学，战略上赢得主动，党和人民的事业就大有希望”[②]。开启中国特色社会主义新的伟大远征，必须有新的战略思维和新的战略举措，为推动中国特色社会主义事业的新发展打下一剂“强心针”。以习近平同志为核心的党中央高度重视发展的战略问题，根据中国特色社会主义实践的新特点和主要矛盾，提出了全面建成小康社会、全面深化改革、全面依法治国、全面从严治党的战略思想，形成了“四个全面”的战略布局，为当代中国治国理政的新实践提供了更加全面、更加稳健的顶层设计。

中国共产党人深知“打铁还需自身硬”的道理，党的十八大以来，以习近平同志为核心的党中央首先从党的自身建设入手，实施八项规定，开展党的群众路线教育实践活动，深入开展反腐败斗争，把权力关进制度的笼子，初步设计了全面从严治党的战略举措，赢得了党心民心，为提出治国理政的其他战略思想和战略举措奠定了群众基础。党的十八届三中全会开启了以“完善和发展中国特色社会主义制度，推进国家治理体系和治理能力现代化”为“总目标”的全面深化改革，随后，党的十八届四中全会又对“全面推进依法治国”作出了重大战略部署，如果将全面深化改革理解为“破旧”，那么，全面依法治国就称得上“立新”，“破旧”是破除旧体制机制对生产力发展的束缚，“立新”则是确立起“法治”这个治国理政的“最大的规矩”，十八届三中全会的“破旧”与十八届四中全会的“立新”堪称治国理政的“姊妹篇”。2014年12月，

① 《习近平关于协调推进“四个全面”战略布局论述摘编》，中央文献出版社，2015年，第17页。

② 习近平：《在纪念邓小平同志诞辰一百一十周年座谈会上的讲话》，《人民日报》2014年8月21日，第2版。

习近平总书记在江苏调研时指出："要全面贯彻党的十八大和十八届三中、四中全会精神，落实中央经济工作会议精神，主动把握和积极适应经济发展新常态，协调推进全面建成小康社会、全面深化改革、全面依法治国、全面从严治党，推动改革开放和社会主义现代化建设迈上新台阶。"[1]习近平提出"四个全面"的战略布局，标志着当代中国治国理政新的顶层设计业已形成。

"四个全面"战略布局的核心是"全面"，中国社会的新发展呼唤全面的战略思维，也迫切需要全面的战略举措。"四个全面"战略布局是一个有机整体，具有严密的整体性，不可将它们割裂开来，它们是"三位一体"的关系。全面建成小康社会，是战略布局中的总目标，改革开放、依法治国、从严治党必须围绕和服务于这一总目标。这一目标在"四个全面"中占据核心地位，不能把"四个全面"平列等同看待。"四个全面"中的改革开放、依法治国、从严治党是实现上述目标的战略举措。其中，改革开放是动力，依法治国和从严治党是法律保障与政治保证。不仅"四个全面"是一个相互联系的统一整体，而且每一个"全面"也是一个有机的整体。例如，全面建成小康社会这一总目标包含了经济、政治、文化、社会、生态建设等分目标，缺一不可；还包括解决和消除城乡差距、贫富差距、区域差距等社会问题。全面深化改革，涉及经济改革、政治改革、教育文化改革、社会管理体制改革等方面，各个领域的改革相互配合。"四个全面"包含了价值目标与实现价值目标过程的统一、科学与价值的统一、全面论与重点论的统一。全面建成小康社会是中国人民追求和向往的价值目标，而要实现这一目标就必须依靠一定手段或措施。在目的与手段的关系中，同时存在价值与科学的关系。在改革、法治和党建中，都必须遵循客观规律，按客观规律办事，不能想当然。实现价值目标，必须坚持科学发展。

战略布局是宏观的，"四个全面"战略布局如是。要把宏观的"四个全面"战略布局落细落小落实，关键还在于发展。在新的战略布局下谋发展，必然呼唤新的发展理念。如果说"四个全面"战略布局是治国理政的总体框架，那么，新的发展理念则是贯穿整个战略框架的血脉。只有通过新的发展理念将

① 习近平：《在江苏调研时的讲话》，《人民日报》2014年12月15日，第1版。

“四个全面”战略布局连接起来，“四个全面”的顶层设计才能聚焦于治国理政的核心议题——发展。所以，在“四个全面”战略布局形成之后，依然存在一个“孕育新的发展理念”的历史任务，而这一历史任务是在党的十八届五中全会上完成的。党的十八届五中全会创造性地提出了创新发展、绿色发展、协调发展、开放发展、共享发展的“五大发展理念”，为推动中国“十三五”乃至更长期的新发展指明了发展思路、发展方向、发展着力点，是当代中国的新发展观。如果说“四个全面”战略布局确立了新形势下党和国家各项工作的战略目标和战略举措，那么“五大理念”则为顺利推进“四个全面”战略布局提供了发展思路，是落实“四个全面”战略布局的价值方向指引。“五大理念”体现了党和国家战略意图的基本理念，事关“四个全面”战略布局的协调推进，是我国发展思路、发展方向、发展着力点的集中体现，也是改革开放40年来我国发展经验的集中体现，是对我国发展规律的新认识。“五大理念”与“四个全面”战略布局一样，都是从我国发展仍处于可以大有作为的重要战略机遇期，也面临诸多矛盾叠加、风险隐患增多的严峻挑战的国情出发，立足国家整体利益、根本利益、长远利益，以坚持和发展中国特色社会主义为政治目标和基本依据提出的重要论断，彰显出鲜明的中国特色社会主义基本特征，为在新的历史条件下更加有效地应对各种风险和挑战，加快推进社会主义现代化提供了科学理论指导和行动指南。

“五大理念”与“四个全面”战略布局一样都具有强烈的问题意识，都以重大问题为导向，聚焦突出问题和明显短板，回应人民群众诉求和期盼，旨在着力推动解决我国发展面临的一系列突出矛盾和问题。“五大理念”从不同的角度阐明了如何破解发展难题，实现“四个全面”的战略目标。“四个全面”战略布局和“五大发展理念”是对当代中国社会发展规律和实践逻辑的新阐释，是对中国特色社会主义发展理念的新发展。“四个全面”和“五大理念”是内在统一的。“四个全面”回答了当代中国发展的战略目标、战略重点和主要矛盾，强调认识和实践的全面性、完整性；“五大理念”关注的是实现全面建成小康社会这一目标的发展过程的内在要求、科学原则和价值诉求，是“四个全面”战略布局的路径展开，强调了发展的综合性、多维度。从某种意义上说，“四个全面”是“五大理念”的战略统领，“五大理念”是“四个全面”的具体展开或延伸。

“四个全面”战略布局和“五大发展理念”为中国社会发展确立了科学指南和正确的价值引领，为实现“两个一百年”的奋斗目标和中华民族伟大复兴的中国梦奠定了坚实的思想基础。如果说“四个全面”战略布局集中体现了当代中国共产党人治国理政强大的战略思维和战略定力，那么创新、协调、绿色、开放、共享的“五大发展理念”则集中体现了发展的中国智慧。治国理政的战略思维与发展的中国智慧是相辅相成的，二者统一于坚持和发展中国特色社会主义的伟大实践之中，共同致力于实现“以提高发展质量和效益为中心”的新发展。可以说，党的十八大以来，在以习近平同志为核心的党中央领导下，当代中国的发展理念经历从“四个全面”战略布局到“五大发展理念”的整体飞跃，毫无疑问，创新、协调、绿色、开放、共享的“五大发展理念”已经成为马克思主义发展理念在当代中国的最新表现形态，是当代中国的新发展观。

新时代中国发展观的“源头”与“活水”

创新、协调、绿色、开放、共享的“五大发展理念”作为当代中国的新发展观，它不是从天而降的“天恩”，也不是从领导人的头脑中凭空产生的“圣律”，它蕴含着深厚的历史渊源、宽广的全球视野、深刻的实践积累、辩证的方法论思维。那么，当代中国新发展观是中国历史文化传统自然发育的必然结果吗？当代中国新发展观是在全球化浪潮中照搬照抄西方发展套路的“山寨版”吗？当代中国新发展观是“清一色”的中国经验和中国智慧吗？回答这些问题，需要厘清当代中国新发展观形成的“源头”与“活水”，把握其来龙去脉，分清其“主流”“支流”“汇流”。

一、扎根中国社会主义现代化建设的实践土壤

理论的产生源于实践的需要，理论的发展源于实践的创新。创新、协调、

绿色、开放、共享的“五大发展理念”扎根于中国社会主义现代化建设的实践土壤之中，它是对中国社会主义现代化建设的反映和升华，它集中反映了中国社会主义现代化事业向更高阶段发展的现实诉求。纵观当代中国新发展观形成演进的历程，我们也不难发现，发展观的每一次飞跃和突破，都是中国社会主义现代化建设的时代呼唤。“五大发展理念”是实践的理念，是当代中国发展的实践哲学。真正的哲学是时代精神的精华，作为时代的精华的哲学也必将从更深层次去思考时代发展面临的难题。我们说，“五大发展理念”扎根于中国社会主义现代化建设的实践土壤，它的历史前提是中国确立起社会主义制度，才有了这个“实践土壤”，离开了这个历史前提，“五大发展理念”也很难生长出来。所以，“五大发展理念”在本质上是社会主义的发展理念，在表现形态上是中国特色社会主义的发展观，是当代中国在“十三五”乃至更长时期的新发展观。“五大发展理念”的每一个方面都具有鲜明的中国特色，都深深地打上了中国社会主义现代化建设的实践“烙印”。

以创新发展理念为例。中国的社会主义现代化建设之路是不断创新的实践之路。如果没有创新，中国很难在社会主义道路上取得如此辉煌的成就，甚至中国的社会主义道路很难走到今天。我们今天强调创新发展，并不是新中国成立以来我们没有创新，而是崛起的中国在新的世界历史坐标下比以往任何时候都更加需要创新，更加需要全方位的创新。以毛泽东为核心的党的第一代领导集体领导中国人民经过“三大改造”，在中国建立了社会主义制度，实现了中国历史上最深刻的变革，社会主义制度在中国“从无到有”，毫无疑问，这是伟大的创造，是伟大的创新。随着社会主义苏联模式的弊端日益暴露出来，毛泽东发表《论十大关系》《关于正确处理人民内部矛盾》等著作，提出了一些新观点，比如重视农业发展的问题，对探索社会主义的中国道路进行了新的探索，不断完善新生的社会主义制度。改革开放以来，邓小平多次提出要“勇于创新”命题，江泽民则将创新提升到“民族发展进步的灵魂”的高度，胡锦涛提出“要将创新摆在国家发展全局的核心位置”，习近平强调“创新是引领发展的第一动力”。正是创新发展，社会主义在中国“从无到有”，实现中国历史最深刻的变革；正是创新发展，社会主义在中国“从有到优”，逐步实现中国特色社会主义的自我完善。社会主义的中国历来重视创新，只是在不同的历史时代，创新的内涵有所差别，创新的重点方向有所不同，创新在国家发展全局中的位置也处在不断变化之中，这与崛起的中国在世界体系中的历史坐标发生“位移”是紧密相连的。创新发展理念是在中国社会主义现代化建设的长期实践中生长出来的，它深深地扎根于中国社会主义现代化的实践沃土之中，随着中国社会主义现代化建设不断深入拓展，当代中国也更加呼唤全面的创新发展理念。

以协调发展理念为例。中国的社会主义现代化建设之路是统筹协调的实践之路。统筹协调充分体现了社会主义集中力量办大事的制度优势，是党和国家一贯坚持的发展思路。党在带领人民进行社会主义现代化建设的伟大实践中，在统筹协调方面积累了丰富的经验，协调发展已经成为治国理政的“必修技能”。不谋全局者，不足以谋一隅。协调发展理念是治国理政的强大思想利器，不顾全国一盘棋，忽视整体协调发展，就可能出现“1+1<2”的问题。统筹协调绝不是在做无用功，如果统筹协调得宜，也能协调出“动力”和“合力”。统筹协调的形式和内容不是一成不变的，它涉及的领域随着中国社会主义现代化建设的深化而不断扩展，尤其是当代中国处于全面建成小康社会的攻坚决胜期，前进的道路上充满了各种未知的陷阱和挑战，统筹协调区域发展、城乡发展、行业发展需要新思路，协调各利益群体间的矛盾需要新策略，统筹国内、国外两个大局需要新战略，当代中国统筹协调发展的任务比以往任何时候都更加艰巨了。所以，协调发展理念既是中国社会主义现代化建设的重要经验，又顺应了中国社会主义现代化向更高水平、更高阶段发展的迫切需要，是从中国社会主义现代化建设的历史经验和现实需要中提炼出来的，也是扎根于中国社会主义现代化建设的实践土壤之中的发展理念。

以绿色发展理念为例。绿色发展理念是根据中国社会主义现代化建设的资源环境约束趋紧问题而提炼出的独创性发展智慧。党的十八届五中全会将绿色发展纳入“五大发展理念”之中，顺应了构建社会主义生态文明的时代呼唤，旨在重新定位经济社会发展与生态环境保护的关系，并将人与自然和谐相处的发展理念贯穿于中国社会主义现代化的新征程，从而引领生产方式和生活方式的绿色化变革，推动中国的现代化从“黑色”“灰色”向“绿色”改造升级。可以说，绿色发展理念直接回应中国社会主义现代化建设中长期存在的“非绿色化”或“绿色化不足”的问题，是中国超越西方工业化道路的重大理论探索。没有现代化就不可能实现中华民族伟大复兴的使命，生态环境破坏也会挤压中华民族生存发展的地理空间，绿色发展理念则是现代化建设与美丽中国建设相统一的有益探索。

以开放发展理念为例。中国的社会主义现代化建设不能关起门来搞建设，这是中国共产党历代领导集体的共识。早在革命战争年代，毛泽东就曾指出：“对于外国文化，排外主义的方针是错误的，应当尽量吸收进步的外国文化，以为发展中国新文化的借镜；盲目搬用的方针也是错误的，应当以中国人民的实际需要为基础，批判地吸收外国文化。”[①]盲目排外和关门主义都不是共产党人的世界观，新中国成立后，面对帝国主义的封锁，党和国家大力提倡自力更生、艰苦奋斗的作风，通过全国人民齐心协力创造了对外开放的主动局面，为改革开放奠定了坚实的基础。改革开放之后，邓小平确立了中国社会主义现代化“三步走”的目标，而要实现“三步走”的目标，“就要尊重社会经济发展规律，搞两个开放，一个对外开放，一个对内开放。对外开放具有重要意义，任何一个国家要发展，孤立起来，闭关自守是不可能的，不加强国际交往，不引进发达国家的先进经验、先进科学技术和资金，是不可能的。对内开放就是改革。改革是全面的改革，不仅经济、政治，还包括科技、教育等各行各业”[②]。改革开放40年来，中国的社会主义现代化事业取得长足发展，在实现“新三步走”的第二步（全面建成小康社会）的攻坚决战期，中国也在呼唤更高水平的开放发展。追求更高水平的开放发展，意味着中国不仅要提高“引进来”的标准，而且要适时提高“走出去”的品位和档次。当代中国的开放发展理念是中国以往开放发展理念的“升级版”。

以共享发展理念为例。共享发展理念是贯穿创新发展、协调发展、绿色发展、开放发展的价值导向，也是贯穿于社会主义现代化建设全过程的价值导

---

① 《毛泽东选集》(第3卷)，人民出版社，1991年，第1083页。

② 《邓小平文选》（第3卷），人民出版社，1993年，第117页。

向。社会主义道路应该是多数人获利的康庄大道，不应该成为“少数人所得而私”的“独木桥”。从“三个有利于”到“执政为民”，从“以人为本”到“把人民放在心中的最高位置”，都是对“为人民服务”这一党的根本宗旨的内涵的丰富和拓展。社会越进步，共享的内涵也就越丰富，人们对共享发展的诉求和呼唤也越发强烈。我们不能把共享发展理念局限于公平地“分蛋糕”，我们要更加重视发展的机会公平，规避坐享其成的“搭便车”行为。可以说，共享发展是“五大发展理念”的“点睛之笔”，但要画好这个“点睛之笔”，还需要在坚持和发展中国特色社会主义的道路上不断探索。

创新、协调、绿色、开放、共享的“五大发展理念”是从中国社会主义现代化建设的实践土壤中提炼出来的，它们深深地扎根于中国道路之中，它们不仅传承了中国社会主义现代化建设的历史经验，而且回应了中国社会主义现代化向更高水平跃升的现实诉求，是中国崛起的历史经验与中国崛起的新诉求相结合的发展理念。

二、传承中华民族延绵数千年的生存智慧

当代中国是历史中国的发展形态。“五大发展理念”作为当代中国的新发展观，它并没有跟中华民族延绵数千年的生存智慧“一刀两断”或“彻底决裂”，它传承和发展了中华民族延绵数千年的文明因子和民族精神。在漫长的文明发展史中，中华民族的先哲们留下诸多治国理政、修身齐家、参禅悟道的旷世遗篇，这些智慧渗透在中华民族生生不息的血脉之中，哪怕是在历经了深刻社会变革的当代中国，中华民族延绵数千年的生存智慧和文明因子依然影响着人们的思想观念和行为方式。

创新、协调、绿色、开放、共享的“五大发展理念”吸取了中国优秀传统文化的有益因子，并实现了对中华民族传统生存智慧的创造性改造和创新性发展。

以创新发展理念为例，中华民族的生存智慧中素有创新发展的文化因子。有学者认为，中华民族是以“变在”（becoming）的方式生存繁衍的，不是以

“存在”（being）的固有形态延绵至今的[①]。中华民族的先哲们通过对重大历史事变的观察研究，创立了流芳百世的不朽名篇，这些著作中闪耀着“创新”的光芒。《周易》中说：“神农氏没，黄帝、尧、舜氏作，通其变使民不倦，神而化之，使民宜之。易穷则变，变则通，通则久，是以自天佑之，吉无不利。”[②]在先哲们看来，“变”是规律，“不变”则是违背规律，顺应“变”的规律，才能实现长久的治理，才能获得上天的庇佑。中国先民“求变”的诉求中，隐含了朴素的创新、变革的思维和理念，《诗经》中说：“周虽旧邦，其命维新。”[③]周国虽然是古老的邦国，但它肩负着革新的使命。宋代理学家程颢、程颐将“求新”纳入做学问的准则，“君子之学必日新，日新者日进也。不日新者必日退，未有不进而不退者”[④]。我们需要看到，中国传统文化中虽素有求变、求新的文化基因，但倡导求变、求新理念的先哲们在整个统治阶级中往往处于“弱势地位”。我们应该把先哲们的思想与古代中国的统治思想区分开来，先哲们的求新、求变的理念对整个偏狭的统治阶级而言，是很难接受的。中国先哲们虽然早就意识到求新求变的重要性，但统治阶级往往采用固守偏狭的愚民政策，这就注定了中国古代丰富的创新文化因子始终未能在旧中国的土壤中开花结果。当代中国将创新摆在国家发展全局的第一位置，无疑是对中国古代求变求新的文化因子的整合与超越。

以协调发展理念为例。中国传统文化中的“中庸之道”也表达了朴素的协调发展理念。《中庸》有云：“喜怒哀乐之未发，谓之中；发而皆中节，谓之和。中也者，天下之大本也；和也者，天下之达道也。致中和，天地立焉，万物育焉。”当然，中国古代先哲追求的“中和之道”既有个人层面的修心养性，也有人际交往层面的“处中之道”，还有国家统治层面的“适可而止”。此外，中国古代还流传着一些关于协调发展的典故，比如“田忌赛马”。《史记》中有记载：“齐使者如梁，孙膑以刑徒阴见，说齐使。齐使以为奇，窃载

① 参见赵汀阳：《作为方法论的中国》，载《陕西师范大学学报》（哲学社会科学版）2016年，第2期。

② 《周易·系辞下》。

③ 《诗经·大雅·文王》。

④ 《二程集·河南程氏遗书·卷第二十五》。

与之齐。齐将田忌善而客待之。忌数与齐诸公子驰逐重射。孙子见其马足不甚相远，马有上、中、下辈。于是孙膑谓田忌曰：‘君弟重射，臣能令君胜。’田忌信然之，与王及诸公子逐射千金。及临质，孙膑曰：‘今以君之下驷与彼上驷，取君上驷与彼中驷，取君中驷与彼下驷。’既驰三辈毕，而田忌一不胜而再胜，卒得王千金。于是忌进孙膑于威王。威王问兵法，遂以为师。”[1]“田忌赛马”虽是兵家典故，但它背后涉及的结构调整思维，同样可以运用于其他领域。比如，毛泽东提出的“集中优势兵力歼灭敌人有生力量”的战争策略，邓小平从社会主义现代化的庞杂体系中找准“经济建设”这个中心，这些都是“田忌赛马”思维的生动运用。当代中国强调协调发展的理念，也有希望通过结构调整实现整体功能最大化的现实用意，避免劣势相互掣肘、优势相互抵消的问题。当然，中国传统文化中的“中庸之道”“中和之道”“处中之道”也有自身不能克服的问题（在很大程度上，这些观念已经变成一种“潜规则”，泯灭精英阶层的担当精神），我们也不应该把协调发展理念简单地理解成古代中国的“中庸之道”“中和之道”“处中之道”在当代中国的复兴。

当代中国的绿色发展理念、开放发展理念、共享发展理念也有丰富的历史文化渊源。比如绿色发展理念，中华民族的先哲们很早就开始摒弃“人定胜天”“天人对立”的思维，追求“天人相应”“天人合一”的境界，“天人合一”既包含了对神灵的崇拜，也包含了对自然的敬畏，还包含了中国先哲们消除“二元对立”的探索。中华民族五千多年的农耕文明，正是得益于中国先民遵循自然规律的农事活动，才能得以延续。比如开放发展理念，《吕氏春秋·尽数》中记载：“流水不腐，户枢不蠹，动也。”意思是时常流动、流通的水不会腐臭，时常转动、关合的门轴不会腐烂。汉朝有张骞出使西域开辟丝绸之路，有昭君出塞促进民族融合。唐朝有玄奘天竺取经、鉴真东渡日本，促进文化交流。宋朝著名理学家、教育家朱熹也在《观书有感》中留下“问渠那得清如许，为有源头活水来”的传世名言。开放体现了一个国家、民族的胸襟和胸怀，纵观中国古代史，开放程度最高的汉唐，也是中国古代最辉煌的朝

① 《史记》卷六十五：《孙子吴起列传第五》。

代，国力鼎盛。当古代中国进入长期的闭关锁国阶段之后，国力也随之衰退，逐渐落后于历史发展潮流。当西方列强用坚船利炮轰开了中国大门之后，被迫开放的中国陷入了任由列强欺凌的梦魇之中。可以说，当代中国的开放发展理念既总结了中国古代鼎盛时期“开放”的历史经验，也反思了中国古代衰落时期“闭关”的历史教训。

共享发展理念也有深深的中华历史文化渊源。《礼记》中有记载：“大道之行也，天下为公。选贤与能，讲信修睦。故人不独亲其亲，不独子其子。使老有所终，壮有所用，幼有所长。鳏寡孤独废疾者，皆有所养。男有分，女有归。货恶其弃于地也，不必藏于己。力恶其不出于身也，不必为己。是故谋闭而不兴，盗窃乱贼而不作。故外户而不闭。是谓大同。”①《礼记》中阐述的是朴素的“天下为公”的“大同理想”，这种朴素的“大同理想”带有鲜明的空想主义色彩，在先哲们看来，这种朴素的“大同理想”需要通过“立君为民”的政治架构来实现。“天下为公”的共享理念与“家天下”的政治实践逻辑之间存在着不可调和的矛盾，当一个社会制度再也无法容纳这对矛盾的张力之时，王朝更替或社会变革的时代就会来临。孙中山提出民族、民权、民生的“三民主义”，也包含了“天下为公”的思想，并且，孙中山提出的“天下为公”已经超越了中国古代“立君为民”的“大同理想”，凸显了民权和民生两大主题，具有深远的历史进步意义。

中华文明延绵五千多年，历经坎坷，生生不息，但从未中断，人类历史绝无仅有。中华民族从远古时代风尘仆仆地走来，历经多次社会变革，走到当代，积淀了很多独特的生存智慧，这些自强不息、厚德载物的生存智慧就是中国先哲们留下的珍贵遗产，我们应该妥善继承。正如毛泽东所言：“今天的中国是历史的中国的一个发展；我们是马克思主义的历史主义者，我们不应当割断历史。从孔夫子到孙中山，我们应当给以总结，承继这一份珍贵的遗产。”②当然，如何继承中华民族的先哲们留下的珍贵遗产又是一门大学问，不可走文化复古主义的“老路”，也不可走割裂历史的“绝路”。中华民族生存发展的

① 《礼记·礼运》。

② 《毛泽东选集》（第2卷），人民出版社，1991年，第534页。

传统智慧中包含了创新发展、协调发展、绿色发展、开放发展、共享发展的文化因子，但那些文化因子是朴素的，也是不成体系的。我们需要站在社会变革的历史高度，借助马克思主义的“望远镜”和“显微镜”来审视中华民族传统的生存智慧，以新的形式延续和传承中华民族延绵数千年的生存智慧，而“五大发展理念”无疑继承并超越了中华民族传统的生存智慧。

三、借鉴扬弃世界文明体系中的发展理念

西方发达国家通过工业革命确立起自身在国际舞台上的地位，长期以来，以工业尤其是以重工业为评价尺度的工业文明发展理念在全球范围内广为流行。不可否认，工业革命给人类社会进步带来的巨大推动作用是史无前例的，正如马克思恩格斯所说：“资产阶级在它的不到一百年的阶级统治中所创造的生产力，比过去一切世代创造的全部生产力还要多，还要大。自然力的征服，机器的采用，化学在工业和农业中的应用，轮船的行驶，铁路的通行，电报的使用，整个大陆的开垦，河川的通航，仿佛用法术从地下呼唤出来的大量人口，——过去哪一个世纪料想到在社会劳动里蕴藏有这样的生产力呢？”[①]然而，人类妄图用工业文明来征服自然的幻想最终走向幻灭，人类对自然的每一次征服，自然界都会以更加惨重的代价反馈给人类自身，比如生态恶化、环境污染、资源能源枯竭、物种灭绝、自然灾害频发、粮食危机，甚至社会动荡，等等，如何解决这些工业文明的后遗症，已经成为全人类共同面临的难题。尤其是二战之后，资本主义迎来了持续繁荣的“新生”，但南北差距持续扩大，众多发展中国家掉进了“中等收入陷阱”，继而掉进“塔西佗陷阱”，社会危机四伏。西方一些学者开始对工业文明的发展理念提出质疑，比较典型的是罗马俱乐部于1972年出版的《增长的极限》一书，书中指出自然资源的储量、人口增长、工业发展等都是有限度的，不是无限度的，如果超过了地球本身的承载能力，人类将面临“灾难性的崩溃”，而化解这种“灾难性的崩溃”，需要

① 《马克思恩格斯选集》（第1卷），人民出版社，2012年，第405页。

实施“零增长”或“停止增长”的全球策略。显然，罗马俱乐部破解工业文明发展难题的方案和策略带有明显的悲观主义色彩，但它在工业文明激流勇进的时代提出了反思工业文明的问题，也引起了全世界的关注。

传统工业文明的发展理念往往采用一种简化主义的评价机制，将“增长”等同于“发展”，将“经济增长”等同于“社会进步”。法国经济学家和社会学家弗朗索瓦·佩鲁批评了简化主义的发展理念，强调发展的整体性、综合性、内生性。佩鲁反对把发展理解成“取代与被取代”的关系，他指出：“在一个本身就有结构的整体的各个有构部分或亚群体之中，发展是通过有构群体之间的动态冲突，即与‘纯’辩证法规律相反的作用和反作用而辩证地发生的，这种作用和反作用并不会导致一个亚群体毁灭另一亚群体，而是在动态平衡条件下把二者改造成一种新的结构，这种新结构是两种原初结构冲突的结果。经过验证之后，这种看法对于描述和解释发展似乎至关重要，可以在无数方面把它应用于经济结构和社会结构。”[①]我们可以看出，佩鲁阐述了“综合的”发展观，尤其是不能用“取代与被取代”的思路来化解传统与现代两种不同结构之间的矛盾。佩鲁不赞同把“发展”简化成“增长”，凸显了发展的整体性。他说：“规模持续增长这个概念是有用的，但很笼统；它之所以成功就在于它相当简单，容易用一个数字来表示——但往往造成很大错觉。各国经常用与同期其他国家相比的经济增长率来宣布其经济政策目标，这很方便，但也可能造成惊人的混乱。”[②]如果把“发展”简化成“增长”，就可以用最精准的经济计算来预测经济效益，从而得出经济利益最大化的决策方案，佩鲁批评了这种观点。“最为精确的经济计算有助于制定决策，但它并不是决定性的。这种计算如果要在制定政治决策方面发挥作用，它就不仅是极为复杂的，而且有着与这种决策本身不同的规则。因为政治决策的基础是不能简化为数量和成本的价值观念，如人们的自由和安全。”[③]佩鲁认为：“最伟大的思想往往最容易成为某种简化主义的牺牲品。这种简化主义是肤浅的，它为了能够被懒惰的

① [法]弗朗索瓦·佩鲁：《新发展观》，张宁、丰子义译，华夏出版社，1987年，第5页。

② [法]弗朗索瓦·佩鲁：《新发展观》，张宁、丰子义译，华夏出版社，1987年，第5-6页。

③ [法]弗朗索瓦·佩鲁：《新发展观》，张宁、丰子义译，华夏出版社，1987年，前言第7页。

读者和职业鼓动家所接受而背叛了思想本身。”[①]佩鲁还强调了发展中“非经济因素”的价值，“根据各种科学的调查，我们完全有理由谴责那些具有最工业化国家特征的毫无意义的浪费；应该使技术的进步适合于不发达国家的吸收能力；应当承认发展受到的真正限制不是技术的，而是‘政治的、社会的和管理的’；应当在‘道德’‘伦理’因受目光短浅的唯科学主义影响以及盲目相信‘中立的’市场力量的影响而长期被埋没之后，重新发现它们的价值。”[②]由此可见，发展是由“经济因素”与“非经济因素”构成的有机整体，“我们所讲的发展是整体性的；这种发展使技术受到各个人类共同体知识的、社会的和道德的约束”[③]。佩鲁还将发展与人的解放联系起来，并赋予整体性发展“解放人”的使命，“发展的目的决不是要强迫人们不情愿地像牛一样被喂养，或者永远作为小孩来抚养；也不是要通过把今天的人们压抑在受国家政策强制的计划机构中来寻找后代人的最终解放，而是要通过共同的努力，使人们能够自己养活自己，有意识地自己教育自己，并且不用暴力来实现自己的解放”[④]。佩鲁将发展归结为“人的解放”或“解放人”，重视“现实的人”在社会发展实践中的价值，重视人在发展实践中的潜能和需要，实际上，可以看到他的新发展观力图揭示以物为中心向以人为中心转变的发展规律，促进人的全面发展。尽管佩鲁的《新发展观》过分夸大了“非经济因素”在社会发展中的作用，但它提出了社会发展的“整体性”视角，在当代依然具有重要的参考价值。

印度经济学家阿马蒂亚·森在《以自由看待发展》一书中阐发了他的“自由发展观”。在他看来，社会的发展与人们自由的增进紧密相连，并且，获得自由是发展的前提。他说：“发展的实现全面地取决于人们的自由的主体地位。”[⑤]人如果没有自由的空间，就不可能全面地施展自己的才能。要想获得发展，就必须清除那些限制人们自由的要素，阿马蒂亚·森认为，“发展要求消

① [法]弗朗索瓦·佩鲁：《新发展观》，张宁、丰子义译，华夏出版社，1987年，第99页。
② [法]弗朗索瓦·佩鲁：《新发展观》，张宁、丰子义译，华夏出版社，1987年，第195页。
③ [法]弗朗索瓦·佩鲁：《新发展观》，张宁、丰子义译，华夏出版社，1987年，第194页。
④ [法]弗朗索瓦·佩鲁：《新发展观》，张宁、丰子义译，华夏出版社，1987年，第117页。
⑤ [印度]阿马蒂亚·森：《以自由看待发展》，任赜、于真译，中国人民大学出版社，2002年，第2页。

除那些限制人们自由的主要因素，即贫困以及暴政，经济机会的缺乏以及系统化的社会剥夺，忽视公共设施以及压迫性政权的不宽容和过度性干预”[①]。在他看来，扩展人们自由空间，增加人们实现自由的机会，发展最终还是个人的事情，因为责任也是以自由为前提的。所以，在森那里，“发展可以看做是扩展人们享有的真实自由的一个过程”[②]。阿马蒂亚·森提供的“自由发展”视角对解决政府干预过多的问题有一定的参考价值，但他提供的“自由发展”视角缺乏辩证性，仿佛自由越多，社会就越发达，而事实上，自由与发展的正向关联是有边界的。如果忽视实现自由的物质前提或技术前提，片面地追求自由，可能导致一场自由泛滥的“全民狂欢”，而狂欢的结果是大家一贫如洗、一无所获。随着社会发展的条件日益成熟（物质条件或技术条件），适时运用发展的成果和经验增进人们的自由，扩展人们的“自主空间”，保障人们的“自主活动”，自由与发展才能相互促进、相得益彰。

他山之石，可以攻玉。他山之石，也可以共玉。世界文明体系中的发展理念纷繁复杂，门类众多，我们要立足中国道路，带着批判的头脑去审视它们，借鉴它们。无论是罗马俱乐部提出的“零增长”理论，还是弗朗索瓦·佩鲁提出的“整体性”“综合性”“内生性”的“新发展观”，还是阿马蒂亚·森提出的“自由发展观”，甚至20世纪70年代开始兴起的“可持续发展观”，诸多的发展理念都对工业文明的“后遗症”提出了自己的解决方案，但这些方案又往往是飘在空中的。我们固然不能用那些飘在空中的方案来解决中国问题，但世界文明体系中的发展理念所涉及的诸多问题却需要引起我们足够的重视。随着全球化进程不断深入，人类面临的发展难题在表现形式上往往具有普遍性，但破解发展难题的方案却没有普遍性。中国发展难题是世界发展难题在中国的表现形态，破解中国发展难题要有全球视野，更要有中国立场，要以中国社会主义现代化建设面临的实际问题为中心，围绕中国问题深入研究破题的中国方案。借鉴和扬弃的目的是要不断超越，而不是要跟在别人后面爬行。毫无疑问，以破解中国发展难题为中心的创新、协调、绿色、开放、共享的“五大发展理念”借鉴了世界文明体系

① [印度]阿马蒂亚·森：《以自由看待发展》，任赜、于真译，中国人民大学出版社，2002年，第2页。
② [印度]阿马蒂亚·森：《以自由看待发展》，任赜、于真译，中国人民大学出版社，2002年，第1页。

中的诸多发展理念，也回应了这些发展理念涉及的诸多问题，扬弃了那些飘在空中的破题方案，从而实现对世界文明体系中诸多“发展理念”的超越。

四、用好马克思主义的“望远镜”和“显微镜”

“五大发展理念”是从中国社会主义现代化建设的实践土壤中生长出来的，它也批判地吸收了中华民族延绵数千年的生存智慧和世界文明体系中的新发展理念，它扎根于中国社会主义现代化建设的实践土壤，批判地吸收了古今中外有价值的养分，可以说，历史的积淀、全球的视野和现实的观照在“五大发展理念”中实现了“合流”与“汇流”，实现了有机融合。这种“合流”与“汇流”之所以不是古今中外的发展理念在当代中国进行简单叠加、堆砌或拼凑，根本原因在于中国社会的领导核心——中国共产党坚持和运用马克思主义的观点和方法理顺了当代中国社会主义发展实践、中国历史文化传统、世界文明三者之间的关系。马克思主义的观点和方法是无产阶级及其政党的哲学，中国共产党自成立之日起，就自觉以这种革命的哲学来提升自己的眼力，从而在纷繁复杂的时局中抓住主要矛盾，判断和把握住有利时机，做出正确的战略抉择。毛泽东曾把马克思主义的方法比作提升眼力的“望远镜”和“显微镜”，他说：“这种看起来好像革命的‘左’倾意见，来源于小资产阶级知识分子的革命急躁病，同时也来源于农民小生产者的局部保守性。他们看问题仅从一局部出发，没有能力通观全局，不愿把今天的利益和明天的利益相联结，把部分利益和全体利益相联结，捉住一局部一时间的东西死也不放。对的，一切依照当时具体情况看来对于当时的全局和全时期有利益的、尤其是有决定意义的一局部和一时间，是应该捉住不放的，不然我们就变成自流主义，或放任主义。退却要有终点，就是这个道理。然而这绝不能依靠小生产者的近视。我们应该学习的是布尔什维克的聪明。我们的眼力不够，应该借助于望远镜和显微镜。马克思主义的方法就是政治上军事上的望远镜和显微镜。”[①]马克思主义的方

① 《毛泽东选集》（第1卷），人民出版社，1991年，第212页。

法包括辩证唯物主义和历史唯物主义，旧中国的统治阶级或领导核心由于自身的局限性，未能掌握这种科学的理论武器，他们最终不能准确把握历史发展大势，不能自觉顺应人类历史发展规律，患上了小生产者偏狭的近视，在历史与人民的双重选择中“落选”。俄国“十月革命”一声炮响，为中国送来了马克思列宁主义的“望远镜”和“显微镜”，中国的无产阶级及其政党借助马克思主义的“望远镜”和“显微镜”，摆脱了小生产者狭隘的阶级偏见，极大地丰富了自己的视野，大大地提高了自己的眼力和认识能力，在异常复杂的国内国际局势中摸索出新民主主义革命道路，领导中国人民通过自己的奋斗实现民族解放。毛泽东在《新民主主义论》中指出：“中国的长期封建社会中，创造了灿烂的古代文化。清理古代文化的发展过程，剔除其封建性的糟粕，吸收其民主性的精华，是发展民族新文化提高民族自信心的必要条件；但是决不能无批判地兼收并蓄。必须将古代封建统治阶级的一切腐朽的东西和古代优秀的人民文化即多少带有民主性和革命性的东西区别开来。中国现时的新政治新经济是从古代的旧政治旧经济发展而来的，中国现时的新文化也是从古代的旧文化发展而来，因此，我们必须尊重自己的历史，决不能割断历史。但是这种尊重，是给历史以一定的科学的地位，是尊重历史的辩证法的发展，而不是颂古非今，不是赞扬任何封建的毒素。对于人民群众和青年学生，主要地不是要引导他们向后看，而是要引导他们向前看。”①如果没有借助马克思主义的“望远镜”和“显微镜”，中国共产党也很难对中国历史采取慎重的辩证态度，也很有可能跟其他政党一样，要么走颂古非今的复古主义道路，要么走崇洋媚外的全盘西化道路。毛泽东在《论联合政府》一文中指出：“对于外国文化，排外主义的方针是错误的，应当尽量吸收进步的外国文化，以为发展中国新文化的借镜；盲目搬用的方针也是错误的，应当以中国人民的实际需要为基础，批判地吸收外国文化。”②中国共产党提倡立足于中国人民的实际需要而“借镜”，“借镜”是为了更好地创造新事物，推动新发展，但“借镜”不能代替自己的创造，对于这一点，毛泽东讲得很清楚：“我们决不可拒绝继承和借鉴古人和

① 《毛泽东选集》（第2卷），人民出版社，1991年，第707-708页。

② 《毛泽东选集》（第3卷），人民出版社，1991年，第1083页。

外国人，哪怕是封建阶级和资产阶级的东西。但是继承和借鉴决不可以变成替代自己的创造，这是决不能替代的。”[①]毛泽东关于“借镜”的论断闪耀着历史唯物主义和辩证唯物主义的真理光芒，他把从马克思和列宁那里借来的“望远镜”和“显微镜”通过《实践论》《矛盾论》等一系列著作转换成中国共产党人自己的“眼镜”（认识论和方法论），并创造性地提出了“实事求是”的思想路线，为中国共产党和中国人民认识世界和改造世界提供了根本的遵循。中国共产党虽然找到了历史唯物主义和辩证唯物主义的“望远镜”和“显微镜”，也还需要不断“借镜”，革命需要“借镜”，改革开放也需要“借镜”，“借镜”的目的是为了保持和提高眼力，保持对客观环境的适应力和判断力。中国共产党所借之镜是历史之镜，是辩证之镜，是发展之镜，它也需要从不断深化的中国发展实践中吸取养分，从而实现升级换代。

党的十一届三中全会破除了“两个凡是”的干扰，实现了思想路线的拨乱反正，重新确立了实事求是的思想路线，同时在“实事求是”的前面加上了“解放思想”四个字，也发展了党的思想路线。正如邓小平所说：“三中全会确立了，准确地说是重申了党的马克思主义的思想路线。马克思、恩格斯创立了辩证唯物主义和历史唯物主义的思想路线，毛泽东用中国语言概括为‘实事求是’四个大字。实事求是，一切从实际出发，理论联系实际，坚持实践是检验真理的标准，这就是我们党的思想路线。我们说重申，就是说把这条马克思主义的思想路线恢复起来。”[②]1985年4月15日，邓小平在会见坦桑尼亚联合共和国副总统姆维尼的谈话中把“实事求是”确立为发展社会主义的“一条最重要的原则”，他说：“二十年的历史教训告诉我们一条最重要的原则：搞社会主义一定要遵循马克思主义的辩证唯物主义和历史唯物主义，也就是毛泽东概括的实事求是，或者说一切从实际出发。”[③]江泽民根据时代发展的新问题和新需要，提出了思想路线的“与时俱进”的命题，但他也强调“与时俱进”不能脱离实事求是，江泽民指出：“我们共产党人的根本政治信仰是社会主义和共

① 《毛泽东选集》（第3卷），人民出版社，1991年，第860页。

② 《邓小平文选》（第2卷），人民出版社，1994年，第278页。

③ 《邓小平文选》（第3卷），人民出版社，1993年，第118页。

产主义，世界观是马克思主义的辩证唯物主义和历史唯物主义，这是任何时候都丝毫不能动摇的。”[①]胡锦涛针对党员干部存在的敷衍了事、作风漂浮、好大喜功、随心所欲、追名逐利、弄虚作假、患得患失、贪图享乐、以权谋私、脱离群众等“十大问题”，强调了思想路线中“求真务实”的命题，胡锦涛指出：“求真务实，是辩证唯物主义和历史唯物主义一以贯之的科学精神，是我们党的思想路线的核心内容，也是党的优良传统和共产党人应该具备的政治品格。”[②]解放思想、与时俱进、求真务实都是实事求是的逻辑延伸，都是实事求是在不同历史阶段的表现形式，都是为了更好地做到实事求是。形象地讲，实事求是的思想路线就是中国共产党“借镜造镜”的产物，而解放思想、与时俱进、求真务实则是中国共产党所造之“镜”的升级版。当代中国共产党人正是运用自己所造的“实事求是”之镜及其升级版来观察中国的发展难题、审视中国的历史传统、研判国际发展大势的。

党的十八大以来，以习近平同志为核心的党中央高度重视对历史唯物主义和辩证唯物主义的学习，曾先后组织十八届中央政治局围绕历史唯物主义和辩证唯物主义进行两次集体学习。在十八届中央政治局第十一次集体学习时，习近平强调：“在革命、建设、改革各个历史时期，我们党运用历史唯物主义，系统、具体、历史地分析中国社会运动及其发展规律，在认识世界和改造世界过程中不断把握规律、积极运用规律，推动党和人民事业取得了一个又一个胜利。历史和现实都表明，只有坚持历史唯物主义，我们才能不断把对中国特色社会主义规律的认识提高到新的水平，不断开辟当代中国马克思主义发展新境界。”[③]在组织十八届中央政治局第二十次集体学习时，习近平指出：“辩证唯物主义是中国共产党人的世界观和方法论，我们党要团结带领人民协调推进全面建成小康社会、全面深化改革、全面依法治国、全面从严治党，实现‘两个一百年’奋斗目标、实现中华民族伟大复兴的中国梦，必须不断接受马克思主

① 《江泽民选集》（第2卷），人民出版社，2006年，第361页。

② 《胡锦涛文选》（第2卷），人民出版社，2016年，第151页。

③ 习近平：《推动全党学习和掌握历史唯物主义 更好认识规律 更加能动地推进工作》，《人民日报》2013年12月5日，第1版。

义哲学智慧的滋养，更加自觉地坚持和运用辩证唯物主义世界观和方法论，增强辩证思维、战略思维能力，努力提高解决我国改革发展基本问题的本领。”① 十八届中央政治局分别围绕历史唯物主义和辩证唯物主义的专题展开集体学习，在中国共产党历史上尚属首次，没有先例，足以见得，历史唯物主义与辩证唯物主义的“望远镜”和“显微镜”依然是当代中国共产党人治国理政的“法宝”，掌握和运用好这两大“法宝”，则是中国共产党人需要练就的“看家本领”。练就“看家本领”不是为了自娱自乐，而是要解决中国的现实问题，因而，直面矛盾和问题就是练就“看家本领”的前提。正如习近平所说：“问题是事物矛盾的表现形式，我们强调增强问题意识、坚持问题导向，就是承认矛盾的普遍性、客观性，就是要善于把认识和化解矛盾作为打开工作局面的突破口。我们党领导人民干革命、搞建设、抓改革，从来都是为了解决中国的现实问题。对待矛盾的正确态度，应该是直面矛盾，并运用矛盾相辅相成的特性，在解决矛盾的过程中推动事物发展。”②练就“看家本领”需要知行合一的态度，如果一边喊着练就“看家本领”，一边却又回避或掩盖问题和矛盾，那么，再好的“望远镜”和“显微镜”也无济于事。

“五大发展理念”作为当代中国的新发展观，它的哲学根基是历史唯物主义和辩证唯物主义，它不仅“姓马”，而且“信马”。“五大发展理念”直接来源于中国社会主义现代化建设的实践需要，它扎根于中国社会主义现代化建设的实践土壤之中，它的“本根”或“主根”是中国发展实践，它背后隐含了中华民族“到哪里去”的方向问题。今天的中国是历史的中国在经历社会变革之后的发展形态，当代中国社会发展与古代中国历史文化传统存在某些藕断丝连，“五大发展理念”的“支根”也在吸取中华民族延绵数千年的生存智慧，延续着中华民族“从哪里来”的历史记忆。发展不可回避内外联动的问题，“五大发展理念”的“枝叶”通过“光合作用”吸收世界文明体系中的有益因子为中国社会主义现代化建设的有机体服务，为我所用，就像“嫁接”一样，但“嫁接”只能起到补充作用，不能替代自力更生。所以，关于“五大发展理

①② 习近平：《坚持运用辩证唯物主义世界观方法论提高解决我国改革发展基本问题本领》，《人民日报》2015年1月25日，第1版。

念”的“源头”与“活水”的问题，可以得出这样一个基本认识：立足中国社会主义现代化建设的实际需要（实践土壤），不忘中华民族延绵数千年的生存智慧之本来，吸收世界文明体系中的新发展理念之外来，面向实现“两个一百年”奋斗目标之未来。

新时代中国发展观的鲜明特征

创新、协调、绿色、开放、共享的“五大发展理念”是对马克思主义关于发展思想的传承和创新，它坚持了马克思主义的基本观点，贯穿了马克思主义的基本方法，遵循了科学社会主义的基本原则，正视了当代中国发展难题，也顺应了中国社会主义现代化向更高阶段、更高水平跃升的时代呼唤。时代发展难题和时代发展需要是理论创新的动力源，它们决定了理论创新的深度和广度。不同的历史阶段面临的发展难题是不相同的，不同的历史阶段面临的发展需要也是不同的，在发展的初期或起步阶段，一个国家和民族面临的发展难题或发展需求在表现形式上往往会比较单一，远远没有发展起来之后那么复杂。发展理念是发展实践的先导，一个国家或民族的发展理念在形成之初所涉及的领域往往比较狭窄，也往往集中于显性（如重工业等指标）的目标追求。随着经济社会不断发展，那些隐性的需求（如医疗、教育、福利、民主、生态等领域）也会上升为显性的刚性需求，发展理念随着发展实践的需要而不断扩展自己的理论空间，发展理念也会更加注重科学性与价值性相统一的目标追求，更加注重全面性。相对于中国既往的发展理念而言，“五大发展理念”是更具全面性的发展理念，它的全面性彰显了四大鲜明特征。

一、立足长远的战略意识

发展理念是管长远的东西。随着中国共产党对社会主义建设规律的认识不断深化，新发展观“管长远”的时效性也将会更加久远。站得高，才能看得远，而要站得高、站得稳，关键在于脚下的土地要厚实。新中国成立60多年以来，中国社会主义现代化建设已经走过了“前半程”，中国GDP稳居世界第二位，中国发展的体量、度量和质量较以往都有了大幅提升，这就是当代中国发展“脚下的土地”。在新的历史坐标上谋划新发展，必须立足于开启中国社会主义现代化建设“后半程”的历史任务，如果把“前半程”理解为增量扩能，那么“后半程”则是做优增量。党的十八大以来，以习近平同志为核心的党中央承接实现“两个一百年”奋斗目标中的“第一个百年”奋斗目标（全面建成小康社会）的历史任务，也承接了开启“第二个百年”奋斗目标的新的伟大远征的历史任务，承上启下，历史任务之重前所未有。当代中国发展处在从实现“第一个百年”奋斗目标向开启“第二个百年”新的伟大远征跨越的历史阶段，这并不是说，我们要等到“第一个百年”奋斗目标彻底实现之后，再开启新的征途。历史发展的辩证法告诉我们，虽然社会发展必然经历一个由量变积累到质变飞跃的过程，但人们可以通过对社会发展规律的研究和运用来引导事物从量变积累向质变飞跃的过程，实现尊重客观规律性与发挥人的主体性相统一。十八大以来，以习近平同志为核心的党中央高瞻远瞩，在坚持和发展中国特色社会主义的“五位一体”总体布局基础上，创造性地提出了一系列治国理政的新理念、新思想、新战略，形成了全面建成小康社会、全面深化改革、全面依法治国、全面从严治党的“四个全面”战略布局，致力于为推动当代中国的新发展提供更加明确的目标导向和更加成熟、更加定型的制度保障。早在1992年，邓小平在南方谈话中曾对中国制度建设作出过估计，他说：“恐怕再有三十年的时间，我们才会在各方面形成一整套更加成熟、更加定型的制度。在这个制度下的方针、政策，也将更加定型化。”[①]20多年已经过去，随着社会经济快速发展，制度有效供给不足的问题日益凸显出来，当代中国也在呼唤更加成熟、更加定型的制度保障，以习近平同志为核心的党中央因时而谋、顺势而为，治国理政的“四个全面”战略布局也应运而生。“四个全面”战略布局是一个有机的整体，全面建成小康社会的战略目标处于核心地位，其他“三个全面”是战略举措，服从于战略目标。其中，全面深化改革是动力系统，全面

① 《邓小平文选》（第3卷），人民出版社，1993年，第372页。

依法治国和全面从严治党是制度保障系统。发展是治国理政的第一要务，发展才是硬道理，“四个全面”战略布局最终要落实到发展实践之中，为推动当代中国的新发展服务，才能凸显其战略优势。党的十八届五中全会提出的创新、协调、绿色、开放、共享的“五大发展理念”，是“四个全面”战略布局的逻辑延伸，“四个全面”则是“五大发展理念”的历史前提和战略保障。“五大发展理念”与“四个全面”战略布局思想是直接相关联的。前者是后者的具体体现，前者揭示了后者的实现路径，前者是通向全面建成小康社会这一战略目标的行动理念，也是实现全面推进深化改革、全面推进依法治国和全面推进从严治党等重大战略举措的行动指引和价值导向。“五大发展理念”是在“四个全面”战略布局的基础上提炼出来的，它具有深厚的战略基础和强大的战略保障，它不仅着眼于“十三五”期间，而且展望中国更长期的发展。正如习近平所强调的那样：“这五大发展理念，是‘十三五’乃至更长时期我国发展思路、发展方向、发展着力点的集中体现，也是改革开放40年来我国发展经验的集中体现，反映出我们党对我国发展规律的新认识。”①

党的十九大进一步明确了全面建成小康社会之后，中国发展的路线图。党的十九大指出，综合分析国际国内形势和我国发展条件，从二〇二〇年到本世纪中叶可以分两个阶段来安排。“第一个阶段，从二〇二〇年到二〇三五年，在全面建成小康社会的基础上，再奋斗十五年，基本实现社会主义现代化。”“第二个阶段，从二〇三五年到本世纪中叶，在基本实现现代化的基础上，再奋斗十五年，把我国建成富强民主文明和谐美丽的社会主义现代化强国。”②毋庸讳言，创新、协调、绿色、开放、共享的新时代中国发展观对中国未来30多年的发展都将产生深远影响。党的十九大还强调：“从全面建成小康社会到基本实现现代化，再到全面建成社会主义现代化强国，是新时代中国特色社会主义发展的战略安排。”③

---

① 习近平：《关于〈中共中央关于制定国民经济和社会发展第十三个五年规划的建议〉的说明》，《人民日报》2015年11月4日，第2版。

②③ 习近平：《决胜全面建成小康社会　夺取新时代中国特色社会主义伟大胜利——在中国共产党第十九次全国代表大会上的报告》，《人民日报》2017年10月28日，第2版。

二、顾及全局的整体意识

社会是一个有机整体，社会发展也是一个整体。社会本身发展的整体性和复杂性决定了发展理念的整体性。中国的社会主义现代化是不断发展、不断升级的全面现代化，这就决定了指导中国社会主义现代化建设的发展理念也处在不断升级换代之中，发展理念本身的整体性或整体意识也在发展实践中不断提升。“五大发展理念”作为中国发展理念的升级版，以习近平同志为核心的党中央在提炼“五大发展理念”的过程中，就坚持和遵循了四大整体性原则。习近平强调：“一是坚持目标导向和问题导向相统一，既从实现全面建成小康社会目标倒推，厘清到时间节点必须完成的任务，又从迫切需要解决的问题顺推，明确破解难题的途径和办法。二是坚持立足国内和全球视野相统筹，既以新理念新思路新举措主动适应和积极引领经济发展新常态，又从全球经济联系中进行谋划，重视提高在全球范围配置资源的能力。三是坚持全面规划和突出重点相协调，既着眼于全面推进经济建设、政治建设、文化建设、社会建设、生态文明建设、对外开放、国防建设和党的建设，又突出薄弱环节和滞后领域，集中攻关，提出可行思路和务实举措。四是坚持战略性和操作性相结合，既强调规划的宏观性、战略性、指导性，又突出规划的约束力和可操作、能检查、易评估，做到虚实结合。”[1]习近平总书记站在全国一盘棋的高度，在提炼创新、协调、绿色、开放、共享的“五大发展理念”过程中贯穿了上述四大整体性的基本原则，也使得“五大发展理念”的内部联系更加紧密，使之构成一个逻辑严谨的有机整体。“五大发展理念”相互联系，相互制约，构成完整的综合的发展理念。掰开其中某一方面发展，离开其他方面的发展，它就不能单独实现，其他的发展也很难实现。比如，如果创新不足，其他的发展领域就会出现动力不足的问题；如果协调发展不够，就有可能出现创新发展失衡、开放发展失衡、绿色发展失衡、共享发展失衡的问题，就不能全面彰显社会主义的

① 习近平：《关于〈中共中央关于制定国民经济和社会发展第十三个五年规划的建议〉的说明》，《人民日报》2015年11月4日，第2版。

制度优势；如果忽视绿色发展，生态环境恶化，资源约束趋紧，中华民族生存的地理空间也将受到挤压，反过来制约其他领域的发展，中国将付出惨重的发展代价；如果忽视开放发展，或者不适时提高中国对外开放的水平，中国很难提高“走出去”的水平，很难提高“引进来”的标准，不提高国家内部资源对所有国民的开放度，中国人民也很难共享改革发展成果；如果忽视共享发展，中国现代化建设的社会主义旗帜就会遭到质疑和诟病，反过来制约人民群众开创美好生活的积极性、主动性和创造性。此外，“五大发展理念”的整体性还表现在多方面。例如，在发展趋向上体现了“四个全面”战略布局的整体思想；在发展动力上体现了内在性动力与外在性动力的统一；在发展内容上体现了科学与价值、客观规律与主体诉求、人的发展与社会发展的统一。“五大发展理念”背后贯穿的整体性思维是顾及当代中国发展全局的，中国全面发展的实践也在呼唤这种整体性的发展理念。

三、以问题为中心的破题意识

“五大发展理念”作为马克思主义发展观中国化、时代化的最新成果，是引领中国特色社会主义发展实践的新理念，它聚焦当代中国发展的突出问题和明显短板，为中国“十三五”期间乃至更长时期指明了发展动力、发展思路、发展着力点。习近平曾说：“坚持马克思主义，坚持社会主义，一定要有发展的观点，一定要以我国改革开放和现代化建设的实际问题、以我们正在做的事情为中心，着眼于马克思主义理论的运用，着眼于对实际问题的理论思考，着眼于新的实践和新的发展。我们说过，世界上没有放之四海而皆准的发展道路和发展模式，也没有一成不变的发展道路和发展模式。我们过去取得的实践和理论成果，能够帮助我们更好面对前进中的问题，但不能成为我们骄傲自满的理由，更不能成为我们继续前行的包袱。”[①]习近平还强调：“坚持问题导向是马克思主义的鲜明特点。问题是创新的起点，也是创新的动力源。只有聆听

① 《十八大以来重要文献选编》（上），中央文献出版社，2014年版，第114–115页。

时代的声音，回应时代的呼唤，认真研究解决重大而紧迫的问题，才能真正把握住历史脉络、找到发展规律，推动理论创新。坚持以马克思主义为指导，必须落到研究我国发展和我们党执政面临的重大理论和实践问题上来，落到提出解决问题的正确思路和有效办法上来。”[①]“五大发展理念”是立足于当代中国发展难题的理论创新成果，是“以问题为中心”的发展理念，它彰显了居安思危的危机意识，具有极强的现实针对性。“以问题为中心”的“问题”是宏观问题，是制约中国特色社会主义持续健康发展的重大战略问题，是党、国家和“人民主体”发展面临的普遍问题，不是少数人面临的个别问题。当代中国是一个肩负着复兴使命的后发国家，一心一意谋发展是中国实现后发赶超的“硬道理”。当然，当代中国一心一意谋发展的过程并非从容不迫的，中国发展的智慧也是在不断摸索、反思、总结中提炼出来的。“五大发展理念”中的每一个方面既表达和勾画了中国发展的理想蓝图，也反映了当代中国发展的突出矛盾，体现了目标导向与问题导向的统一。创新是引领发展的第一动力，是实现中华民族伟大复兴必须抢占的战略制高点，它背后隐含的是当代中国发展在制度创新、理论创新、科技创新、文化创新等领域长期落后的问题。协调是中国特色社会主义事业行稳致远的基本遵循，它背后隐含的是当代中国发展存在区域、城乡、领域不协调的失衡问题。绿色是中华文明永续发展的必要条件，它背后隐含的是当代中国发展高耗能、高污染、不可持续的非绿色化问题。开放发展是中国特色社会主义内外联动的必然选择，它隐含的是发展过程中地方保护主义、开放层次不高、利益固化等问题。共享发展是中国特色社会主义的本质要求，它背后隐含的是当代中国发展的共享性不足、贫富差距不断扩大等问题。当然，当代中国面临的问题远远不止五大发展理念背后涉及的问题，“以问题为中心”的“问题”也不是一成不变的，随着中国经济社会发展向更高层次跃升，旧的矛盾和问题在新动力的推动下逐渐退出历史舞台，一些边缘问题也会逐渐发展成时代的突出问题。坚持“以问题为中心”不回避，既要关注发展产生的新问题，也要着力解决不发展的问题；既要研究如何拓展“长板”的问

① 习近平：《在哲学社会科学工作座谈会上的讲话》，《人民日报》2016年5月19日，第2版。

题，又要研究如何补齐“短板”的问题。围绕问题来破题，尤其是围绕当代中国发展的重大问题和战略问题来破题，是“五大发展理念”的鲜明特色之一。

四、“以人民为中心”的底线意识

为了谁？依靠谁？这是发展理念的根本价值指向问题，是任何发展理念都不可回避的根本问题。共享发展诠释了当代中国新发展观的本质特征，是坚持和完善中国特色社会主义的根本价值遵循。共享包括发展过程共享和发展成果共享两个方面，即人人共建和人人共享，共享贯穿于创新发展、协调发展、绿色发展和开放发展的全过程，共享的主体是广大人民群众，所以，“五大发展理念”可以概括为“以人民为中心”的发展思想。坚持“以人民为中心”的发展思想是以习近平同志为核心的当代中国共产党人把人民放在心中的最高位置的重要体现，把人民放在心中的最高位置不应该仅仅流于舆论宣传，它最终要落实到发展实践之中，才能赢得人民群众的真正拥护。坚持“以人民为中心”的发展思想是党的根本宗旨在经济社会发展领域的生动体现，它再现了“现实的人”在经济社会发展中的光辉，力图纠正以往经济社会发展“见物不见人”或者“只见少数人，不见多数人”的实践偏差，重新确立“现实的多数人”在经济社会发展中的主体地位。习近平强调：“要坚持以人民为中心的发展思想，这是马克思主义政治经济学的根本立场。要坚持把增进人民福祉、促进人的全面发展、朝着共同富裕方向稳步前进作为经济发展的出发点和落脚点，部署经济工作、制定经济政策、推动经济发展都要牢牢坚持这个根本立场。”①当代中国的新发展是全面整体的发展，所以，习近平所讲的“根本立场”并不仅限于经济领域，它还涉及政治、文化、社会、生态等发展的多领域，但在经济发展领域确立“以人民为中心”的根本立场对在其他领域坚持“以人民为中心”的发展思想具有根本性的推动作用。只有把坚持“以经济建设为中心”与坚持“以人民为中心”相统一起来，我们才能更大限度地释放经济健康发展的

① 习近平：《立足我国国情和我国发展实践　发展当代中国马克思主义政治经济学》，《人民日报》2015年11月25日，第1版。

正向外溢功能（如更多更公平的就业机会、更加完善的社会福利体系、更加发达的社会生产力等），规避经济畸形发展的负向溢出效应（如贫富两极分化、中等收入陷阱、贪污腐败等），创造更多更加公平的社会机遇，使“现实的多数人”通过诚实劳动实现人生出彩，在共建中共享发展成果。正如习近平所说：“发展理念搞对了，目标任务就好定了，政策举措也就跟着好定了。”[①]当代中国新发展观之所以“能搞对”，得益于发展思路、发展方向、发展着力点更加明确，更得益于它重新找回来了“以人民为中心”这个灵魂。坚持“以人民为中心”与坚守底线是统一的，这才是历史唯物主义和辩证唯物主义的态度。“五大发展理念”都强调发展，但发展是有底线的，要发展问题在于如何发展，也不能简单地提发展的底线，因为发展的复杂性在现实中存在诸多矛盾。发展底线与生态底线、发展底线与质量底线、发展底线与公正底线等，加上倒逼意识，这样一些观点在习近平总书记的讲话里都是很突出、很明显的。例如，习近平总书记在贵州考察的时候说，他到贵州后听到了两个观点，第一个观点认为贵州山清水秀，保护生态是第一要务，发展可以放在后面，先把环境保护好，有些方面国家可以补贴，或者用政策来扶持；第二个观点认为贵州有600万贫困人口，是全国贫困人口最多的一个省份，发展是第一要务，生态环境可以做点牺牲。习近平总书记指出，这两种观点都是机械唯物主义的观点，我们是辩证唯物主义者，对此要辩证统一来看，既要坚持发展的底线，又要坚持生态的底线。增长的速度底线与质量底线也要统一起来，习近平总书记强调要保持6.5%的必要增长速度，道理就在这里。他说：“确保到2020年实现国内生产总值和城乡居民人均收入比2010年翻一番的目标，必须保持必要的增长速度。从国内生产总值翻一番看，2016年至2020年经济年均增长底线是6.5%以上。从城乡居民人均收入翻一番看，2010年城镇居民人均可支配收入和农村居民人均纯收入分别为19109元和5919元。到2020年翻一番，按照居民收入增长和经济增长同步的要求，‘十三五’时期经济年均增长至少也要达到6.5%。经济保持中高速增长，有利于改善民生，让人民群众更加切实感受到全面建成小康

① 习近平：《关于〈中共中央关于制定国民经济和社会发展第十三个五年规划的建议〉的说明》，《人民日报》2015年11月4日，第2版。

社会的成果。”[①]如果不坚守发展底线，共享发展也就无从谈起，“五大发展理念”中贯穿了“以人民为中心”的底线意识，正是当代中国新发展观突出的创新亮点。

新时代中国发展观的实践原则

创新、协调、绿色、开放、共享的“五大发展理念”是坚持和发展中国特色社会主义的发展理念，它是以“完善发展理念”的姿态出场的。它不是要“另起炉灶”，全然抛弃中国既往的发展理念，而是要继承超越，不断升华当代中国的新发展观。所以，我们不能撇开中国特色社会主义道路、理论和制度来谈“五大发展理念”，也不能割裂中国发展理念形成演进的历史，不能为了追求形式上的“新解”而“肢解”当代中国的新发展观。在新的历史条件下，在新的世界历史坐标上，落实这“五大发展理念”，要着眼于坚持和发展中国特色社会主义这条主线，坚持四大原则。一是坚持“一个中心，两个基本点”，二是坚持人民主体地位，三是坚持科学发展，四是坚持全面依法治国，这四大原则既是对“管一百年”的基本路线的继承和坚持，也是对中国特色社会主义实践经验的新提炼和新概括。

一、坚持“一个中心，两个基本点”

当代中国的发展实践是在党的十一届三中全会之后确立的基本路线下进行的，是沿着既定的方向前进的，当代中国所做的一切完善和努力，也都在邓小平设计的“三步走”战略布局中进行。而要实现这个“三步走”战略，就必须坚持“一个中心，两个基本点”，他说：“要坚持党的十一届三中全会以来的路线、方针、政策，关键是坚持‘一个中心，两个基本点’。不坚持社会主义，不改革开放，不发展经济，不改善人民生活，只能是死路一条。基本路线

① 习近平：《关于〈中共中央关于制定国民经济和社会发展第十三个五年规划的建议〉的说明》，《人民日报》2015年11月4日，第2版。

要管一百年，动摇不得。只有坚持这条路线，人民才会相信你，拥护你。谁要改变三中全会以来的路线、方针、政策，老百姓不答应，谁就会被打倒。”①虽然当代中国对“一个中心，两个基本点”提得不多，但这并不是说我们已经偏离或放弃了“一个中心，两个基本点”，其实，中国社会主义现代化建设始终坚持了这条基本路线，这条基本路线就是当代中国发展的既定方向。创新、协调、绿色、开放、共享的“五大发展理念”是坚持和完善这条既定的基本路线的发展理念，在落实“五大发展理念”的过程中，毫无疑问，不能偏离“一个中心，两个基本点”这条既定的基本路线。当然，坚持这条既定的基本路线不能采用一成不变的僵化思维，要坚持历史唯物主义的态度，要有发展的眼光，根据变化的实际来丰富基本路线的内涵，赋予它们新的时代阐释。

落实“五大发展理念”，必须坚持以经济建设为中心不动摇，但我们也要看到，经济建设这个中心的侧重点正在从“增量扩能”向“做优增量”转变。“五大发展理念”作为当代中国的新发展观，它不是另起炉灶之“新”，而是以“完善发展理念”的出场之“新”，它对既往发展观不是采取简单否定的草率态度，而是采取否定之否定的慎重态度，具有鲜明的历史继承性和现实超越性。“十二五”期间，中国经济总量稳居世界第二，国际社会大肆渲染“中国责任论”，一些国民也认为，当代中国已经跨越了社会主义初级阶段，党和国家应该超越这个初级阶段来制定发展规划。党的十八届五中全会旗帜鲜明地指出：“我国仍处于并将长期处于社会主义初级阶段，基本国情和社会主要矛盾没有变，这是谋划发展的基本依据。必须坚持以经济建设为中心，从实际出发，把握发展新特征，加大结构性改革力度，加快转变经济发展方式，实现更高质量、更有效率、更加公平、更可持续的发展。”②党对基本国情和社会主要矛盾的判断没有改变，党在社会主义初级阶段的基本路线没有改变，坚持“以经济建设为中心”的基本任务也不能有丝毫动摇。需要指出的是，党对当代中国基本国情和社会主要矛盾做出的判断是定性判断，是战略判断。毫无疑问，

① 《邓小平文选》（第3卷），人民出版社，1993年，第370–371页。

② 《中共中央关于制定国民经济和社会发展第十三个五年规划的建议》，《人民日报》2015年11月4日，第3版。

这个判断是正确的。发展是党执政兴国的第一要务，发展依然是解决中国一切矛盾和问题的关键所在。当代中国的新发展观正是基于对基本国情和社会主要矛盾的正确定性判断和正确战略判断而提炼出来的，它依然聚焦于经济建设这个中心任务。虽然当代中国的基本国情和社会主要矛盾的性质没有改变，但中国基本国情的世界历史坐标已经随着“中国崛起”而发生巨大变化，当代中国正一步一个脚印朝着世界舞台的中央迈进；中国社会主要矛盾在具体表现形态上已经发生翻天覆地的变化，很多旧矛盾随着社会的发展进步已经退出历史舞台，很多新矛盾在人们扩大化的社会交往中不断涌现。在全面建成小康社会的决战决胜期，党和政府需要以发展的思维来看待和坚持“以经济建设为中心”，不能把“以经济建设为中心”片面化、教条化、机械化。随着中国经济社会的发展，中国经济步入发展新常态，“以经济建设为中心”的侧重点也应该适时转移，即由“增量扩能”向“做优增量”转变，因此，党的十八届五中全会强调，“坚持发展是第一要务，以提高发展质量和效益为中心”[①]。当前，党和政府应该从提高发展质量和效益的高度来坚持和推动“以经济建设为中心”的基本任务，推动中国经济社会朝着更高质量、更有效率、更加公平、更可持续的方向发展，遵循经济社会发展规律，做好做大“中国蛋糕”，为全面建成小康社会和实现中华民族伟大复兴奠定坚实的物质基础。

落实“五大发展理念”，必须坚持“两个基本点”，同时，我们又要坚持以发展的眼光来看待“两个基本点”，努力做到在坚持中丰富，在丰富中发展。坚持“两个基本点”就是坚持四项基本原则和坚持改革开放。1979年3月30日，邓小平在党的理论工作务虚会上的讲话中提出：“我们要在中国实现四个现代化，必须在思想政治上坚持四项基本原则。这是实现四个现代化的根本前提。这四项是：第一，必须坚持社会主义道路；第二，必须坚持无产阶级专政；第三，必须坚持共产党的领导；第四，必须坚持马列主义、毛泽东思想。”[②]四项基本原则不是什么新理念，而是党长期坚持的指导原则。党的十三

① 《中共中央关于制定国民经济和社会发展第十三个五年规划的建议》，《人民日报》2015年11月4日，第3版。

② 《邓小平文选》（第2卷），人民出版社，1994年，第164–165页。

大又将四项基本原则与改革开放统一起来，将二者确立为“一个中心”的两大抓手，并在此基础上制定了党在社会主义初级阶段的基本路线。后来，有人借改革开放来否定四项基本原则，也有人用四项基本原则来否定改革开放，邓小平面对思想混乱的局面，重申了党的十三大确立的基本路线。他坚定地说：“党的十三大概括的‘一个中心，两个基本点’对不对？两个基本点，即四个坚持和改革开放，是不是错了？我最近总在想这个问题。我们没有错。四个坚持本身没有错，如果说有错误的话，就是坚持四项基本原则还不够一贯，没有把它作为基本思想来教育人民，教育学生，教育全体干部和共产党员。”①“改革开放这个基本点错了没有？没有错。没有改革开放，怎么会有今天？这十年人民生活水平有较大提高，应该说我们上了一个台阶，尽管出现了通货膨胀等问题，但十年改革开放的成绩要充分估计够。当然，改革开放必然会有西方的许多坏的影响进来，对此，我们从来没有估计不足。”②在阐明了“一个中心，两个基本点”的基本路线的正确性之后，邓小平斩钉截铁地指出：“以后我们怎么办？我说，我们原来制定的基本路线、方针、政策，照样干下去，坚定不移地干下去。除了个别语言有的需要变动一下，基本路线和基本方针、政策都不变。”③在落实“五大发展理念”的过程中，依然要毫不动摇地坚持“两个基本点”，我们需要看到，随着中国社会主义现代化建设不断爬坡上坎，不断翻山越岭，“两个基本点”的内涵也如火如荼地在中国发展实践中不断丰富起来，我们应该以发展的眼光来坚持“两个基本点”。从坚持四项基本原则的“基本点”来看，坚持社会主义道路就是要坚持中国特色社会主义道路，不断拓展和扩宽中国特色社会主义道路，不断增强中国特色社会主义发展道路的开放性和包容性；坚持无产阶级专政就是要坚持人民民主专政，发扬人民民主，保障人民当家做主的权利，扩大人民群众的知情权、参与权和发展权；打铁还需自身硬，坚持中国共产党的领导就是要通过全面从严治党来保持党员队伍的凝聚力和战斗力，坚持党的领导与推动党的科学执政、民主执政、依法执政要

① 《邓小平文选》（第3卷），人民出版社，1993年，第305页。
② 《邓小平文选》（第3卷），人民出版社，1993年，第306页。
③ 《邓小平文选》（第3卷），人民出版社，1993年，第307页。

统一起来，才能确保党始终成为中国特色社会主义事业的领导核心，才能领导人民在具有许多新的历史特点的伟大斗争中不断从胜利走向新的胜利。党的十九大将“坚持党对一切工作的领导”摆在新时代坚持和发展中国特色社会主义的十四条基本方略的首位，“党政军民学，东西南北中，党是领导一切的。必须增强政治意识、大局意识、核心意识、看齐意识，自觉维护党中央权威和集中统一领导，自觉在思想上政治上行动上同党中央保持高度一致，完善坚持党的领导的体制机制，坚持稳中求进工作总基调，统筹推进‘五位一体’总体布局，协调推进‘四个全面’战略布局，提高党把方向、谋大局、定政策、促改革的能力和定力，确保党始终总揽全局、协调各方。”[①]坚持马列主义、毛泽东思想就是要坚持实事求是这条思想路线，就是要坚持以发展的马克思主义指导中国社会主义现代化建设，就是要贯彻落实当代中国马克思主义的最新成果——习近平新时代中国特色社会主义思想，让当代中国马克思主义的真理光芒照亮和引领中国发展的道路。从坚持改革开放的“基本点”来看，当代中国要通过“啃硬骨头”的全面深化改革来释放深层次的发展动力，要通过提高“引进来”的标准和“走出去”的水准来全面升级对外开放战略，使全面深化改革的内在动力与对外开放的外在动力在当代中国发展实践中实现有机融合。

综上，落实创新、协调、绿色、开放、共享的“五大发展理念”必须坚持“一个中心，两个基本点”，同时，我们又要做到一切从实际出发、实事求是，站在新的历史发展高度来审视“一个中心，两个基本点”的时代内涵，不应该采用形而上学的思维来理解和阐释它们。“一个中心，两个基本点”不应该成为我们继续前行的“包袱”，而是指导我们继续前行的活的方法论。

二、坚持人民主体地位

人民群众是历史的创造者，这是唯物史观的一条基本原理。马克思曾说，

① 习近平：《决胜全面建成小康社会　夺取新时代中国特色社会主义伟大胜利——在中国共产党第十九次全国代表大会上的报告》，《人民日报》2017年10月28日，第2版。

“历史活动是群众的事业”，决定历史发展的是“行动着的群众”。[①]“行动着的群众”不是蛰居于世俗生活之外的群众，而是身处一定的社会关系中的群众。马克思恩格斯认为：“生存于一定关系中的一定的个人独力生产自己的物质生活以及这种物质生活有关的东西，因而这些条件是个人自主活动的条件，并且是由这种自主活动产生出来的。”[②]在马克思看来，“人民群众是历史的创造者”这一命题并不是说人民随心所欲地创造历史，而身处在一定社会关系和交往活动中的人民群众通过“自主活动”创造历史。恩格斯在晚年的书信中，又将人民群众创造历史的过程描述为“历史合力论”。马克思恩格斯创立关于“人民群众是历史的创造者”的思想，为世界无产阶级政党领导工人运动提供了正确的方法论。以毛泽东为核心的中国共产党第一代领导集体把唯物史观当作“吾党哲学的根据”，毛泽东在中共七大闭幕会上作《愚公移山》的讲话，把人民比作“上帝”，中国共产党的任务就是要感动这个“上帝”。他指出：“现在也有两座压在中国人民头上的大山，一座叫做帝国主义，一座叫做封建主义。中国共产党早就下了决心，要挖掉这两座山。我们一定要坚持下去，一定要不断地工作，我们也会感动上帝的。这个上帝不是别人，就是全中国的人民大众。全国人民大众一齐起来和我们一道挖这两座山，有什么挖不平呢？”[③]在毛泽东看来，信仰人民，依靠人民，为人民这个“上帝”服务，才能成为脱离低级趣味的人。当然，为人民这个“上帝”服务不能一厢情愿，“要联系群众，就要按照群众的需要和自愿，一切为了群众的工作都要从群众的需要出发，而不是从任何良好的个人愿望出发……凡是需要群众参加的工作，如果没有群众的自觉和自愿，就会流于徒有形式而失败”[④]。毛泽东把人民当作“上帝”，而且把人民当作具有主体性、能动性、创造性的“上帝”，超越中国传统民本思想的历史局限性。

改革开放之后，邓小平特别重视发挥人民群众“摸着石头过河”的探索，

① 《马克思恩格斯选集》（第2卷），人民出版社，1957年，第104页。

② 《马克思恩格斯选集》（第1卷），人民出版社，2012年，第203页。

③ 《毛泽东选集》（第3卷），人民出版社，1991年，第1102页。

④ 《毛泽东选集》（第3卷），人民出版社，1991年，第1012页。

冲破姓“资”姓“社”的思想藩篱，为人们开展创造历史的“自主活动”预留了较大空间，并提出了“三个有利于”的评判标准。他说：“改革开放迈不开步子，不敢闯，说来说去就是怕资本主义的东西多了，走了资本主义道路。要害是姓‘资’还是姓‘社’的问题。判断的标准，应该主要看是否有利于发展社会主义社会的生产力，是否有利于增强社会主义国家的综合国力，是否有利于提高人民的生活水平。”①1989年12月底，江泽民重申了唯物史观的重要性：“要在全党范围内进行马克思主义唯物史观的教育，批判各种否定、贬低人民群众在社会发展中的地位和作用的历史唯心主义观点，牢固树立推动历史前进的决定力量是人民群众的科学观点。”②新世纪之初，江泽民又提出了“三个代表”重要思想，大大增强了“人民主体”范畴的开放性和包容性。党的十六大之后，胡锦涛多次重申了“尊重人民主体地位”的命题，党的十八大，胡锦涛又提出了“坚持人民主体地位”的历史命题，并把“坚持人民主体地位”确立为夺取中国特色社会主义新胜利的首要要求，他强调：“必须坚持人民主体地位。中国特色社会主义是亿万人民自己的事业。要发挥人民主人翁精神，坚持依法治国这个党领导人民治理国家的基本方略，最广泛地动员和组织人民依法管理国家事务、管理经济和文化事业、积极投身社会主义现代化建设，更好保障人民权益，更好保障人民当家作主。”③当代中国共产党人对人民主体地位的态度从“尊重”向“坚持”升级，是当代中国共产党人对共产党执政规律、社会主义建设规律和人类社会发展规律“三大规律”的认识达到新境界的重要体现。

党的十八大以来，以习近平同志为核心的党中央深入贯彻落实十八大制定的若干重大部署，创造性地提出了一系列治国理政新理念、新思想、新战略，形成了“四个全面”战略布局，为推动当代中国的新发展提供了新的顶层设计。习近平强调：“在前进道路上，我们要始终坚持人民主体地位，充分调动工人阶级和广大劳动群众的积极性、主动性、创造性。人民是历史的创造者，是推动我国经济社会发展的基本力量和基本依靠。推进‘四个全面’战略布

① 《邓小平文选》（第3卷），人民出版社，1993年，第372页。

② 《江泽民文选》（第1卷），人民出版社，2006年，第98-99页。

③ 《胡锦涛文选》（第3卷），人民出版社，2016年，第623页。

局，必须充分调动广大人民群众的积极性、主动性、创造性。”[①]习近平总书记在2016年的“七一”讲话中又强调：“全党同志要把人民放在心中最高位置，坚持全心全意为人民服务的根本宗旨，实现好、维护好、发展好最广大人民根本利益，把人民拥护不拥护、赞成不赞成、高兴不高兴、答应不答应作为衡量一切工作得失的根本标准，使我们党始终拥有不竭的力量源泉。”[②]可以说，坚持人民主体地位是中国共产党领导人民进行“推翻旧世界”的新民主主义革命、“建立新世界”的社会主义革命、“坚持和发展中国特色社会主义”的改革革命的根本经验总结，是中国共产党在“一个中心，两个基本点”的基本路线上继续探索、提炼出的新原则。

创新、协调、绿色、开放、共享的“五大发展理念”是当代中国发展的实践哲学，它要完成改造中国世界的历史使命，就必须内化到人民群众的生产生活之中，成为人民群众生产生活的自觉遵循。巧妇难为无米之炊，落实“五大发展理念”不可回避或忽视“现实的多数人”及其“自主活动”的问题，忽视“现实的多数人”及其“自主活动”就找不到推动当代中国新发展的现实力量，不用“五大发展理念”武装头脑，“现实的多数人”也很难找到中国发展问题的症结，很难找到破解中国发展难题的良方，“现实的多数人”的“自主活动”就很难凝聚成推动历史发展的强大合力。需要指出的是，坚持人民主体地位并不否定党的领导，而是要更好地提高党的领导水平，它力求实现党的“政策输出”与人民群众的愿望和行动有机融合。

三、坚持科学发展

创新、协调、绿色、开放、共享的“五大发展理念”是对科学发展观的突破，它使当代中国的发展思路、发展方向、发展着力点更加清晰，但这并不是说当代中国要“告别”科学发展观。“五大发展理念”是以“完善发展理念”

---

① 习近平：《在庆祝“五一”国际劳动节暨表彰全国劳动模范和先进工作者大会上的讲话》，《人民日报》2015年4月29日，第2版。

② 习近平：《在庆祝中国共产党成立95周年大会上的讲话》，《人民日报》2016年7月2日，第2版。

的姿态出场的，这表明，它不能跟中国既往的发展理念，尤其是跟科学发展观“一刀两断”，否则，就谈不上“完善发展理念”。“五大发展理念”对科学发展观的突破主要体现在对发展动力、发展方式、发展目的等方面的认识之上，凸显了创新在所有发展动力中的首要位置，凸显了绿色和开放发展方式的作用，凸显了共享发展的价值追求。协调发展理念则直接来源于科学发展观，又被赋予了新的内涵。落实“五大发展理念”依然要坚持科学发展观的基本原则，坚持发展的第一要义，坚持以人为本的核心，坚持全面协调可持续的基本要求，坚持统筹兼顾的根本方法，归结起来，就是要坚持科学发展。正如党的十八届五中全会指出：“发展是硬道理，发展必须是科学发展。我国仍处于并将长期处于社会主义初级阶段，基本国情和社会主要矛盾没有变，这是谋划发展的基本依据。必须坚持以经济建设为中心，从实际出发，把握发展新特征，加大结构性改革力度，加快转变经济发展方式，实现更高质量、更有效率、更加公平、更可持续的发展。”[①]坚持科学发展，就是要将科学的精神贯穿于创新发展、协调发展、绿色发展、开放发展、共享发展的全过程，让发展实践更加符合自然规律，更加符合人类社会发展规律，更加符合当代中国发展的新特征。我们应该以历史唯物主义的态度来坚持科学发展，每一个时代，人们对科学的认识都有自身无法克服的局限性，我们过去认为是科学的方法，在今天看来不见得是科学的，甚至是非科学的，我们今天发现的科学，在将来也有可能被证伪。所以，坚持科学发展应该明确当代中国发展的历史阶段，从我们国家当下正在做的事情入手，不可脱离社会主义初级阶段的基本国情来空谈科学发展，超越基本国情的科学发展只能是一种美妙的幻想，它会对我们国家实质性地跨越社会主义初级阶段造成误导。科学发展是越来越科学的发展，是在发展实践中不断增进科学内涵的发展。坚持科学发展的实质是不断增强发展结构的平衡性，增强发展过程的协调性，增强发展成果的可持续性。增强发展结构的平衡性就是要适时调整国家产业结构，促进有效供给与有效需求之间的平衡，国家的产业政策在这方面将发挥重要作用。增强发展过程的协调性就是要促进

---

① 《中共中央关于制定国民经济和社会发展第十三个五年规划的建议》，《人民日报》2015年11月4日，第3版。

区域协调发展、“先富群体”与“未富群体”协调发展、“两个文明”与“五个文明”协调发展，从而减少发展过程中的次生矛盾。增强发展成果的可持续性就是要促进发展的合科学性与合目的性相统一，促进社会的全面进步与实现人的全面发展相统一，促进代际公平与增进代内公平相统一，从而摒弃那种竭泽而渔、寅吃卯粮、杀鸡取卵的发展方式。在落实“五大发展理念”过程中坚持科学发展的基本原则不仅可以推动更有品质地发展，而且可以帮助我们有效规避发展过程中的风险和挑战。可以说，坚持科学发展也是我们党在“一个中心，两个基本点”的基本路线上探索出的新经验。

四、坚持全面依法治国

无规矩不成方圆，落实创新、协调、绿色、开放、共享的“五大发展理念”亦然。经济社会发展需要遵循的规矩是多样的，各行各业都有约定俗成的规矩，有的行业流行的规矩甚至是潜规则，不同行业的规矩彼此还会存在矛盾或张力，这就需要一个更高、更具普遍性、更加权威的规矩来调节人们的社会关系。这个高级的规矩就是法治。习近平强调：“小智治事，中智治人，大智立法。治理一个国家、一个社会，关键是要立规矩、讲规矩、守规矩。法治是治国理政最大最重要的规矩。推进国家治理体系和治理能力现代化，必须坚持依法治国，为党和国家事业发展提供根本性、全局性、长期性的制度保障。我们提出全面推进依法治国，坚定不移厉行法治，一个重要意图就是为子孙万代计、为长远发展谋。”①党的十八届四中全会指出：“我们党要更好统筹国内国际两个大局，更好维护和运用我国发展的重要战略机遇期，更好统筹社会力量、平衡社会利益、调节社会关系、规范社会行为，使我国社会在深刻变革中既生机勃勃又井然有序，实现经济发展、政治清明、文化昌盛、社会公正、生态良好，实现我国和平发展的战略目标，必须更好发挥法治的引领和规范作

① 习近平：《在中共十八届四中全会第二次全体会议上的讲话》，转引自中共中央文献研究室：《习近平关于协调推进“四个全面”战略布局论述摘编》，中央文献出版社，2015年，第100页。

用。”[①]中华民族历来都是讲规矩、守规矩的民族，当然，我们需要看到，我们的先人们遵守的规矩是具有历史局限性的。中国古代也是讲法治的，只是旧中国的法治是“吏民之法”“治民之法”，是统治阶级维护自身利益的法律，是少数人之法。新中国成立后，立即废除了封建主义、官僚资本主义的法统，逐步确立社会主义的法统，使旧中国的“吏民之法”逐步发展成新中国的“人民主体”之法，发展成“治事之法”，实现了中国法统的历史性跨越。从“依法治国”到“全面依法治国”的转变，绝不只是语词的转换，它背后涉及的是治国理政整体思维的转变，终结“权大还是法大”的争论，也终结“党大还是法大”的伪命题。当代中国的发展需要有序的市场，有序的市场离不开法治的规制。“社会主义市场经济本质上是法治经济。使市场在资源配置中起决定性作用和更好发挥政府作用，必须以保护产权、维护契约、统一市场、平等交换、公平竞争、有效监管为基本导向，完善社会主义市场经济法律制度。”[②]我们要将法治的精神贯穿到落实“五大发展理念”的全过程，我们所追求的创新发展、协调发展、绿色发展、开放发展、共享发展都不能触碰法律的底线。当然，我们也需要看到，法律在本质上是人们生产生活在政治上层建筑上的反映，随着人们生产生活方式的变革，法律约束的对象也发生了变迁，这就必然呼唤党和国家适时调整落后于发展实践的法律，才能对人们的社会生活发挥更好的引领作用。所以，十八届四中全会又强调：“法律是治国之重器，良法是善治之前提。建设中国特色社会主义法治体系，必须坚持立法先行，发挥立法的引领和推动作用，抓住提高立法质量这个关键。”[③]党的十九大进一步强调：“全面依法治国是中国特色社会主义的本质要求和重要保障。必须把党的领导贯彻落实到依法治国全过程和各方面，坚定不移走中国特色社会主义法治道路，完善以宪法为核心的中国特色社会主义法律体系，建设中国特色社会主义法治体系，建设社会主义法治国家，发展中国特色社会主义法治理论，坚持依法治国、依法执政、依法行政共同推进，坚持法治国家、法治政府、法治

①② 《中共中央关于全面推进依法治国若干重大问题的决定》，《人民日报》2014年10月29日，第1版。

③ 《中共中央关于全面推进依法治国若干重大问题的决定》，《人民日报》2014年10月29日，第1版。

社会一体建设，坚持依法治国和以德治国相结合，依法治国和依规治党有机统一，深化司法体制改革，提高全民族法治素养和道德素质。”[①]可以说，全面依法治国也是我们党领导人民在“一个中心，两个基本点”的基本路线之上探索出的一条新经验，落实“五大发展理念”需要坚持全面依法治国的原则，而法治这个“治国理政的最大最重要的规矩”也将在当代中国的新发展实践中不断完善起来。

① 习近平：《决胜全面建成小康社会　夺取新时代中国特色社会主义伟大胜利——在中国共产党第十九次全国代表大会上的报告》，《人民日报》2017年10月28日，第2版。

新时代中国发展观研究

抢占民族复兴的战略制高点

XINSHIDAIZHONGGUOFAZHANGUANYANJIU

创新是一个民族发展进步的灵魂，也是一个民族长期屹立于世界民族之林的内在动因。党的十八届五中全会创造性地提出了“五大发展理念”，并将创新发展理念摆在首要位置，这在中国发展理念史上尚属首次，创新发展在国家发展战略全局中的地位被提升到前所未有的高度。中国将创新发展提升到国家发展战略全局中的核心位置，既顺应了全球经济发展激烈竞争的基本态势，也有破解中国经济社会发展深层次矛盾和问题现实考量。当代中国处在实现“两个一百年”奋斗目标的关键期，虽然我们比以往任何时候都更加接近实现“两个一百年”的奋斗目标，但当代中国面临的发展矛盾和难题也比以往任何时候都更为复杂，发展过程中涌现出的新问题、新矛盾也层出不穷，过去我们破解发展难题或化解发展矛盾的很多方法现在已经没以前那么管用，有的方法还会留下很多“后遗症”。新时期，面对新任务和新挑战，我们也比以往任何时候都更加迫切地需要创新发展的理念和实践。落实创新发展理念是中国抢占民族复兴战略制高点的历史抉择，我们需要充分认识当代中国创新发展的主要瓶颈和难题，充分发挥好举国创新的制度优势，切实补齐创新短板，培育发展新动力，开拓发展新空间。

创新是引领当代中国发展的第一动力

创新是知行合一的实践活动，它是创造主体根据现有条件创造满足人们需要的新事物的实践活动，或者使旧事物优化升级的实践活动，它需要经历一个“从无到有”与“从有到优”的创造过程，这两个创造过程不是彼此分立的，而是相互交织的。可以说，创新在人类文明发展史上扮演着“革命”或“改革”的“先行者”的角色，只是在不同的历史时期，“革命”或“改革”的表现程度有所差别而已。当代中国把创新发展提升到国家发展战略全局中的首要位置，既肯定和发扬了中华民族鲜明的创新禀赋，又遵循和运用了历史发展的辩证法，将中华民族鲜明的民族禀赋与民族复兴的紧迫任务有机统一起来，是马克思主义创新观与当代中国发展的实际需要有效融合的典范。

一、中华民族最深沉的民族禀赋

在迄今为止的人类文明发展史上，中华文明是唯一未曾中断的文明。中华文明未曾中断是多方原因共同作用的结果，既得益于中华神州大地得天独厚的自然地理空间，也得益于中华民族自强不息的内在品格。创新是中华民族自强不息的重要体现，中华文明延绵数千年从未中断的奥秘不在于固守成规的“存在”，而在于不断求变求新的“变在”。我们需要看到，在农耕文明时代，由于经济基础和上层建筑的双重制约，中国求变求新也是有限度的。农耕文明时代的中国，虽然创新存在边界，但中华民族的先辈们从未停止过求变求新的步伐。无论是在理论创新、科技创新、制度创新、文化创新领域，还是在其他领域的创新，中华民族都在人类文明史上留下了浓墨重彩的美丽画卷，为人类文明进步做出过重大贡献。在理论创新方面，比如中医学，有《黄帝内经》《神农本草经》《伤寒杂病论》《千金方》《本草纲目》等中医经典流传于世，它们都是中医实践经验的理论结晶，这些中医经典理论至今依然具有独特的价值。在文化创新方面，中华民族群星璀璨，薪火相传，早在春秋战国时期，中国曾涌现出百家争鸣的盛况，涌现出老子、庄子、孔子、孟子、荀子、墨子、韩非子等一大批先哲圣贤；在秦汉时期，从诸子百家中脱颖而出的法家、道家、儒家先后成为统治思想；魏晋时期，诗歌和书法艺术迈上新台阶，涌现出“三曹”、王羲之等杰出代表；唐宋时期，诗词歌赋进入鼎盛时期，涌现出李白、杜甫、王维、王勃、白居易、杜牧、李商隐、韩愈等著名诗人文豪，也涌现出欧阳修、苏轼、王安石、李清照、陆游、晏殊、柳永、辛弃疾等著名诗人词人；与此同时，宋明理学也发展到新的历史高度，涌现出程颢、程颐、朱熹、陆九渊、王阳明等理学大师。科技创新方面，中华先民通过自己的勤劳智慧，创造了影响世界文明的“四大发明”，除此之外，中华先民在天文历法（张衡的地动仪、郭守敬的《授时历》等）、数学（祖冲之将圆周率精确到小数点后7位）、农学（贾思勰《齐民要术》、徐光启

《农政全书》）等领域都有创建，这些科技或科学理论的创新和总结，为中华文明的发展注入了新的力量。在制度创新方面，中国也并非一成不变，从夏朝到清朝，中国的制度始终围绕中央集权而不断创新，从分封制到郡县制，从三公九卿到三省六部，从世卿世禄制、察举征辟制到科举制，等等，都是中国古代王朝制度创新的重要举措。此外，中国古代历史上还涌现出多次变法运动，如商鞅变法、王安石变法、张居正变法、戊戌变法等，这些变法对中国的历史进程产生了不小的影响，无论成败，这些变法都是封建王朝自我完善的重要尝试。在私有制之下，任何一种社会制度的自我完善都是有限度的，就像我们不能奢望封建主义社会能通过自我完善走向社会主义道路一样，同样，中华民族在农耕文明时代的创新求变也不可能突破其原有的经济基础和上层建筑。

由于农耕文明时代的经济基础和上层建筑的双重限制，中华民族的先辈们在理论创新、文化创新、科技创新、制度创新等方面取得的成果并没有得到广泛的运用，相反，中华民族的先辈们创造的“四大发明”在传入西方世界之后，却加速了世界历史的进程。正如马克思在《机器、自然力和科学的应用》的手稿中指出：“火药、指南针、印刷术——这是预告资产阶级社会到来的三大发明。火药把骑士阶层炸得粉碎，指南针打开了世界市场并建立了殖民地，而印刷术则变成新教的工具，总的来说变成科学复兴的手段，变成对精神发展创造必要前提的最强大的杠杆。”①虽然马克思只谈及火药、指南针、印刷术等“三大发明”，但四大发明中的造纸术对科学文化传播所起的作用也同样不可忽视。尽管中国历代王朝偏狭的统治阶级不鼓励创新，也鲜有支持创新，甚至想方设法抑制人民群众的创新实践，但中华先民和先哲们求变创新的火种从未被扑灭，正所谓前赴后继，后启来者。

正是因为创新发展，中华民族率先从奴隶社会进入封建社会，相比之下，西方文明体系进入封建社会的时间比中国晚得多（中国于春秋战国时期进入封建社会，而欧洲则在公元9世纪才进入封建社会，中国的奴隶社会时间跨度比封建社会时间跨度短，欧洲或其他文明形态的奴隶社会时间跨度远比其封建社会

① 《马克思恩格斯全集》（第47卷），人民出版社，1979年，第427页。

时间跨度长）。中国的封建社会是在中华先民和先哲们的创新探索中不断完善起来的，在很大程度上，中华先民和先哲们在理论、文化、科技和制度领域的创新探索也是为完善和发展封建主义制度而服务的。中国的封建制度越是因创新而不断完善起来，封建社会的创新探索就越是接近边界，打破这种制度的难度就越大。封建社会越是走向顶峰，推动它发展的动力就越是衰竭，衰败不可避免，归结起来，依然是小农经济的经济基础和封建主义的上层建筑的历史局限性决定的。当封建社会确实走向穷途末路、无药可救之时，中华先民和先哲们在历经救亡图存的艰辛努力之后，也会掀起历史之大变革，毅然将之推翻，建立新的社会制度，并在新的社会制度下重建生产力。

中华民族从历史的辉煌与苦难中走来，不求新，不求变，中华民族很难走到今天，也很难取得今天的成就。当然，中华民族的求新求变是有历史传承性的，不是脚踩西瓜皮，溜到哪里是哪里。中华民族凭借这种不间断、不断层的创新意识和创新实践，使得中华民族这个作为整体的族群不断发展壮大起来。今天，中华民族正以前所未有的开放胸襟走向世界舞台的中央，我们更加需要充分发挥好自身在漫长历史长河中积累和培育而成的民族禀赋——创新。正如习近平所言："创新是一个民族进步的灵魂，是一个国家兴旺发达的不竭动力，也是中华民族最深沉的民族禀赋。在激烈的国际竞争中，惟创新者进，惟创新者强，惟创新者胜。"[①]习近平将创新界定为"中华民族最深沉的民族禀赋"，"五大发展理念"将创新发展摆在首位，实际上就是要把中华民族最深沉的民族禀赋转化成最鲜明的民族禀赋。只有在社会主义制度下，中华民族最深沉的民族禀赋才能充分表达出来，纵观中国历史，也只有社会主义制度下的中国才有如此宽广的胸怀，才能如此旗帜鲜明地鼓励和支持创新发展。

二、作为历史存在的发展动力

我们说创新是中华民族最深沉的民族禀赋，这并不是说，这种深沉的民

① 习近平:《在欧美同学会成立100周年庆祝大会上的讲话》，《人民日报》2013年10月22日，第2版。

族禀赋在每个历史时代都能充分发挥出来。在很大程度上，多数人的创新意识和实践往往被掩埋在历史的深处，只有少数人成为创新意识和创新实践的先行者。可见，在中国漫长的奴隶社会和封建社会里，创新虽然是社会发展的动力之一，但它并不是社会发展的主要动力，更不是社会发展的第一动力。历史唯物主义认为，归根到底，物质生活资料的生产方式是人类历史发展的根本决定性因素，生产力与生产关系之间的矛盾、经济基础与上层建筑之间的矛盾是社会发展的根本动力。由于生产力发展水平低下，整个社会除了满足全体社会成员基本生存需要之外，只有少量的剩余产品，再加上生产力水平发展不平衡，各部落族群往往通过相互征伐的方式解决彼此之间的矛盾（争夺生活必需品或争夺剩余产品），在很大程度上，暴力（阶级斗争）就扮演了发展动力的角色。实际上，暴力也是受生产力发展水平制约的，即使生产力落后的部落或族群战胜或征服了生产力较为先进的族群或部落，它也会继承被征服部落或族群的先进生产力，并将之据为己有。如果是生产力较为先进的部落或族群征服生产力较为落后的族群或部落，生产力较为先进的部落或族群也会用先进生产力替代或改造旧的落后生产力，尽管这种替代或改造在多数情况下是以一种不自觉的形式进行的。以古代中国为例，尽管自然资源极其丰富，可谓地大物博，但由于人口稀少，也面临地广人稀的发展困境。在生产力水平普遍低下的情况下，加上人力缺乏，再丰富的自然资源也很难转化成剩余产品，人口数量就成为国家和民族兴旺发达的极端重要的因素。纵观中国古代历史，每一个王朝的繁荣阶段，无一不是人丁兴旺的阶段，而每一个动乱的时代，无一不是人口锐减的时代。在中国古代，虽然人口的发展一直都是统治阶级深刻关切的问题，但由于经济基础和上层建筑的双重局限性，没有一个王朝能够超越“其兴也勃焉，其亡也忽焉”的历史周期率，人口的发展也陷入了一个循环怪圈，即在休养生息中恢复，但也在兵荒马乱中锐减。可以说，古代社会是拼人力的社会，人口多寡作为评价一个国家强大与否的重要指标，人口的增长与国家剩余产品的积累存在明显的正相关。在生产力水平普遍较低的农耕文明时代，地大物博、地广人稀的时空里，人力（尤其是人的体力劳动）长期作为社会发展进步的第一动力而存在。人们无需丰富的知识，无需发达的头脑，无需高超的技术，只需要平均水平的体力或经验，就可以支撑起整个家庭的正常运转。创新这一概念，在农耕文明时代里，并不是人们生产实践中的普遍需要，人们只需按部就班即可谋得生产生活所需的基本资料。

当人类进入工业文明时代，随着机器的发明和广泛使用，机器生产逐步取代手工劳动，社会生产力得到大幅提高，“人口过剩”的问题就凸显出来了。当“人口过剩”的问题率先引起了英国经济学家马尔萨斯的注意和担忧之时，处在农耕文明时代的大清帝国依然采取鼓励人口增长的政策（如“滋生人丁，永不加税”“摊丁入亩”等），到清朝末年，中国人口已经接近4亿[①]。如果一个国家的生存空间是既定的，人口增长对社会发展的效用也应该是有边界的。人口增长对社会发展的动力作用不可否认，但它在动力系统中的地位随着更加先进的生产要素的发现和运用而不断降低。所以说，推动社会发展的动力不是一成不变的，它随着新的生产要素的出现和运用而不断变化，我们不能采用一劳永逸的形而上学的思维来看待发展动力的问题，我们应该努力认识人类社会发展本身所遵循的由低级到高级的客观规律，直面时代发展面临的主要矛盾及其主要表现形式（主要矛盾在不同阶段有不同的表现形式），善于运用历史唯物主义和辩证唯物主义的思维方法去审视和研判发展动力变迁或转换的问题。

三、不创新就要落后，创新慢了也要落后

在生产力发展水平普遍较低的古代社会，技术（劳动工具）更新的速度很低，上层建筑的变革则更是如此。在慢节奏的农耕文明时代，一件新的劳动工具的创造或一项新技术的发明往往能够持续沿用几十年甚至上百年，而上层建筑的革新也往往会变成“祖宗之法”不可动摇而持续沿用更长时间，比如，科举制度延续了1300多年。然而，当人类从农耕文明时代步入工业文明时代之后，劳动工具、科学技术和知识结构的更新进入了前所未有的高频阶段，创新作为推动人类社会发展的新动力登上了历史的舞台，并日益成为人类社会发展历史舞台上主要

① 杨子慧主编：《中国历代人口统计资料研究》，改革出版社，1995年，第1070–1076页。

动力源。在当今的世界历史舞台上，那些率先抢占创新发展先机的少数发达国家牢牢占领了全球产业分工链条的中上游，而错失创新发展先机或不重视创新发展的广大发展中国家（这是有历史原因的，既有主观的，也有客观的）只能在全球产业分工链条的中下游“鹬蚌相争”，少数发达国家则从中渔利。

当西方世界兴起工业革命之时，大清帝国则沉迷于农耕文明时代的“繁荣陷阱”之中，将自身标榜为“天朝上国”，藐视西方蒸蒸日上的工业革命，拒绝学习西方先进的科学技术并把它当作“奇技淫巧”，最终错失发展先机，这就为中华民族陷入半殖民地半封建社会的灾难深渊埋下了伏笔。随着鸦片战争的爆发，以英国为首的西方列强率先用坚船利炮轰开了闭关锁国的清廷大门，清廷也为自己的夜郎自大付出了惨重的代价，割地赔款，丧权辱国。人为刀俎，我为鱼肉。闻到肉香味儿的西方列强纷至沓来，争相分得一杯羹。在漫长的封建社会，中华民族在经济、科技、文化、制度等方面都是遥遥领先的，当工业革命的曙光悄然而至之时，大清帝国闭关锁国，因循守旧，拒绝创新，鼎盛繁荣的大清帝国在不知不觉中落后于世界历史发展潮流，真可谓“不创新就要落后”。

鸦片战争之后，一些开眼看世界的封建士大夫，如林则徐、魏源等人提出了“师夷长技以制夷”的主张，后来，一些封疆大吏如曾国藩、左宗棠、李鸿章等人采纳了这一主张，大清帝国兴起了一场长达30多年的“洋务运动”，并在“洋务运动”后期喊出了“师夷长技以求富”的口号。然而，大清帝国在甲午战争中溃败，“洋务运动”也宣告破产，整个大清帝国沉寂在悲观主义的泥沼之中。与以往相比，“洋务运动”的“师夷制夷”和“师夷求富”策略，都是具有创新性的，是大清国在两次鸦片战争中“吃够苦头”之后的变革之举。然而，这种变革却是遮遮掩掩的，是很不彻底的，仅仅依靠学习西方的“物器之功”而不实施自上而下的“制度之变”，是很难成功的，因为先进的“物器之功”在很大程度上被腐败落后的制度中和抵消了。相比之下，明治维新之后的日本，却是以学习西方“物器之功”与“制度之变”双管齐下、双策并举，在很大程度上，大清国在甲午战争中溃败，不是败在“物器之功”上，而是败在“制度之变”上。甲午战争之后，一些有识之士意识到“祖宗之法到了不可不变”的地步，以康有为、梁启超、谭嗣同等人为代表的“变法派”掀起了百日维新的“戊戌变法”，然而，清廷的制度顽疾早已深入骨髓，且讳疾忌医，革命成为历史之必然。真可谓“创新慢了也要落后”。

整个20世纪上半叶，中国总体处于战乱之中，失去了和平发展、创新发展的先决条件。从辛亥革命到北伐战争，从九一八事变到抗战胜利，再到解放战争，整整半个世纪，中华民族饱受外族欺凌（从鸦片战争算起，是一个多世纪），中国人民也饱受战火摧残和伤害。直到新中国成立，中国共产党领导中国人民推翻“三座大山”，“世界的中国”才从真正意义上变成“中国人的中国”，中国从此获得了和平发展的自主空间。新中国成立之后，中国共产党和中央政府并没有像以往历代王朝那样采取无为而治的休养生息政策，而是立即着手社会制度的改造工作，通过“三大改造”确立了社会主义制度，实现了中国社会最深刻的变革。其实，社会主义制度在中国“从无到有”，本身就是一个伟大的创造，一个伟大的实践创新，并且是一个伟大的战略创新。我们知道，西欧国家的早期资产阶级通过生产力自然发育成熟逐步确立起资本主义的生产关系，再由日益普遍化的资本主义生产关系倒逼封建主义制度向资本主义制度改革调整，可见，西方走的是“生产力—生产关系—社会制度”的变革路线。对中国而言，社会主义制度的确立是中国发展道路的战略创新，也是中国发展道路的战略胜利。一穷二白的中国不可能等到生产力自然发育成熟再来实现伟大复兴，如果采用无为而治的休养生息政策，可能在短期内，老百姓的日子会过得宽裕一些，但国家不可能建立起完整的工业体系，国内外私有资本也会无限制地扩张，那样的结果只能是“少数人所得而私”，多数人的生活水平也会长期得不到改善，甚至会倒退。所以，集远见卓识和实事求是的双重品格于一身的中国共产党带领中国人民力排万难，在中国确立起社会主义制度。实际上，中国是以社会主义为既定方向，培育社会主义的生产关系，再来发展社会主义生产力，中国走的是一条与西方发展道路不同的道路，即“社会制度—生产关系—生产力”。正是中国确立起社会主义制度，实现了中国发展道路的战略创新，中国才能集中力量办大事，才能在较短时间内建立起完整的工业体系，彻底改变旧中国一穷二白的落后面貌，用几十年的时间走完了西方国家上百年的工业化道路，不断缩小与发达国家之间的差距。正如习近平所说："我国现代化同西方发达国家有很大不同。西方发达国家是一个'串联式'的发展过程，工业化、城市化、农业现代化、信息化顺序发展，发展到目前的水平用了二百多年的时间。我们要后来居上，把'失去的二百年'找回来，决定了我国发展必然是一个'并联式'的过程，工业化、信息化、城镇化、农业现代化是叠加发展的。"①

历史与现实是相通的。在科学技术和知识结构更新越发频繁的当今世界，毫无疑问，不创新就要落后，创新慢了也要落后。我们要坚守社会主义发展道路的战略性胜利毫不动摇，但我们不能将之僵化固化。我们需要看到，中国的社会主义制度是在生产力水平不发达的基础上建立起来的，它注定还有很多需要发展和完善的地方。改革开放以来，中国共产党领导人民开辟了中国特色社会主义道路，致力于推动社会主义制度在中国实现"从有到优"的转变。党的十八大以来，以习近平同志为核心的党中央围绕坚持和发展中国特色社会主义的历史任务，创造性地提出了一系列治国理政的新理念、新思想、新战略，形成了全面建成小康社会、全面深化改革、全面依法治国、全面从严治党的"四个全面"战略布局和创新、协调、绿色、开放、共享的"五大发展理念"，其实，这里面也蕴含了"不创新就要落后，创新慢了也要落后"的使命感和紧迫感。

四、提高发展质量和效益的关键所在

发展是硬道理，是解决中国一切问题的关键。我们也需要看到，发展起来之后，并不是老问题就会自动消失，也不是新问题不再产生，而是发展可以为我们解决老问题和新矛盾提供更多的选择方案，我们解决问题和矛盾的手段和方法也会更加多样化、多元化。发展是硬道理，这个硬道理的内涵是变化的。党的十八届五中全会指出："深入贯彻习近平总书记系列重要讲话精神，坚持全面建成小康社会、全面深化改革、全面依法治国、全面从严治党的战略布

① 《习近平关于科技创新论述摘编》，中央文献出版社，2016年，第24-25页。

局，坚持发展是第一要务，以提高发展质量和效益为中心，加快形成引领经济发展新常态的体制机制和发展方式，保持战略定力，坚持稳中求进，统筹推进经济建设、政治建设、文化建设、社会建设、生态文明建设和党的建设，确保如期全面建成小康社会，为实现第二个百年奋斗目标、实现中华民族伟大复兴的中国梦奠定更加坚实的基础。”[①]发展是执政兴国的第一要务，也是治国理政的第一要务，但发展的重心经历了从“又快又好”向“又好又快”的转变，党的十八届五中全会又对发展的中心作出了新的定位，即“以提高发展质量和效益为中心”。党和国家对发展中心的新定位具有很强的现实针对性，虽然当代中国发展的速度很快，发展的体量也很大，但速度和体量之俊美却掩盖不了低质量和低效益的心头之患。正如习近平总书记所言：“我国经济总量已跃居世界第二位，同时发展中不平衡、不协调、不可持续问题依然突出，人口、资源、环境压力越来越大，拼投资、拼资源、拼环境的老路已经走不通。老是在产业链条的低端打拼，老是在‘微笑曲线’的底端摸爬，总是停留在附加值最低的制造环节而占领不了附加值高的研发和销售这两端，不会有根本出路。块头大不等于强，体重大不等于壮，虚胖不行。”[②]当然，我们对中国过去高速度低效益、大体量低质量的发展方式也不能简单地一棍子打死，我们需要充分肯定这种发展方式存在的历史价值。发展本身也遵循从易到难、由低级到高级跃升的辩证法，如果没有相当的发展体量和速度，中国是不可能迅速成为“大块头”的，在国际舞台上，“体重大的大块头”总比弱不禁风的“体重轻的小个子”具有更强的竞争力。当代中国面临的发展任务是把“虚胖的大块头”变成“强壮的大块头”，我们强调“以提高发展质量和效益为中心”，并不是要将中国这个具有一定虚胖成分的“大块头”变成精干强壮的“小块头”，这点我们需要认识清楚。当代中国发展呈现出速度变化、动力转换、结构优化的三大特点和趋势，要在经济发展“新常态”的背景下实现高质量和高效益的新发展，就必须依靠创新来培育发展新动力，必须依靠创新来拓展发展新空间。依

① 《中共中央关于制定国民经济和社会发展第十三个五年规划的建议》，《人民日报》2015年11月4日，第3版。

② 《习近平关于科技创新论述摘编》，中央文献出版社，2016年，第26页。

靠创新培育发展新动力并不否定消费、投资、出口“三驾马车”的基本动力，不是要废掉这“三驾马车”来培育新动力，而是要让创新理论与实践贯穿于“三驾马车”整体运行的全过程。要继续发挥消费对经济社会发展的基础性作用，着力扩大居民消费总量，通过创新优化居民消费结构，引导消费朝着智能、绿色、健康、安全方向转变，不断提高消费服务供给质量。要继续发挥投资对经济社会发展的关键作用，创新社会资本参与公共服务的渠道机制，不断优化投资结构，避免向高投入、高耗能、低产出领域扎堆投资的现象，提高有效投资的水平。要继续发挥出口对经济社会发展的促进作用，通过创新改变中国在全球产业链中的位置，推动“中国制造”向“中国智造”升级，不断提高中国出口的附加值。此外，通过创新培育发展新动力还要重视“怎么生产”“用什么生产”的问题，要通过实实在在的制度创新、理论创新、科技创新、文化创新来提高社会供给的生产效率，让我们的劳动产品更优质、更具有竞争力。我们不仅要重视“怎么生产”“用什么生产”的问题，还要重视“生产什么”的问题，亦即扩展发展新空间的问题。发达国家不仅在“怎么生产”“用什么生产”等方面遥遥领先，而且在“生产什么”方面也同样占据领跑的位置。“生产什么”是根本性的竞争力，是原创性的竞争力。我们要提高发展质量和效益，就必须重视“生产什么”的原创性创新，“怎么生产”与“用什么生产”都会面临空间饱和的问题，但“生产什么”的原创性创新所释放出的发展空间则是宽广无穷的。当代中国已经具备了相当的发展“体量”和“质量”，我们在这样的基础上通过创新（特别是原创性的）提高发展的质量和效益，任务依然紧迫，但我们也比以往任何时候都更加从容了。

当代中国创新发展的难题与瓶颈

创新是中华民族最深沉的民族禀赋，也是当代中国提高发展质量和效益的关键所在。中华民族基本上错失了工业革命之后“二百年”，旧中国所欠的工业文明历史旧账太重，需要补的课也太多，新中国成立之后，中国共产党领导中国人民历经艰辛探索出一条与西方大不相同的现代化道路，经过60多年的艰苦奋斗和40年的改革开放，中国基本上走完了西方国家花了上百年才走完的工业化之路（“走完”不是说我们要停止工业化的进程，而是指中国在众多领域已经实现了从跟踪发展到并跑发展的转变，个别领域已经处于领跑发展阶段，但中国在核心技术领域受制于人的局面依然没有得到根本改变，这是中华民族实现伟大复兴的心头之痛之一）。与以往相比，当代中国面临的创新发展的时间更加紧迫，任务更为艰巨，创新发展的难度也更大，创新发展面临的诸多难题和瓶颈也是中华民族“最深沉的民族禀赋”没能全面转化成“最鲜明的民族禀赋”的重要原因。

一、理论创新的难题与瓶颈

理论创新是实践创新的先导。新中国的成立，为当代中国的理论创新提供了基本的政治前提，特别是十一届三中全会以来，我们党实现了思想路线的拨乱反正，确立了解放思想、实事求是的思想路线，人们的创造性思维犹如潮水一般涌动起来，我们国家的理论创新工作迎来了新的春天。随着党的思想路线的内涵不断丰富，中国的理论创新实践变得异常活跃，理论创新的势头前所未有，理论创新的成果也非常丰硕，但是，当代理论创新遇到的问题和瓶颈也需要引起足够的重视。理论创新与实践创新是联动的，不是彼此割裂的，当理论创新遇到了难题和瓶颈，实践创新的步子就难充分迈开，也将受到限制。

食古不化，简单延续中国传统文化的母版。在一些人看来，理论创新要站在中国传统文化的母版上，否则，就是离经叛道。一些人过分拔高中国传统文化，将中国传统文化视为不可动摇的“中体”，当代中国所做的理论创新工作都应该围绕完善这个“中体”而服务，其实，这个“中体”的核心就是所谓的儒家道统。简单延续中国传统文化的母版而创新，实际上走的是一条文化复古主义道路或者文化崇古主义道路，这对中国实现现代化具有很强的误导性。当代中国是从传统中国的母体中脱胎而来，这是不可否认的事实。当代中国是社会变革之后的中国，传统文化生长的物质基础已经被冲到历史的沙滩上，在崭新的物质基础上简单延续传统文化的母版，并在这个母版上进行理论创新，很容易走上历史虚无主义的道路，通过美化、虚化、虚构历史来否定、消解、肢解现实，从而把传统文化在某些领域的失落当作社会现实的堕落。当代中国是在马克思主义的指导下发展起来的，同时也吸取了优秀传统文化的养分，但它吸收的养分是有限的，我们不能过分拔高历史传统文化，也不可枉然割裂和背弃自己民族的历史。我们所说的理论创新需要“食古”，吃透自己的历史，对自己“从哪里来”要有清醒的认识，同时，我们也要“化古”。当代中国肩负着实现社会主义现代化的历史任务，我们“食古”要为中国的社会主义现代化服务，才能更好地实现伟大复兴。

唯西是从，忽视理论创新的话语体系构建。改革开放以来，我国大量引进西方哲学社会科学和自然科学，开展了大量的“补课”工作（邓小平语），极大地丰富了我国的理论成果，使人们的视野更加开阔，思维更加活跃，为开展理论创新工作创造了必要的社会条件和社会氛围。然而，由于特定的历史时期，西方发达国家在生产力方面遥遥领先中国，西方发达国家的自然科学理论和哲学社会科学理论也因其先进的生产力而增添了很多神秘感，学习和引进西方的科学理论成为一种“时尚”，对西方科学理论进行解读也成为一种“创新”。改革开放之后，由于自身理论话语体系长期未能构架起来，当我们面临“补课”的任务之时，我们很难甄别我们所补的课程，也很难在“补课”过程中保持独立性，很容易被西方的话语范式牵着鼻子走，在我们国家与西方发达国家差距甚大的那个时代，这是不可避免的通病。经过改革开放40年的高速发展，中国在物质方面与发达国家的差距不断缩小，中国所补的课越来越多，取得的理论创新成果也不断丰富起来，我们国家面临着从外在显性的“物质自信”向内在隐性的“理论自信”和“文化自信”升华的任务，用理论创新的中国话语来解读中国道路，通过构建中国理论创新的话语体系来全方位地展现中国精神，从而为当代中国的实践创新提供更加有效稳健的方法论导向。

理论原创能力不强。改革开放以来，中国在自然科学理论和哲学社会科学理论方面进行了长期的“补课”工作，在很大程度上弥补了中国现代科学理论基础薄弱的短板问题。与此同时，中国的理论工作者也做了大量的引进跟踪创新工作，并在一些领域超越了西方。长期以来，理论工作者们将更多的精力投入了理论的引进跟踪创新，导致理论原创能力不强的问题也很突出。理论原创能力不强，我们对西方理论创新的依赖性就越强，我们就越依赖于西方理论创新取得的新进展，当西方某项理论问世，国内就会掀起一波一波的学习引进热潮，长此以往，很多理论工作者就被西方牵着鼻子走，成为西方理论的阐释者和代言人，逐渐丧失理论工作者应该具有的独立思考的能力。理论原创能力不强，我们就很难构建中国理论创新的话语体系，就很容易用西方国家的话语范式来解读中国问题，甚至用西方理论来裁剪中国现实。自然科学理论和社会科学理论方面的“补课”工作是中国理论创新的必要环节，但它的效用也存在边际递减的问题，当代中国发展更加呼唤原创性的中国理论，中国的理论创新工作的重心也面临着从“补课”到“原创”（开课）的转移，这个重心的转移是由中国在世界体系中的历史坐标发生了位移来决定的。

理论创新虚而不实的问题比较突出。当代中国的理论创新非常活跃，但理论创新的质量并没有达到预期的高度，这既与中国实践创新的迫切需要不断增强密切相关，也与理论创新存在虚而不实的问题不无关系。有的人将某种理论换上迷人的包装，新瓶装旧酒或者新瓶装假酒，让人看得眼花缭乱，实则“炒冷饭”，所谓的理论创新就变成了形式包装的创新。有的人片面追求数量上的理论创新，一年产出十几个甚至几十个专利，发表几十篇论文或专著，有的甚至弄虚作假、相互抄袭，败坏整个行业理论创新的声誉。理论创新虚而不实的原因不在于中国人学习能力不强，而在于很多中国人超强的学习能力用错了地方，特别是对中国问题缺乏自身的历史分析，笼统地将西方发达国家的发展问题与中国发展难题等同起来，其实，中国问题与世界问题是个性与共性的关系，我们不能只远观世界问题，忽视“脚下的土地”——中国问题，中国的理论创新需要聚焦于当代中国正在做的事情，并以此为中心。

二、制度创新的难题与瓶颈

在日新月异的当今世界，制度创新是社会发展进步不可或缺的动力。在发展节奏相对较慢的农耕文明时代，制度创新对社会发展进步的重要性不是特别明显，古人对制度创新的期待也没有当今的人们那么强烈。中国跨越了资本主义社会，直接从封建社会进入社会主义初级阶段，这是社会制度“从无到有”的创新，也是社会制度的战略创新。道路决定命运，历史和实践都已经深刻表明，社会主义道路是中华民族实现伟大复兴的必由之路，社会主义制度是中华民族实现伟大复兴的根本保障。虽然中国的各种社会制度正在朝着更加成熟、更加定型的方向完善和发展，但当代中国现在处于并将长期处于社会主义初级阶段的基本国情没有发生根本改变，当代中国的制度创新依然面临重重难题和瓶颈，制约着社会的持续发展进步。

利益固化是制度创新的最大难题和瓶颈。马克思曾说，人们为之奋斗的一切都与之利益有关。当代中国的制度创新以全面深化改革的形式表现出来，一些既得利益集团之所以千方百计阻挠全面深化改革，在很大程度上是因为全面深化改革“要动他们的蛋糕或奶酪”，尽管他们获得蛋糕或奶酪的途径不见得经得起历史的检验，但他们依然会殊死一搏。利益固化格局的形成大致有两个方面的原因，一是40年前开启的“吃肉喝汤”的改革没有触及的领域借助制度的保护而做强做大，在当代以垄断的形式表现出来，这些垄断组织内部官僚主义倾向极为严重，贪污腐败之风盛行，形成各种“山头”，开放性程度很低；二是在改革开放浪潮中敢为人先、率先获利的一部分群体利用资本优势，控制大量的社会资源，通过资本与权力联姻的方式影响公共政策的走向，从而获取相关的政策保护。当代中国正在进行的“啃硬骨头”的全面深化改革既要触及40年前尚未触及的“存量”，也要触及改革开放40年来成长起来的“增量”，然而，无论是“去存量”的制度创新，还是“减增量”的制度创新，都不可避免地触及很多人的利益。如果将40年前开启的改革说成多数人获利（只是获利多寡有别而已）的解放运动，那么，全面深化改革的制度创新则是“拿掉一部分人不合理、不合法的蛋糕”，让社会发展朝着更加公正、公平的方向前进。由于部门利益固化的缘故，一些部门表面上迎合党中央、国务院改革的决定，推出一系列“伪”改革方案，实则“拆东墙补西墙”，巧立名目，变相刁难群众，让群众在盖章办事的过程中多跑很多弯路。比如要让老百姓出具那些奇葩证明，证明“我妈是我妈”“我爸是我爸”“我爷爷是我爷爷”“我奶奶是我奶奶”，甚至要证明“我是我自己”，等等。再好的社会制度，利益固化格局一旦形成之后，就必然陷入“少数人所得而私”的怪圈，原本具有优越性的社会制度也将逐步失去活力，制度本身的优越性也将被利益固化格局不断蚕食掉。

制度创新也有两个层面，一个是宏观制度的创新，一个是微观制度的创新。宏观制度创新对一个国家和民族的影响是深远的，每个历史时期，领导者对宏观制度创新都应该持有非常谨慎的态度。苏联以制度创新为名，葬送了社会主义，不仅给世界社会主义带来了深重的灾难，而且让俄罗斯的国际地位一下子跌落谷底，其历史教训值得深思。微观制度创新是在坚持宏观制度的前提下进行的完善和发展，它与人们的社会生产、生活需要紧密相连，它的周期较短。如果将宏观制度创新与微观制度创新混同起来，就容易将微观层面的制度缺陷扩大到宏观层面的制度弊端，动不动就将微观问题上升到宏观问题，动不动就用个别具体问题和矛盾否定社会主义制度的优越性，它的直接指向就是动摇社会主义的根本制度。这种错误的认识是推动制度创新需要克服的难题，也是推动制度创新需要超越的瓶颈。制度创新需要突破一些东西，但也需要坚守一些东西，不能为了释放社会活力就把整个社会搞得暗流涌动，也不能为了凝聚社会合力就把整个社会搞得死气沉沉，我们的制度创新应该在释放社会活力与凝聚社会合力之间保持平衡，需要二者兼顾，不能顾此失彼。如果制度创新消解了社会主义“集中力量办大事”的优越性，哪怕这样的制度创新在短期内是何等之有效，它遗留的问题却需要花更长的时间和更大的代价来解决，甚至是无法挽回的。

三、科技创新的难题与瓶颈

科技创新是国家创新驱动战略的核心，它对其他创新具有牵一发而动全身的作用。科技创新面临的难题和瓶颈也是制约当代中国新发展的主要障碍。科学技术就是生产力，而且是第一生产力，科学技术落后直接影响到一个国家、民族的生产力结构配置，直接影响到这个国家或民族在全球竞争中的位置。当代中国依然处于全球产业分工格局的中低端，根本原因就在于科技创新能力不强。中国科技创新能力不强，并不是说中华民族不具有创新的民族禀赋，中华文明不曾中断，正是因为中华民族拥有创新这个“最深沉的民族禀赋”，中华民族创新的民族禀赋之所以没有充分发挥出来，尚未转化成“最鲜明的民族禀赋”，是有深刻的历史渊源的。工业革命开始之后，偏狭的旧中国统治者闭关锁国，政治腐败，再加上西方列强入侵，军阀混战，中华民族整体上错失了工业革命之后的“二百年”。新中国成立之后，中国共产党领导中国人民在一穷二白的基础上走上了社会主义道路，开启了彻底改造中国生产力的新的伟大远征。经过10多年的艰苦奋斗，一批批国之重器（如“两弹一星”）实现了“从无到有”的突破，极大地提振了国人的自信心。然而，彼时的中国社会生产力依然十分落后，社会普遍存在“物质短缺”的问题。改革开放以来，中国一方面坚持艰苦奋斗、自力更生，另一方面也积极拓展引进国外科学技术的渠道。引进国外科学技术和管理理念在很大程度上促进了中国生产力的进步，在一定程度上缩短了与世界先进水平的距离，因为有的技术国际上早已有之，如果我们依然以自力更生为名“关起门来搞建设”，肯定会浪费很多时间和精力，引进国外科学技术和管理理念则成为中国在特定历史时期的“发展捷径”。然而，“发展捷径”并不是永远都存在的，过分依赖“发展捷径”可能隐藏很多看不见的风险。有些风险往往会潜藏在繁荣的假象当中，让当政者及其国民都不易觉察。随着中国的发展，引进国外科学技术的“发展捷径”发挥的效用也呈现出“边际递减”的趋向，正如习近平总书记指出：“从生产要素相对优势看，过去，我们有源源不断的新生劳动力和农业富余劳动力，劳动力成本低是最大优势，引进技术和管理就能迅速变成生产力。现在，人口老龄化日趋发展，劳动年龄人口总量下降，农业富余劳动力减少，在许多领域我国科技创新与国际先进水平相比还有较大差距，能够拉动经济上水平的关键技术人家不给，这就使要素的规模驱动力减弱，随着要素质量不断提高，经济增长将更多依靠人力资本和技术进步，必须让创新成为驱动发展的引擎。”[①]我们在尝到了“发展捷径”的甜头之后，就越是想走“发展捷径”，同时，我们对引进国外科学技术的依赖性也就越发增强。在一些领域，我们逐渐放弃自力更生，放弃自主创新，因为自主创新需要投入大量的人力物力，并且投入产出往往具有

① 《习近平关于科技创新论述摘编》，中央文献出版社，2016年，第4-5页。

不确定性，而引进国外科学技术倒具有相对明确的预期。习近平指出：“过去三十多年，我国发展主要靠引进上次工业革命的成果，基本是利用国外技术，早期是二手技术，后期是同步技术。如果现在仍采用这种思路，不仅差距会越拉越大，还将被长期锁定在产业分工格局的低端。在日趋激烈的全球综合国力竞争中，我们没有更多选择，非走自主创新道路不可。我们必须采取更加积极有效的应对措施，在涉及未来的重点科技领域超前部署、大胆探索。”[①]改革开放初期，贫穷落后的中国还不是国际舞台上的有力竞争者，外国资本家也想赚中国人的钱，中国引进国外科学技术和管理理念相对容易一些。中国充分利用“引进来”的科学技术和管理理念快速发展起来，成为全球化浪潮中的有力竞争对手，尤其是中国悄无声息地成为全球进出口贸易第一大国之后，西方发达国家对中国出口的限制力度也变得前所未有，比如，以“不承认中国的市场经济地位”为由，对中国出口的商品征收高额税收，等等，以此（从反面）来遏制中国引进西方技术。习近平总书记强调：“现在，比较正常的技术引进也受到种种限制，过去你弱的时候谁都想卖技术给你，今天你发展了，谁都不愿卖技术给你，因为怕你做强做大。在引进高新技术上不能抱任何幻想。核心技术尤其是国防科技技术是花钱买不来的。人家把核心技术当‘定海神针’‘不二法器’，怎么可能提供给你呢？只有把核心技术掌握在自己手中，才能真正掌握竞争和发展的主动权，才能从根本上保障国家经济安全、国防安全和其他安全。当然，我们不能把自己封闭于世界之外，要积极开展对外技术交流，努力用好国际国内两种科技资源。”[②]当代中国创新发展的能力不强与过分依赖引进国外科学技术和管理理念的“发展捷径”不无关系，但我们不能走向另一个极端，不能简单片面地对“发展捷径”采取全盘否定的态度。我们应该充分肯定引进国外科学技术和管理理念对推动中国生产力发展的重要作用，同时，我们也要看到，引进国外科学技术和管理理念的“发展捷径”释放出的动能并不是恒定不变的，它随着中国的崛起而呈现出“边际递减”的趋向。所以，问题的关键不在于我们要不要引进国外科学技术和管理理念，而在于我们如何根据自

---

① 《习近平关于科技创新论述摘编》，中央文献出版社，2016年，第35页。

② 《习近平关于科技创新论述摘编》，中央文献出版社，2016年，第36页。

身在世界体系中不断变化的历史坐标，把引进来的东西转化成自己的东西（中国化、本土化、民族化），并在此基础上创造出比国外更好的东西或者创造出国外没有的东西。习近平一针见血地指出："我国与发达国家科技实力的差距，主要体现在创新能力上。这些年来，重引进、轻消化的问题还大量存在，形成了'引进—落后—再引进'的恶性循环。当今世界科学进步日新月异，技术更替周期越来越短。今天是先进技术，不久就可能不先进了。如果自主创新上不去，一味靠技术引进，就难以摆脱跟着别人后面跑、受制于人的局面。而且，关键技术是买不来的。"[①]当代中国科技创新的难题和瓶颈不在于中国人不具有创新的禀赋，也不在于当代中国科技创新的基础薄弱，而在于对跟踪仿制创新路径的过分依赖，或者说，是对所谓的"发展捷径"的过分依赖。破解科技创新的难题和瓶颈没有捷径可走，只有把科技创新的重心转移到自主创新上来，才是根本的应对策略。

四、文化创新的难题与瓶颈

文化是一个民族存续和发展的精神纽带，文化的每一次创新都伴随着民族精神的升华，都引导着民族精神境界的飞跃。文化创新又是一种更深层、更持久的创新，文化创新一旦取得重大突破，便会深入人心，对整个民族而言，它释放出的精神动能是不可估量的。当代中国正处于"并联式"的社会主义现代化发展进程之中，时代的发展迫切呼唤文化创新，"并联式"的现代化发展进程也是社会矛盾集中迸发的过程，这些集中迸发的社会矛盾和问题给文化创新提供了丰厚的现实土壤，也使文化创新面临着异常复杂的环境。每个时代的文化都需要通过文化作品表现出来，文化创新在表现形式上是文化作品的创新，文化创新的内核是民族精神或者核心价值观念的新提炼、新概括、新升华。当代中国的文化创新面临的难题和瓶颈主要不是在文化作品的表现形式之上，而是主要表现在文化作品缺乏足够的精、气、神的内核之上。文化作品缺乏强大

① 《习近平关于科技创新论述摘编》，中央文献出版社，2016年，第42页。

的精、气、神，就很难在群众中产生持久的反响，就很难成为历久弥珍的经典，就很难拥有穿越时空的魅力。当代中国的文化创新的精、气、神不足主要表现在以下几个方面：

一是以创新为名割裂文化本身历史继承性。当代中国是历史中国历经变革之后的发展新阶段，是文化这个精神纽带连接着历史中国与当代中国，文化创新也应该尊重文化本身的历史继承性。一些人为了一己之私，为了博取眼球，为了轰动一时，大行消解、肢解历史文化传统之实，将中华民族“从哪里来”“怎么来”的历史记忆抹掉，有的甚至歪曲历史事实，肆意抹黑岳飞、林则徐等民族英雄，有的替赵高、秦桧、和珅等历史罪人翻案。一些人片面地追求所谓的“现代性”，认为现代的文化形态都是先进的，传统的文化形态都是落后的，从而将传统文化这个盆里的“洗脚水和孩子一起倒掉”，让现代文化失去了深厚的历史土壤，变得飘忽不定。其实，中华民族丰富的传统文化资源是当代中国文化创新需要挖掘的巨大宝藏，在这方面，世界其他民族是无法比拟的，如何将优秀传统文化进行创造性转化和创新性发展，使之为当代中国的社会主义现代化建设服务，就成为当代中国文化创新迫切需要解决的任务。

二是“拿来主义”倾向严重，原创性缺乏。文化创新中的“拿来主义”与割裂文化传统是密切相连的。既然传统的都是落后的，现代的都是先进的，那么，谁开启了世界文明的现代化，谁就是先进的。按照这套逻辑推演，现代化就等于西方化，所谓的文化创新就是引进西方文化，置换掉中华民族延绵数千年的历史文化传统。当前，文化创新中的“拿来主义”倾向依然严重，一些人不仅热捧西方文化传统的形式，而且迷恋西方的“普世价值”，在很多文化作品中随处可见西方个人英雄主义的影子，文化作品中的“中国风”依然没有成为主流，社会主义核心价值观也尚未在文化作品创作中落细落小落实。迷恋“拿来主义”的文化创新之路，当代中国的文化在表现形态上确实非常多样化，确实非常繁荣，但这种繁荣是缺乏主体性的，是缺乏“中国风”的民族特色的。原创性是文化创新的底色，长期忽视原创性的问题，所谓的文化创新都只是照猫画虎一般自娱自乐和自欺欺人。

三是脱离广大人民群众，头重脚轻根底浅。人民立场是社会主义文化发展和创新的根本立场，离开了“人民”这个最广泛、最深厚的基础，文化创新就会失去动力源，就走不稳，也走不远。当代中国文化创新脱离群众的现象依然大量存在，一些人脱离人民群众的生产生活境遇而凭空杜撰人们的生产生活的样子，一些人盯着社会上的个别暴戾堕落现象而杜撰出“天下乌鸦一般黑”的荒凉，一些人专门为资本和权贵鼓劲加油而使底层群众泄气泄劲，一些人把自己关进书斋里远离世俗生活而闭门造车，一些人迎合社会上少数人低俗下流文化心态而哗众取宠，有些文化作品看似贴满了群众的标签而抠掉了群众的灵魂，等等。文化创新不能只盯着人民群众的眼前需要和问题，还要为唤起人民群众的长远梦想而摇旗呐喊。

我们需要看到，当代中国处在“并联式”的社会主义现代化发展进程之中，理论创新、制度创新、科技创新、文化创新以及其他方面的创新是相互关联的，无论是哪一个领域的创新遇到难题和瓶颈，都会牵连掣肘其他领域的创新，因而，破解当代中国创新发展的难题和瓶颈需要具备系统思维和整体意识，在抓住科技创新这个核心点的同时整体推进，切实把创新的理念与实践摆在国家发展全局中的核心位置。

把创新摆在国家发展全局的核心位置

随着崛起的中国在世界体系中的历史坐标发生了位移，并不断迈向世界舞台的中央，中国发展的难题也从表层（消除普遍贫穷）转向了深层（跨越全球产业分工格局的中低端），破解表层的发展难题可以依靠消费、投资、出口的“三驾马车”，但破解深层的发展难题仅仅依靠“三驾马车”是不够的，是走不远的，也是不可持续的，必须在“三驾马车”之外探索出引领发展的新动力，将“马车”升级为“四轮驱动”。以习近平同志为核心的党中央以宽广的全球视野和敏锐的历史视野，审时度势、高瞻远瞩、因时而谋、顺势而为，把创新提升到国家发展全局的核心位置，为破解当代中国发展的深层次矛盾和难题指明了方向。党的十九大强调：“创新是引领发展的第一动力，是建设现代化经济体系的战略支撑。要瞄准世界科技前沿，强化基础研究，实现前瞻性基础研究、引领性原创成果重大突破。加强应用基础研究，拓展实施国家重大科技项目，突出关键共性技术、前沿引领技术、现代工程技术、颠覆性技术创新，为建设科技强国、质量强国、航天强国、网络强国、交通强国、数字中国、智慧社会提供有力支撑。加强国家创新体系建设，强化战略科技力量。深化科技体制改革，建立以企业为主体、市场为导向、产学研深度融合的技术创新体系，加强对中小企业创新的支持，促进科技成果转化。倡导创新文化，强化知识产权创造、保护、运用。培养造就一大批具有国际水平的战略科技人才、科技领军人才、青年科技人才和高水平创新团队。”①当前，我们应该高度重视创新发展的难题和瓶颈，从整体性的高度来落实创新发展理念，特别注重理论创新、制度创新、科技创新、文化创新以及其他领域创新的协同性，让创新发展的理念和实践释放出强大的动能，助力崛起的中国抢占民族复兴的战略制高点。

一、坚持以问题为导向推动理论创新

问题是时代的声音，理论创新必须聆听和回应时代的呼唤。理论创新之所以能成为实践创新的先导，在很大程度上就是因为理论主题敏锐地觉察和回应了实践中的问题，并对破解实践难题作出了理论思考和探讨，从而启发实践创新。把创新摆在国家发展全局的核心位置，就必须坚持以问题为导向推动理论创新，让理论创新的成果切实回应发展实践中的问题。正如习近平强调：“坚持问题导向是马克思主义的鲜明特点。问题是创新的起点，也是创新的动力源。只有聆听时代的声音，回应时代的呼唤，认真研究解决重大而紧迫的问题，才能真正把握住历史脉络、找到发展规律，推动理论创新。坚持以马克思主义为指导，必须落到研究我国发展和我们党执政面临的重大理论和实践问题上来，落到提出解决问题的正确思路和有效办法上来。要坚持用联系的发展的眼光看问题，增强战略性、系统性思维，分清本质和现象、主流和支流，既看

① 习近平：《决胜全面建成小康社会　夺取新时代中国特色社会主义伟大胜利——在中国共产党第十九次全国代表大会上的报告》，《人民日报》2017年10月28日，第3版。

存在问题又看其发展趋势，既看局部又看全局，提出的观点、作出的结论要客观准确、经得起检验，在全面客观分析的基础上，努力揭示我国社会发展、人类社会发展的大逻辑大趋势。”[①]坚持以问题为导向推动理论创新，我们所说的问题是多个层面的，不能笼统地谈问题，笼统地谈问题等于不谈问题。我们坚持以问题为导向，既要以治国理政的宏大问题为导向，也要以各行各业的具体问题为导向。理论创新应该包含发展的战略理论创新和发展的学科理论创新。

对当代中国来说，推动发展的战略理论创新就是要继续大力推动中国特色社会主义理论体系向前发展，不断开辟当代中国马克思主义的新境界，并用发展的当代中国马克思主义指导中国特色社会主义的新实践，让马克思主义在指导当代中国的新发展实践中释放出耀眼的真理光芒。推动当代中国发展战略理论创新，从根本上说，依然是把马克思主义的普遍真理同当代中国国情结合起来，升华成中国特色社会主义理论体系的新形态。我们既需要对马克思主义的普遍真理本身所涉及的若干理论问题进行深入的“再研究”，也需要对当代中国国情和社会主要矛盾发生的新变化进行“新审视”。马克思主义经典作家对人类社会发展规律、社会主义建设规律、共产党执政规律“三大规律”的探索是开放性的，他们并没有穷尽真理，他们所揭示的规律也是有历史性的，是社会规律在当时的具体历史条件下的表现形态，随着历史环境发生改变，“三大规律”在表现形态上也会发生新变化，而继承者们大多是站在历史巨人的肩上不断接近真理的。发展当代中国马克思主义应该以我们国家正在做的事情为中心，以社会主义现代化建设的实际问题为中心，要坚持发展的观点，因为问题本身也是发展的。正如习近平所说：“社会总是在发展的，新情况新问题总是层出不穷的，其中有一些可以凭老经验、用老办法来应对和解决，同时也有不少是老经验、老办法不能应对和解决的。”[②]发展的战略理论创新是我们党治国理政的重要优势，这是世界范围内的其他政党无法比拟的，这种理论优势是引领当代中国发展实现“后发赶超”“后发先至”的重要条件。

①② 习近平：《在哲学社会科学工作座谈会上的讲话》，《人民日报》2016年5月19日，第2版。

发展的战略理论创新所回应的是事关国家长远发展的宏大问题，学科理论创新则需要回应各行各业在具体实践中遇到的现实问题。战略理论创新为学科理论创新指明基本方向，学科理论创新则为战略理论创新提供支撑。当代中国在战略理论创新方面的优越性已经很好地发挥出来，但在学科理论创新方面依然相对滞后，需要尽快补齐短板。在很多具体学科的理论创新方面，当代中国依然存在较为严重的“拿来主义”倾向，这种“拿来主义”倾向不仅体现在学科观点上，甚至体现在学科研究的方法上。我们强调具体学科理论创新中的问题意识，不仅只是问题本身，而且包括我们研究问题的方法论。如果在方法论上，我们都被西方人牵着鼻子走，我们就会用西方人的思维来看待中国问题，那样就会得出西方人想要的结论。习近平在《在哲学社会科学工作座谈会上的讲话》中指出：“如果不能及时研究、提出、运用新思想、新理念、新办法，理论就会苍白无力，哲学社会科学就会‘肌无力’。哲学社会科学创新可大可小，揭示一条规律是创新，提出一种学说是创新，阐明一个道理是创新，创造一种解决问题的办法也是创新。”①当代中国面临的发展问题和矛盾是多样的，多样化的问题恰恰为理论创新提供了广阔的空间和舞台，所以，习近平又强调：“这是一个需要理论而且一定能够产生理论的时代，这是一个需要思想而且一定能够产生思想的时代。我们不能辜负了这个时代。”②

二、坚持以完善和发展中国特色社会主义为目标推动制度创新

在社会深刻变革的时代里，制度创新对经济社会发展的推动作用就会越发凸显出来，当代中国正处于这样一个深刻变革的时代，时代也在迫切地呼唤制度创新。我们需要看到，社会主义“集中力量办大事”的制度优势是历史上的其他任何社会制度都无法比拟的，我们要围绕扩大和巩固这种制度优势来推动制度创新，不能为了创新而创新，更不能“自废武功”搞创新。对当代中国而言，制度创新主要通过全面深化改革来实现，它必须紧紧围绕“完善和发展

①② 习近平：《在哲学社会科学工作座谈会上的讲话》，《人民日报》2016年5月19日，第2版。

中国特色社会主义制度，推进国家治理体系和治理能力现代化”的总目标而展开，一些人有意截取这个总目标的“后半截”，抛掉“前半截”，片面鼓吹推动国家治理体系和治理能力现代化，其实，制度现代化是实现社会主义现代化的重要内容，中国不可能撇开社会主义来谈现代化，历史和实践都已经深刻地表明，社会主义道路才是中华民族的崛起和复兴之路，离开了社会主义谈现代化是不现实的，也是极其容易造成误导的。如果撇开社会主义来谈现代化，一些人就会借题发挥，把西方国家的社会现代化当作模板，照抄照搬西方国家的制度就成为中国实现制度现代化的“捷径”，这种观点在学术上需要批判，在实践上也需要高度警惕。习近平旗帜鲜明地指出：“推进国家治理体系和治理能力现代化，必须完整理解和把握全面深化改革的总目标，这是两句话组成的一个整体，即完善和发展中国特色社会主义制度、推进国家治理体系和治理能力现代化。我们的方向就是中国特色社会主义道路。”①

制度创新既要扩大和巩固根本的制度优势，也要补齐根本制度中存在的短板。制度短板是经济社会快速发展的产物，补齐制度短板既要清理一批过时的旧制度、旧规章，也要根据经济社会发展的新变化、新需要研究并制定一批新制度、新规章，做到“破旧”与“立新”的有机统一。“推进国家治理体系和治理能力现代化，就是要适应时代变化，既改革不适应实践发展要求的体制机制、法律法规，又不断构建新的体制机制、法律法规，使各方面制度更加科学、更加完善，实现党、国家、社会各项事务治理制度化、规范化、程序化。要更加注重治理能力建设，增强按制度办事、依法办事意识，善于运用制度和法律治理国家，把各方面制度优势转化为管理国家的效能，提高党科学执政、民主执政、依法执政水平。”②我们的制度将在“破旧”与“立新”的有机统一中趋向更加成熟更加定型，一成不变地固守某项制度，只会让它走向僵化，失去活力，毫无原则的“破旧”与“立新”也会导致朝令夕改、政出多门、相互推诿、相互扯皮等问题，所以，制度创新的呼唤是迫切的，也是需要慎重对待的。所以，习近平强调：“我们党领导的改革历来是全面改革。问题的实质是

---

① 《习近平谈治国理政》，外文出版社，2014年，第105页。

② 《习近平谈治国理政》，外文出版社，2014年，第92页。

改什么、不改什么、有些不能改的，再过多长时间也是不改，不能把这说成是不改革。我们不断推进改革，是为了推动党和人民事业更好发展，而不是为了迎合某些人的‘掌声’，不能把西方的理论、观点生搬硬套在自己身上。要从我国国情出发、从经济社会发展实际出发，有领导有步骤推进改革，不求轰动效应，不做表面文章，始终坚持改革开放的正确方向。”①坚持正确的改革方向必须有强大的制度自信作为支撑，这种制度自信与改革创新的伟大实践密不可分。“没有坚定的制度自信就不可能有全面深化改革的勇气，同样，离开不断改革，制度自信也不可能彻底、不可能久远。我们全面深化改革，是要使中国特色社会主义制度更好；我们说坚定制度自信，不是要固步自封，而是要不断革除体制机制弊端，让我们的制度成熟而持久。”②社会主义的根本任务依然是解放和发展生产力，制度创新也应该更好地服务于这个根本任务，解放和发展生产力的关键在解放劳动者，促进劳动者全面发展。可以说，社会主义的制度创新也肩负着解放人、发展人的历史使命。比如，通过科技体制改革创新解放广大科研人员，使之从争取经费的奔波中解放出来，全身心投入科研工作，从而提高国家的自主创新能力。

三、坚持以“核心技术是买不来的”为导向推动科技创新

在国家创新驱动战略中，科技创新居于核心位置。科技创新对理论创新、制度创新、文化创新和其他领域的创新来说，具有物质动力的作用。习近平曾说：“科技创新是核心，抓住了科技创新就抓住了牵动我国发展全局的牛鼻子。”③在全球竞争日趋激烈的时代，谁在科技创新上抢占了战略制高点，谁就能获得发展先机，在全球竞争中掌握主动权，反之，那些科技创新能力不强的国家，只能锁定全球产业分工格局的中低端，在全球竞争中处于被动地位。所

① 《习近平关于协调推进“四个全面”战略布局论述摘编》，中央文献出版社，2015年，第69-70页。

② 《习近平谈治国理政》，外文出版社，2014年，第106页。

③ 习近平：《为建设世界科技强国而奋斗——在全国科技创新大会、两院院士大会、中国科协第九次全国代表大会上的讲话》，《人民日报》2016年6月1日，第2版。

以，“科技是国之利器，国家赖之以强，企业赖之以赢，人民生活赖之以好。中国要强，中国人民生活要好，必须有强大科技。新时期、新形势、新任务，要求我们在科技创新方面有新理念、新设计、新战略。”[①]当代中国的科技创新也处在“并联式”的发展进程之中，我们需要通过科技创新释放出巨大的动能，带动其他领域实现“后发先至”的跨越式发展。正如习近平所说：“我们要立足于科技创新，释放创新驱动的原动力，让创新成为发展基点，拓展发展新空间，创造发展新机遇，打造发展新引擎，促进新型工业化、信息化、城镇化、农业现代化同步发展，提升发展整体效能，在新的发展水平上实现协调发展。”[②]科技创新一旦取得突破，会广泛地作用于人们的生产生活，改变人的存在方式，从而引发人们思维方式的变革，引发人们对社会问题的新思考，或者倒逼制度创新。可见，科技创新在众多创新门类中扮演着物质动力的角色，崛起的中国要攀登民族复兴的新高峰，就必须抢占科技创新的战略制高点。

抢占科技创新的战略制高点，必须改变“花钱买技术”的观念。这个观念不改变，就很难在科技创新上下真功夫，就很难真正提高自主创新能力，就容易重走“引进仿制”的老路子，这条路子是走不长远的。在特定的历史时期，尤其是在中国缺乏资金的年代，“引进仿制”的路子对中国发展曾经发挥过重要作用，但随着中国发展的“体量”和“质量”不断提高，给西方国家造成了前所未有的竞争压力，西方发达国家对中国引进技术的限制也越高。习近平指出：“我国发展到现在这个阶段，不仅从别人那里拿到关键核心技术不可能，就是想拿到一般的高技术也是很难的，西方发达国家有一种教会了徒弟、饿死了师傅的心理，所以立足点要放在自主创新上。”[③]西方国家对一般高科技的出口限制都很高，更何况高端科技和核心科技呢？2013年7月17日，习近平在中国科学院考察工作时强调：“高端科技就是现代的国之利器。近代以来，西方国家之所以能称雄世界，一个重要原因就是掌握了高端科技。真正的核心技术是买不来的，正所谓‘国之利器，不可以示人’。只有拥有强大的科技创新

---

①② 习近平：《为建设世界科技强国而奋斗——在全国科技创新大会、两院院士大会、中国科协第九次全国代表大会上的讲话》，《人民日报》2016年6月1日，第2版。

③ 《习近平关于科技创新论述摘编》，中央文献出版社，2016年，第50页。

能力，才能提高我国国际竞争力。”[①]习近平强调“真正的核心技术是买不来的”，这无疑是当代中国科技创新重心转变的一次重要讲话，也为当代中国走自主创新之路指明了方向。因而，我们“要密切跟踪、科学研判世界科技创新发展的趋势，看到差距，找准问题，对看准的方面超前规划布局，将成熟的思路及时转化为政策措施，切实加大投入，抢占先机。要充分发挥集中力量办大事的体制优势，瞄准突破口和主攻方向，着力攻克一批关键核心技术，不断提高自主创新能力，努力占据战略制高点”[②]。当然，我们强调科技自主创新，并不是要走向另一个极端，不是要关起门来搞创新，如果我们关起门来，自我封闭，我们很有可能错过全球化的时代发展潮流，我们必须保持敏锐的全球视野。因为“在全球化、信息化、网络化深入发展的条件下，创新要素更具有开放性、流动性，不能关起门来搞创新。要坚持‘引进来’和‘走出去’相结合，积极融入全球创新网络，全面提高我国科技创新的国际合作水平”[③]。

高度重视科技创新的协同性。习近平强调：“随着科学技术不断发展，多学科专业交叉群集、多领域技术融合集成的特征日益凸显，靠单打独斗很难大有作为，必须紧紧依靠团队力量集智攻关。要加强自主创新团队建设，搞好科研力量和资源整合，健全同高校、科研院所、企业、政府的协同创新机制，最大限度发挥各方面优势，形成推进科技创新整体合力。”[④]如果不重视协同创新，就可能出现扎堆投入的问题，导致资源重复浪费，尤其是在低端科技创新领域，这种重复浪费的问题更为明显，而在高端科技创新领域又往往出现投入不足的问题。政府部门在推动协同创新方面需要发挥主导作用，企业需要发挥主体作用。

科技创新的关键是人才。中国拥有当今世界上规模最大的科技队伍，这是中国改革开放40年来积累的科技创新优势，这是中国实施创新驱动战略的底气所在。正如习近平所说：“推进自主创新，人才是关键，没有强大人才队伍作后

① 《习近平关于科技创新论述摘编》，中央文献出版社，2016年，第40页。

② 《习近平关于科技创新论述摘编》，中央文献出版社，2016年，第83页。

③ 《习近平关于科技创新论述摘编》，中央文献出版社，2016年，第49页。

④ 《习近平关于科技创新论述摘编》，中央文献出版社，2016年，第60页。

盾，自主创新就是无源之水、无本之木。”[①]我们也需要看到，中国规模庞大的科技队伍存在着结构性不足的问题，即世界级科技大师缺乏，领军人才和拔尖人才不足等问题，优化科技人才队伍的任务依然紧迫。“我国要建设世界科技强国，关键是要建设一支规模宏大、结构合理、素质优良的创新人才队伍，激发各类人才创新活力和潜力。要极大调动和充分尊重广大科技人员的创造精神，激励他们争当创新的推动者和实践者，使谋划创新、推动创新、落实创新成为自觉行动。”[②]我们需要继续大力实施科教兴国战略，不断扩大中国科技人才队伍的基数，继续为中国实施创新驱动战略储备充足的科技人才。我们需要优化科技人才成长、选拔、任用渠道，使人才流通机制更加畅通，帮助那些青年科技工作者快速成长。此外，我们还需要积极探索并优化海外高端人才引进机制，让海外高端人才来得了、留得下。

四、坚持以人民为中心推动文化创新

文化是民族存续发展的精神食粮，也是维系民族情感的精神纽带。当今的中华民族既是56个民族物质存在的共同体，也是56个民族精神存在的共同体。中华民族要实现伟大复兴的历史使命，既要提高物质方面的生产能力，也要提高精神方面的创造能力。精神方面的创造力是一种更深层次的能力，它蕴藏着一个民族“从哪里来”“怎么来”的历史记忆，也蕴藏着这个民族“到哪里去”“怎么去”的现实启示。习近平指出：“文化是民族生存和发展的重要力量。人类社会每一次跃进，人类文明每一次升华，无不伴随着文化的历史性进步。中华民族有着5000多年的文明史，近代以前中国一直是世界强国之一。在几千年的历史流变中，中华民族从来不是一帆风顺的，遇到了无数艰难困苦，但我们都挺过来、走过来了，其中一个很重要的原因就是世世代代的中华儿女培育和发展了独具特色、博大精深的中华文化，为中华民族克服困难、生生不

① 《习近平关于科技创新论述摘编》，中央文献出版社，2016年，第107页。

② 习近平：《为建设世界科技强国而奋斗——在全国科技创新大会、两院院士大会、中国科协第九次全国代表大会上的讲话》，《人民日报》2016年6月1日，第2版。

息提供了强大精神支撑。”[①]古人云，欲灭其国，必先去其史。一个民族存续的精神纽带一旦发生断裂，这个民族可能血缘上还能存续一段时间，但它往往是“顶着别人的脑袋”而存在和延续。可见，文化的精神食粮对一个民族存续发展而言，不是可有可无的，而是必需的。“历史和现实都证明，中华民族有着强大的文化创造力。每到重大历史关头，文化都能感国运之变化、立时代之潮头、发时代之先声，为亿万人民、为伟大祖国鼓与呼。中华文化既坚守本根又不断与时俱进，使中华民族保持了坚定的民族自信和强大的修复能力，培育了共同的情感和价值、共同的理想和精神。”[②]当代中国正处于社会深刻变革的时代，新的文化形态也处在培育之中，我们迫切需要在传统与现代、中方与西方的意识形态交融碰撞中创新中华文化，使之为中华民族攀登复兴的高峰提供更高品质、更有营养、更加丰富、更加充足的精神食粮。

中国特色社会主义是人民的事业，当代中国的文化创新是在中国特色社会主义道路上进行的，中国特色社会主义文化肩负着为人民服务的历史使命，文化创新不可背离或偏离这个光荣的历史使命。文化是阶级的文化，具有鲜明的阶级属性，那种所谓超阶级的文化是掩耳盗铃的。我们之所以说社会主义文化是人民的文化，是为人民服务的文化，根本就在于这种文化在创作过程中坚持以人民为中心的创作导向，在传播过程中坚持以人民为中心的传播导向。习近平指出：“人民的需要是文艺存在的根本价值所在。能不能搞出优秀作品，最根本的决定于是否能为人民抒写、为人民抒情、为人民抒怀。一切轰动当时、传之后世的文艺作品，反映的都是时代要求和人民心声。”[③]哲学社会科学作为文化的规范性表达，在文化传承过程中发挥着重要作用，也是文化传承创新的主要媒介之一，在哲学社会科学领域树立以人民为中心的研究导向就显得尤为重要。正如习近平所说：“我国哲学社会科学要有所作为，就必须坚持以人民为中心的研究导向。脱离了人民，哲学社会科学就不会有吸引力、感染力、影响力、生命力。我国广大哲学社会科学工作者要坚持人民是历史创造者的观点，树立为人民做学问的理想，尊重人民主体地位，聚焦人民实践创造，自觉

①②③ 习近平：《坚持以人民为中心的创作导向 创作更多无愧于时代的优秀作品》，《人民日报》2014年10月16日，第1版。

把个人学术追求同国家和民族发展紧紧联系在一起，努力多出经得起实践、人民、历史检验的研究成果。”①此外，还要坚持以人民为中心的导向创新文化宣传工作。文化在本质上属于意识形态范畴。习近平在“8・19”讲话中开宗明义地指出：“经济建设是党的中心工作，意识形态工作是党的一项极端重要的工作。”②习近平的这句话重申了党的中心工作是经济建设，也指明了意识形态工作是党围绕经济建设这个中心工作而展开的一项极端重要的工作，意识形态工作并不是可有可无的，而是极端重要的。要做好这个极端重要的工作，最重要的是要坚持人民性，树立以人民为中心的工作导向，让现实中的感人事迹在宣传报道中闪耀光辉，不断为人民群众的生产生活鼓劲，丰富人们的精神世界，增强人们的精神力量，重塑人们的精神信仰。

文化创新体现在文化作品的创作和传播上，它更深层次的任务是根据时代发展的需要提炼、升华、凝华成新的社会核心价值观。当代中国的文化创新需要融合富强、民主、文明、和谐、自由、平等、公正、法治、爱国、敬业、诚信、友善的社会主义核心价值观，将社会主义核心价值观的精神实质贯穿于文化作品的创作和传播过程，让社会主义核心价值观在老百姓的生产生活中落细落小落实。相对于理论创新、制度创新、科技创新而言，文化创新是一种更深层次的创新，蕴含着社会主义核心价值观的文化创新一旦取得进展，便会将社会主义核心价值观的精神实质贯穿到其他创新之中，让当代中国的创新发展更加深沉，更加厚重，更具人文关怀。

创新是中华民族最深沉的民族禀赋，也是中华民族攀登复兴高峰必须抢占的战略制高点。党的十八届五中全会把“创新”排在“五大发展理念”之首，并把“创新”提升到国家发展全局的核心位置，旨在将中华民族“最深沉的民族禀赋”转化成“最鲜明的民族禀赋”，让创新成为引领当代中国新发展的第一动力。由于复杂的历史原因，中国错失了几次工业革命，尽管新中国成立之后，中国共产党领导中国人民在社会主义道路上经过60多年的奋起直追，中国

① 习近平：《在哲学社会科学工作座谈会上的讲话》，《人民日报》2016年5月19日，第2版。

② 习近平：《胸怀大局　把握大势　着眼大事　努力把宣传思想工作做得更好》，《人民日报》2013年8月21日，第1版。

在经济总量上已经稳居世界第二位，但中国在工业革命方面所欠的历史旧账太多，需要补的课也太多，当代中国在理论创新、制度创新、科技创新、文化创新等方面依然存在诸多难题和瓶颈。破解当代中国创新发展的难题和瓶颈，需要充分发挥社会主义举国创新的制度优势，实施创新驱动战略，大力推动协同创新，重视理论创新、制度创新、科技创新、文化创新以及其他领域创新的整体联动性。特别要抓住科技创新这个核心，抓住人才这个关键，摒弃“花钱买技术”的思维，树立“核心技术是买不来的”的自主创新理念，推动当代中国在核心技术领域占据一席之地，为实现中华民族伟大复兴抢占兵家必争的战略制高点。

新时代中国发展观研究

中国发展行稳致远的基本遵循

XINSHIDAIZHONGGUOFAZHANGUANYANJIU

协调发展是我们党长期坚持的发展理念，也是我们党不断探索人类社会发展规律、社会主义建设规律、共产党执政规律而提炼、升华出的新经验，它的哲学根基是辩证唯物主义和历史唯物主义，它需要调节的对象是当代中国经济社会发展中的若干重大关系。在“五位一体”总体布局和“四个全面”战略布局的基础上，党的十八届五中全会创造性地提出了引领当代中国新发展的“五大发展理念”，将协调发展理念摆在重要位置，并要求把协调发展理念贯穿到经济社会持续健康发展的全过程，足以见得，“协调发展”已经成为全面建成小康社会决战决胜阶段的核心理念之一。协调发展理念是治国理政的中国艺术，它充分显示了社会主义国家的制度优势，与此同时，协调发展理念也具有鲜明的问题导向，直接回应当代中国经济社会发展不平衡的问题，致力于引领当代中国在调整经济社会发展的若干重大关系中实现新发展、新跨越，不断增强中国特色社会主义发展的整体性，促进中国特色社会主义行稳致远。

协调发展彰显治国理政的中国智慧

世界是普遍联系的，世界的普遍联系又是在动态发展中进行的。随着人类社会从地域性的历史向世界性的历史转变，再向全球化时代深化发展，经济社会发展的联动性普遍增强，人们的社会关系也在日益扩大化的社会交往中不断丰富起来，呈现出更加多元化的格局。我们知道，在社会关系或社会结构多元化的今天，要凝聚出推动社会进步的历史合力远比在社会关系或社会结构单一的时代困难得多，我们党在新的历史条件下提出“协调发展”的理念，无疑考验着我们党治国理政的智慧和水平。

一、治国理政的基本经验

“协调发展”是我们党长期坚持的发展理念，也是我们党治国理政的基本经验。新中国是在“一穷二白”的基础上建立起来的，中国的社会主义制度也是在“一穷二白”的基础上集举国之力建立起来的，实现中国历史上最深刻的社会变革，尤其是在生产力非常落后的基础上实现了社会制度的根本变革，这与中国共产党统筹协调的高超艺术是密不可分的。

协调发展的基本要求是“统筹兼顾”。早在抗日战争时期，以毛泽东为核心的党的第一代领导集体就提出了“军民兼顾”“公私兼顾”等原则，在特别困难时期，减轻人民负担，借以休养民力，丰富了党的工作方法。新中国成立后，毛泽东又在社会主义改造和探索过程中提出了丰富的“统筹兼顾”思想，极大地丰富了马克思主义的工作方法。在《为争取国家财政经济状况的基本好转而斗争》一文中，毛泽东强调：“在统筹兼顾的方针下，逐步地消灭经济中的盲目性和无政府状态，合理地调整现有工商业，切实而妥善地改善公私关系和劳资关系，使各种社会经济成分，在具有社会主义性质的国营经济领导之下，分工合作，各得其所，以促进整个社会经济的恢复和发展。有些人认为可以提早消灭资本主义实行社会主义，这种思想是错误的，是不适合我们国家的情况的。”[①]毛泽东《在资本主义工商业社会主义改造问题座谈会上的讲话》把“统筹兼顾”提升到实现国家富强的战略之举的高度，他说：“对共产这个问题要讲开，要说穿，要经常说，朋友们几个人在一起扯一扯，就不怕了。我看，共产这个事情是好事情，没有什么可怕的，你们会知道的，会看到的。全国统筹兼顾，这个力量大得很。资本主义私有制大大地妨碍统筹兼顾，妨碍国家的富强，因为它是无政府性质的，跟计划经济是抵触的。改变资本主义私有制，这个东西要说开。”[②]在毛泽东看来，“统筹兼顾”是顾及多数人的战略之举。他指出：“这里所说的统筹兼顾，是指对于六亿人口的统筹兼顾。我们

① 《毛泽东文集》（第6卷），人民出版社，1999年，第71页。

② 《毛泽东文集》（第6卷），人民出版社，1999年，第498页。

作计划、办事、想问题，都要从我国有六亿人口这一点出发，千万不要忘记这一点……我国人多，是好事，当然也有困难。我们各方面的建设事业都在蓬勃地发展着，成绩很大，但是，在目前社会大变动的过渡时期，困难问题还是很多的。又发展又困难，这就是矛盾。任何矛盾不但应当解决，也是完全可以解决的。我们的方针是统筹兼顾、适当安排。无论粮食问题，灾荒问题，就业问题，教育问题，知识分子问题，各种爱国力量的统一战线问题，少数民族问题，以及其他各项问题，都要从对全体人民的统筹兼顾这个观点出发，就当时当地的实际可能条件，同各方面的人协商，作出各种适当的安排。决不可以嫌人多，嫌人落后，嫌事情麻烦难办，推出门外了事。我这样说，是不是要把一切人一切事都由政府包下来呢？当然不是。许多人，许多事，可以由社会团体想办法，可以由群众直接想办法，他们是能够想出很多好的办法来的。而这也就包括在统筹兼顾、适当安排的方针之内，我们应当指导社会团体和各地群众这样做。"①在国家发展方面，落实"统筹兼顾"的原则，需要做到"综合平衡"，如果不重视"综合平衡"，就会顾此失彼。毛泽东在庐山总结"大跃进"的教训时指出："大跃进的重要教训之一、主要缺点是没有搞平衡。说了两条腿走路、并举，实际上还是没有兼顾。在整个经济中，平衡是个根本问题，有了综合平衡，才能有群众路线。有三种平衡:农业内部农、林、牧、副、渔的平衡；工业内部各个部门、各个环节的平衡；工业和农业的平衡。整个国民经济的比例关系是在这些基础上的综合平衡。"②中国共产党领导中国人民通过"统筹兼顾"的原则在贫穷落后的中国建立起社会主义制度，并在社会主义探索中不断丰富了"统筹兼顾"的工作方法。毋庸置疑，对于社会主义的中国来说，"统筹兼顾"是战略之举，它大大缩短了经济社会"自然发育"的时间，集举国之力让中华民族这个命运共同体率先站立起来，而后提升全体社会成员对这个命运共同体的认同感、归宿感、自豪感。"统筹兼顾"避免了资本主义的无政府主义在中国的泛滥，也使中国避免了因无政府主义而带来的社会分裂。当然，"统筹兼顾"的对象是变化发展的，"统筹兼顾"的方法也

① 《毛泽东文集》（第7卷），人民出版社，1999年，第228页。

② 《毛泽东文集》（第8卷），人民出版社，1999年，第80页。

必然是历史的。“统筹兼顾”在每个时代发挥的历史作用也是有所差别的，我们不能奢望国家层面的“统筹兼顾”能够解决所有问题，“统筹兼顾”并不能代替人们的“自主活动”，“统筹兼顾”也不代表平均主义、同等发展、同时发展。片面迷恋、迷信“统筹兼顾”而违背社会发展规律、忽视人的主观能动性，同样会使社会主义发展道路的优越性大打折扣，我们曾有过这样的教训。

党的十一届三中全会之后，随着改革开放的基本国策逐步实施，中国的社会主义现代化建设进入了新阶段，“统筹兼顾”也面临着新任务和新挑战。统筹兼顾是有重点的，抓错重点就会造成很多“无用功”。邓小平指出：“近三十年来，经过几次波折，始终没有把我们的工作着重点转到社会主义建设这方面来，所以，社会主义优越性发挥得太少，社会生产力的发展不快、不稳、不协调，人民的生活没有得到多大的改善。”①党把工作重心转移到经济建设上来之后，统筹的重心也逐步转移到发展“效率”之上，“兼顾”的侧重点则是发展公平。邓小平“让一部分人先富起来”的决策，本身也是通过“统筹”来实现的，不能说改革开放之后，我们党就不重视统筹的问题，而是统筹的重点发生了转移。以江泽民同志为核心的党的第三代领导集体致力于建立社会主义市场经济体制，在党的十四届三中全会上提出：“建立以按劳分配为主体，效率优先、兼顾公平的收入分配制度，鼓励一部分地区一部分人先富起来，走共同富裕的道路。”“效率优先、兼顾公平”的统筹协调发展，极大地调动了人们的积极性和创造性，这也是统筹释放出来的发展效率。胡锦涛提出了科学发展观，并将统筹兼顾提升到“根本方法”的高度，强调发展的科学性与价值性的统一，强调经济发展与社会进步的协调，强调经济发展与人的全面发展相统一，等等，可见，统筹协调是我们党长期坚持的发展原则，只是在不同历史时期，统筹兼顾或统筹协调的重心有所差别，这是与当代中国发展直接面对的迫切任务紧密相连的。早在2004年，习近平在浙江嘉兴就曾指出：“统筹兼顾是中国共产党的一个科学方法论。它的哲学内涵就是马克思主义辩证法。中国共

① 《邓小平文选》（第2卷），人民出版社，1994年，第249页。

产党特别强调统筹兼顾。”[①]党的十八大以来，以习近平同志为核心的党中央站在新的历史起点上，谋划当代中国的新发展，始终强调统筹协调的重要性，在党的十八届五中全会上将“协调发展”纳入“五大发展理念”之中，并将统筹协调的重心转移到“提高发展质量和效益”之上，足以见得，统筹协调已经成为中国共产党治国理政长期坚持的基本原则和基本经验。问题的关键不在于要不要坚持统筹协调，问题在于怎样根据中国社会发展的实际需要和实际矛盾而开展统筹协调工作，以促进中国特色社会主义行稳致远。

二、矛盾转化的必然要求

我们所说的统筹协调应该遵循事物发展的内在规律，而不应该违背客观规律。协调发展不能单纯从人们的主观意图出发，它必须围绕一个中心，抓住主要矛盾和主要矛盾的主要方面。在各个历史时期，主要矛盾在具体表现形式上是有所差别的，主要矛盾的主要方面与次要方面也处在相互转化的运动过程之中，所以，当代中国强调协调发展，实际上顺应了经济社会发展主要矛盾转化的必然要求，是遵循历史辩证法的重要体现。

统筹协调的对象是经济社会发展中的若干重大关系，这些重大关系是随着生产实践活动的深入开展而演化的。比如，新中国成立之初，中国面临两种发展道路的选择，在确立社会主义的发展方向之后，党和国家就要致力于调整公有制与私有制之间的关系，要致力于调整私有制与公有制在国民经济结构中的比例关系，进而致力于改造私有制的生产关系，将私有制的小生产力改造成社会主义公有制的大生产力。在当时，由于社会关系相对简单，党和国家统筹协调的手段和方式也与之相适应，没有超越它所要调整的对象本身的发育程度。社会主义制度确立起来之后，中国进入了社会主义的建设探索时期，由于生产关系变得更加单一，人们在生产关系上结成的社会关系也变得简单化，党和国

① 这是习近平2004年12月23日在参加嘉兴市委常委会民主生活会时的讲话。参见《习近平的统筹方法》，载《中国社会科学网》，2016年11月23日，http://www.cssn.cn/zzx/zzxll_zzx/201611/t20161123_3286708.shtml

家的统筹协调工作也变得相对简单化。社会关系越是简单，计划在调节生产过程中的作用就越是明显，人们也就越是迷信和偏执于自上而下的计划或指令，而那些与计划或指令相左的观念和实践都会被人们理解为“离经叛道”，那些“离经叛道”的行为或思想，也会遭到群众性的批判。尽管社会主义制度确立之后，社会主要矛盾已经转化成“人民群众日益增长的物质文化需要同落后的社会生产之间的矛盾”，按现在的常理来说，主要任务应该是增加社会生产，发展社会生产力。但当时的社会生产力整体水平确实相对低下，就不得不通过意识形态方面的工作来引导、规范、控制人们在物质文化方面的刚性需求，从而为中华民族实现社会主义现代化积累更多的剩余产品。在短期内，高积累与低消费、高需求与低供给的统筹协调方式的确可以快速增加国家这个命运共同体的“体量”，但从长期来看，这种“体量”的增长是缺乏后劲的，一个重要原因就在于忽视了人们需要的满足对激发人们创造性的巨大作用，忽视了经济社会发展中的“现实的多数人”及其创造性的“自主活动”。

改革开放之后，我们党把工作重心逐步转移到社会主义现代化建设上来，重新认识和审视了物质利益的客观性，重新正视物质利益的正当性与合理性，也重新思考解决社会主要矛盾的思路。在社会主义初级阶段，解决社会主要矛盾不能采取平均主义和同步主义的策略，需要抓重点、有突破，有先有后，先易后难。经过改革开放40年的高速发展，中国社会主要矛盾中的一些浅层次矛盾已经得到解决，一些矛盾（比如供给不足的问题）也因新动力（三驾马车）的登场而逐渐退出历史舞台。比如，当代中国已经基本告别物质普遍短缺的时代，迎来产能过剩（尤其是低端产能过剩）的时代。习近平同志在十九大报告中指出，“我国社会主要矛盾已经转化为人民日益增长的美好生活需要和不平衡不充分的发展之间的矛盾”。

我们国家在新的历史条件下坚持协调发展的理念，时代的发展已经赋予“统筹协调”新的内涵和要求，当代中国的协调发展需要着力化解产能过剩的矛盾，致力于提高发展的质量和效益，统筹协调的重心也需要从“增量扩能”向“做优增量”转变。当然，实现这个重心的转变或转移不可能一蹴而就，它需要一定的时间和空间，但我们实现全面建成小康社会的历史任务已经越发紧迫，党和国家面临的统筹协调任务更加艰巨。

三、协调出活力与合力

协调发展既是中国发展需要依靠的手段，也是中国发展需要追求的目标。从这个意义上说，协调发展是过程与结果的统一，没有发展过程的协调，就没有发展结果的协调，也不能只顾发展过程的折腾，而忽视发展结果的协调性。协调发展始终处在动态平衡的过程之中，各发展要素之间不是彼此孤立的，而是相互联系、相互制约的。

协调发展的对象是发展过程中的各种关系，从根本上说，是人与人的关系。协调发展是人们社会交往普遍建立起来之后的一种发展要求，当人们处在相对隔绝的历史地理空间之中，协调发展对社会进步的价值和意义并不凸显。随着生产力的发展，人们的社会关系也随之发展起来，人们在社会生产实践中的交互活动日益增加，人与人之间的相互影响也日益增强，人们之间的利益关系也由简单向复杂转变，利益矛盾或利益冲突前所未有，协调发展的理念和实践也应运而生。

根据唯物史观，人民群众是历史的创造者，每个人都是自己历史的创造者，每个人创造的历史“之和”构成社会历史的总趋势，但并不是说，所有人创造历史的实践的正向叠加就构成了社会历史，因为并不是每个人的创造性实践活动始终都按照人类社会发展规律进行的，所以，人们创造历史的实践活动是存在张力的，当今社会就是在不断克服张力的过程中形成合力而前进的。1890年9月，恩格斯在致约瑟夫·布洛赫的信中指出：“历史是这样创造的：最终的结果总是从许多单个的意志的相互冲突中产生出来的，而其中每一个意志，又是由许多特殊的生活条件，才成为它所成为的那样。这样就有无数相互交错的力量，有无数个力的平行四边形，由此产生出一个合理，即历史结果，而这个结果又可以看做一个作为整体的、不自觉地和不自主地起着作用的力量的产物。因为任何一个人的愿望都会受到任何另一个人的妨碍，而最后出现的结果就是谁都没有希望过的事物。所以到目前为止的历史总是像一种自然过程一样地进行，而且实质上也是服从于统一运动规律的。但是，各个人的意志——其中每一个都希望得到他的体质和外部的，归根到底是经济的情况（或是他个人的，或是一般社会性的）使他向往的东西——虽然都达不到自己的愿望，而是融合为一个总的平均数，一个总的合力，然而从这一事实中决不应作出结论说，这些意志等于零。相反，每个意志都对合力有所贡献，因而是包含在这个合力里面的。”①恩格斯提出的历史合力论，实际上勾勒出来一幅“历史是怎样创造的”的生动画卷，揭示了人类自然历史进程的规律。对于肩负伟大的复兴使命的中华民族而言，尤其需要凝聚出推动历史发展的强大合力，但这种强大的历史合力并不是天然形成的，它需要通过特定的制度安排和制度设计来引导调节。改革开放前，党和国家通过社会主义改造将松软涣散的民力整合起来，集举国之力建立了社会主义的工业体系，为当代中国实现工业化奠定了基础。十一届三中全会之后，党和国家逐步通过改革开放的“松绑”的方式来激发社会活力，释放人民群众的创造潜能，尊重人民主体地位，发扬人民群众的首创精神，中国社会发展进入了前所未有的活跃期。与此同时，随着改革开放给中国社会带来的变革不断深入，社会群体分层问题也日益成为人们关注的焦点问题之一，不同群体之间因利益矛盾或利益冲突造成的张力不断扩大，“社会活力”消解“社会合力”的问题已经不可视而不见。

当代中国应该站在释放社会发展活力与凝聚社会发展合力相统一的高度来谋划新发展，如果只顾追求发展活力，忽视凝聚发展合力，众多发展活力之间的张力也会反过来消解我们的核心价值观，整个社会就可能陷入“暗流涌动”的境地。如果只片面追求发展合力，忽视发展的活力，忽视差异性，整个社会就可能“一潭死水”。暗流涌动与一潭死水都不是当代中国新发展所要追求的，我们迫切需要通过新的协调发展来释放活力，也迫切需要通过新的协调发展来凝聚合力，促进当代中国发展迈向“活”“合”“和”三者有机统一的新境界。

① 《马克思恩格斯文集》（第10卷），人民出版社，2009年，第592-593页。

四、彰显中国特色社会主义的制度优势

社会主义集中力量办大事的制度优势是通过统筹协调出来的，对于社会主义初级阶段的当代中国而言，在生产力整体发展水平依然不高的历史阶段尤其如此。比如，新中国成立初期，党和国家面临的任务是“一化三改造”，其中，“一化”是中心，“三改造”是抓手，服从“一化”这个中心。社会主义改造充分体现了党和国家统筹协调的能力，中国在短期内基本建立了社会主义工业体系，这是党和国家通过统筹协调、集举国之力对中国社会生产力改造的结果，这些统筹协调的战略举措促使中国在一个不太长的时间内就走上社会主义现代化建设的征途，大大缩短了中国社会生产力自然发育的时间，也为中华民族实现伟大复兴争取了时间。如果不走社会主义发展道路，中国将在社会生产力自然发育的道路上浪费很多时间，中国跟西方发达国家的差距将会越来越大，中国只能跟在发达国家后面爬行发展，我们也不可能像现在这样接近伟大复兴的目标。可以说，中华民族实现伟大复兴的征程是与时间赛跑的征途，是分秒必争的，正所谓一万年太久，只争朝夕。中国统筹协调或统筹兼顾的发展道路，恰恰为中国崛起争取了时间，这也是社会主义集中力量办大事的重要体现。对于肩负着复兴使命的中华民族而言，我们不仅要集中力量办大事，而且要抢时间、拼时间办大事。但在特定的历史时期，由于中国社会主义建设缺乏经验，对社会主义建设的规律认识也不够，往往会把统筹兼顾与编制计划等同起来，党和国家往往通过编制年度计划来实现“综合平衡”的发展。其实，一个国家的健康发展，既要体现在制度的优势上，也要体现在劳动者的创造能力之上，集中力量办大事的制度优势与人的全面发展的创造优势应该统一于中国的社会主义现代化建设之中。

改革开放以来，中国既发挥了集中力量办大事的制度优势，也充分激发了底层群众摸着石头过河的创造潜能，尽管集中力量办大事的制度优势与摸着石头过河的创造潜能之间还存在着一定的张力，但张力往往为合力储备了丰富的动能。因而，我们需要不断拓展、扩宽中国特色社会主义发展道路，不断增强

中国特色社会主义的开放性和包容性。增强开放性和包容性是在坚持和发展中国特色社会主义的总体框架下进行的，开放性和包容性不能削弱中国特色社会主义的制度优势，所以，协调发展依然是必需的。习近平强调："要着力增强发展的整体性协调性。下好'十三五'时期发展的全国一盘棋，协调发展是制胜要诀。协调既是发展手段又是发展目标，同时还是评价发展的标准和尺度，是发展两点论和重点论的统一，是发展平衡和不平衡的统一，是发展短板和潜力的统一。我们要学会运用辩证法，善于'弹钢琴'，处理好局部和全局、当前和长远、重点和非重点的关系，着力推动区域协调发展、城乡协调发展、物质文明和精神文明协调发展，推动经济建设和国防建设融合发展。"①我们也需要看到，协调发展的核心依然是发展，我们不是要停下来搞协调，搞协调是为了实现更好的新发展，我们需要在新的发展实践中不断增强发展的整体性和协调性，促进中国特色社会主义事业行稳致远。

当代中国的发展不平衡问题

协调发展的理念和实践往往是以发展不平衡的实际问题作为现实依据的。协调发展的理念既涵盖了发展的过程，也涵盖了发展的目标，它直接针对当代中国发展失衡或发展不平衡的问题。发展失衡或者发展不平衡的问题是相对的，发展不平衡的问题是处在变化发展之中的。发展不平衡的问题既有历史根源，也有现实因素，我们不能只盯着现实的发展不平衡而忽视历史的发展不平衡，也不能把发展不平衡的历史根源美化成天然的合理性、合法性，更不能采用"存在即合理"的实用主义原则。认识当代中国发展不平衡的问题，需要坚持历史唯物主义和辩证唯物主义的基本观点和方法，准确判断发展不平衡问题表现出的新形态，以便于我们在推动当代中国的新发展过程中制定出更加科学有效的统筹兼顾的政策，促进中国经济社会实现平稳健康的整体性发展。

① 习近平：《聚焦发力贯彻五中全会精神　确保如期全面建成小康社会》，《人民日报》2016年1月19日，第1版。

一、区域发展不平衡

当代中国的区域发展不平衡问题既有深刻的历史根源，也有深刻的现实根源。从历史上看，发展不平衡问题是长期存在的，哪怕是在中国古代的农耕文明时代里，南、北生产力发展不平衡的问题也非常明显。北方生产力发展水平长期领先于南方，南方则被称为“蛮夷之地”，而北方则是“中原地带”，长期以来，都是中华文明的中心。东部与西部的生产力发展差距则是长期存在的，西部因为山高路远、交通闭塞的缘故，新的生产要素需要经过较长时间才能传入西部地区，而这些新的生产要素在西部的广泛传播则要花更多时间。东部地区则可以依靠其得天独厚的自然地理优势，依靠便利的江河航运交通，加速先进生产要素的流通，生产力较为发达，江南地区也素有“鱼米之乡”的美誉。当人类社会进入工业文明时代之后，中国不可避免地卷入了世界历史性的交往之中，但由于旧中国内忧外患的社会现实，中国错失了两次工业革命，落后于世界历史发展潮流，中国在世界生产力结构体系格局中的位置也在新的生产要素推动下，从“中心”走向“边缘”。工业革命的先发国家则占领了世界生产力结构体系格局的“中心”，旧中国等东方国家则在工业革命的冲击下走向了世界生产力结构体系格局的“边缘”。

新中国成立之后，党和国家致力于在“一穷二白”的基础上重建或改造社会生产力，促使中国重返世界生产力结构体系格局的“中心”。由此可见，我们认识当代中国的发展不平衡问题，还要有世界历史的眼光，要把发展不平衡问题置于世界文明形态变革的历史潮流之中。新中国成立之后，中国依然存在发展不平衡的问题，这种发展不平衡是由当时复杂的国际局势决定的。比如，中国东北地区依靠独特的区位优势，获得了“156计划”中相当大比重的项目投资，东南沿海地区地处战事前沿地带则鲜有获得“156计划”项目投资，中西部地区因备战备荒的战略需要也获得了“156计划”中的一定项目投资，从整个国家来看，北方地区（尤其是东北地区）的发展遥遥领先于南方地区，东西部地区的发展差距不断缩小①。

党的十一届三中全会之后，党和国家开始重新研判时代主题，主动实施改革开放的战略决策，迎接世界科技革命的时代浪潮，结束了“关起门来搞建设”的发展模式。改革开放不可能一步到位，它需要遵循由点到线、由线到面的历史辩证法。改革开放的理论和实践要力图打破“平均主义”的发展平衡，重建世界历史体系中的新平衡，让中国的平衡发展与全球化浪潮接轨。可以说，改革开放之后，中国发展的平衡与不平衡实现了新的重组，沿海地区作为改革开放的前沿地带，重新确立了区位优势。伴随着改革开放基本国策的实施，党和国家的政策资源开始更多向沿海地区倾斜，沿海地区也大量吸收外来资本，沿海地区素有商贾传统，民众的企业家精神被改革开放的东风激活出来，纷纷集资办厂，把内地剩余劳动力吸引到沿海地区，加速了沿海地区的现代化进程。相比之下，东北地区、中部地区和西部地区的发展较为缓慢，但总体是在发展的。特别是随着西部大开发战略、中部崛起战略、振兴东北老工业基地战略的实施，中部地区和西部地区的生产力水平得到很大提升，东北地区也在“挤掉水分”的新发展中逐步实现浴火重生。当然，西部落后于中部、中部落后于东部、北方落后于南方的总体格局依然没有改变，区域间的贫富差距依然没有得到根本缩小，西部地区的贫困问题依然没有得到根本消除。

我们需要看到，在特定历史时期，这种区域阶梯式的发展不平衡问题的存在是有进步意义的。正如邓小平曾说：“沿海地区要加快对外开放，使这个拥有两亿人口的广大地带较快地先发展起来，从而带动内地更好地发展，这是一个事关大局的问题。内地要顾全这个大局。反过来，发展到一定的时候，又要求沿海拿出更多力量来帮助内地发展，这也是个大局。那时沿海也要服从这个

① 毛泽东在《论十大关系》一文中指出：“我国的工业过去集中在沿海。所谓沿海，是指辽宁、河北、北京、天津、河南东部、山东、安徽、江苏、上海、浙江、福建、广东、广西。我国全部轻工业和重工业，都有约百分之七十在沿海，只有百分之三十在内地。这是历史上形成的一种不合理的状况。沿海的工业基地必须充分利用，但是，为了平衡工业发展的布局，内地工业必须大力发展。”将重工业适当地布局到内地，是消除沿海和内地发展不平衡的战略举措，正是在国家统筹协调之下，内地在工业发展方面才逐步摆脱和跨越了“历史形成的不合理性”，所以，东西部在中央的统筹协调下，发展差距是在缩小的。

大局。这一切，如果没有中央的权威，就办不到。”[①]当代中国要破解区域发展失衡的问题，依然需要强大的中央权威来制定顶层设计，当代中国的发展已经走到了“沿海服从大局”的历史拐点。这并不是说沿海发达地区要“停下来”服从大局，也不是说内地欠发达地区就可以坐等中央出台顶层设计而忽视对内生发展动力的培育。破解当代中国的区域发展失衡问题既不可让沿海发达地区“停下来”，也不可让内地偏远地区抱有坐等观望的“搭便车”心态。

二、城乡发展不平衡

城乡发展失衡是一个长期困扰着党和国家的难题。随着城市的出现，城乡发展不平衡的问题也就产生了。城市本身也是相对乡村而言的，城市是物质、文化、信息资源的集散地，它的最大特点就是资源集中，乡村则是农业产品、工业原料的生产空间，它的鲜明特点就是资源分散。从功能上看，城市与乡村是有差别的，即使是在农业文明时代，城市也居于“中心”地位，而农村则居于“边缘”地带，城市作为“互通有无”的中心和集散地而存在，乡村作为生活物品和生产原料供给场所而存在。城市与农村在功能上的差别（这种差别是互补的，不是对立的），决定了二者很难实现同等发展。尤其是在中国城市化节奏明显加快的时代里，城乡发展失衡的问题就会越发凸显出来，城市的繁荣与乡村的相对凋敝，尤其是发达地区的城市繁荣与欠发达地区的乡村凋敝，这对矛盾时刻刺痛着人们的某根乡愁神经，这种巨大的落差也在拷问着当代中国公正平等的价值理念。

当代中国的城乡发展失衡是有深刻的历史根源的，尤其是城乡二元结构体制尚未从根本上得到破除，城乡资源自由流动的壁垒依然广泛存在，城乡发展失衡的问题就会越演越烈。城市与农村是相生相伴的，城市的持久繁荣离不开乡村的持续发展，乡村的脱贫致富也离不开城市现代化的功能外溢。城市妄图阻隔农村或乡村妄图拒绝城市，都是违背现代化发展潮流的。城乡发展不平衡

① 《邓小平文选》（第3卷），人民出版社，1993年，第277-278页。

问题是现代化发展进程中的普遍现象，城市作为率先步入现代化的区域，公共服务和基础设施也远远领先于农村，在城乡分配上，城市也占据政策的优势，相比之下，农村的公共服务和基础设施，无论在数量和质量上都跟城市相去甚远，这在欠发达地区的城乡之间表现得尤为明显。我们不应该抽象地看待城乡发展不平衡的问题，东部沿海地区的城乡差别与中部、西部地区的城乡差别在表现形态上是不一样的。我国东部沿海城市的现代化建设已经趋向成熟，城市功能日趋完备、完善，很多城市的发展程度已经接近“中等发达国家”的水平，这些城市对所属乡村的带动作用也非常之大。城市资本、技术、信息、人才参与乡村社会改造的力度也随着城市发展和发育程度的提高而增强，东部沿海地区的城乡差别已经大幅缩小，城乡公共服务均等化基本实现，东部沿海地区的城乡发展不平衡问题已经逐渐淡出公众的视野。中部和西部的城乡差别依然没有得到根本扭转，城乡在医疗、卫生、教育、社会保障等方面的差别依然十分明显，这是由于中西部的城市本身的发育或发展程度都不高，城市的公共服务和基础设施尚且处在不发达阶段，中西部城市的功能外溢作用也很难充分发挥出来。此外，中西部的农村大多地处偏远山区，山高路远，交通不便，城乡资源流通渠道较为单一，这些艰苦的自然条件也给中西部地区的农村社会改造工作提出了巨大的难题和挑战。城乡确实存在功能分工上的差别，但这种差别不应该发展成“城乡二元结构”的差别。当代中国所追求的城乡平衡发展，应该建立在功能分工的差别之上，如果漠视这种功能分工上的事实差别，片面追求城乡公共服务和基础设施均等化，必将会浪费大量的社会资源。破解当代中国城乡发展不平衡的问题，应该坚持发展的观点，在新的发展实践中找到新的平衡，而不应该“停下来”搞平衡，“停下来”不会有新平衡，只会滋生更多城乡发展失衡的弊病。

三、领域发展不平衡

一个国家的发展总是由各个生产门类、各个生产领域的发展有机组合而成的。当代中国处在“并联式”的发展进程之中，加之特殊的国情和紧迫的历史任务，中国社会主义现代化进程的政策选择性相对较强，各领域的发展在相关政策的干预下有先有后，有快有慢。率先获得政策支持的领域发展成效明显，获得政策支持较小的领域发展成效不明显，暂未或尚未获得政策支持的领域则发展相对缓慢。

各领域发展的鲜明政策导向性与党和国家对现代化的重心的认识转变是密切相关的。党在十一届三中全会之后，逐步把党和国家的中心转移到社会主义现代化上来，以"现代化建设为中心"与"以阶级斗争为纲"是相对应的。随着改革开放不断深入，邓小平又从社会主义现代化建设的众多领域中确立了"经济建设"这个中心，抓住了当时社会发展的主要矛盾，其他领域的建设服从于这个中心。1980年1月16日，邓小平在《目前的形势和任务》的讲话中强调："现代化建设的任务是多方面的，各个方面需要综合平衡，不能单打一。但是说到最后，还是要把经济建设当作中心。离开了经济建设这个中心，就有丧失物质基础的危险。其他一切任务都要服从这个中心，围绕这个中心，决不能干扰它，冲击它。"[①]改革开放40年来，中国始终围绕"经济建设"这一中心开展社会主义现代化建设，在经济建设领域取得了举世瞩目的伟大成就，其他领域也随着国家经济条件的改善而得到一定的发展，但与经济发展水平依然不相适应，各领域间发展不平衡的问题依然十分突出。

如果将中国取得的举世瞩目的经济成就比作"长板"，那么，相比之下，其他领域，比如文化、教育、医疗、卫生、社会保障等领域发展滞后等则是制约"长板"发挥最大功能的"短板"。当然，我们不能将当代中国各领域发展不平衡的矛头指向"以经济建设为中心"这一历史命题，如果党和国家不确立"经济建设"这个中心，中国在各领域平均用力，当代中国可能没有明显"短板"（因为各领域都可能处在不发达阶段，普遍都是"短板"，就没有具体"短板"可言），但也很难拥有举世瞩目的"长板"。如果没有"长板"，中国就会在复杂的国际关系中处处受制于人，就会长期处于被动地位。回归当代中国发展的领域性发展失衡的问题，我们应该将矛头指向"经济决定论"，即

① 《邓小平文选》（第2卷），人民出版社，1994年，第250页。

有意曲解和误读“以经济建设为中心”的历史命题。“经济决定论”将唯物主义庸俗化，它的方法论是形而上学的。当“经济决定论”在社会生活中蔓延开来之后，就会简化成如下公式：“生产力=经济=GDP”，这种简化主义的发展思路或套路在特定历史时期往往能够起到立竿见影的效果，但“经济则上马”与“不经济则下马”、“眼前经济而长远不经济则立马上位”与“长远经济而眼前不经济则长期让位”、“经济上位”与“生态让位”、“效率上位”与“公平让位”、“资本上位”与“劳工让位”、“经济上位”与“其他让位”的问题也会如影随形，那些“下马”或“让位”的领域便逐渐演变成了发展的“短板”。

破解当代中国各领域发展不平衡的难题和瓶颈，我们需要充分发挥“长板”的正向外溢功能，用“长板”补“短板”、用“长板”反哺“短板”。当然，我们也不能“停下来”搞“反哺”，也不能“停下来”补“短板”。统筹各领域实现平衡发展是协调发展理念的应有之义，协调发展的核心依然是发展，发展依然是第一要义。我们要实现“以提高发展质量和效益为中心”的新发展，协调发展的理念和实践在社会主义的中国永远不会过时，放弃统筹协调的理念和实践只会让当代中国发展丧失应有的整体性。

四、“两个文明”发展不平衡

社会主义应该是物质富裕与精神富有相统一的社会，应该是物质文明高度发达与精神文明高度发育相统一的社会形态。实现物质文明与精神文明有机统一的协调发展，是中国社会主义现代化建设的内在要求，关于社会主义物质文明建设与精神文明建设相统一的问题，邓小平在上世纪80年代曾经多次强调过。[①]我们需要看到，理论与实践是存在张力的，理论与实践之间也是存在弹性的。改革开放的总设计师邓小平“怎么说”“怎么要求”与地方各部门领导干部们“怎么理解”“怎么做”之间是存在弹性的。比如，邓小平也曾说：“精神文

① 比如，邓小平在1983年4月29日《建设社会主义的物质文明和精神文明》和1983年10月12日《党在组织战线和思想战线上的迫切任务》的讲话中都谈到了物质文明建设与精神文明建设相统一的问题。

明说到底是从物质文明来的”。[①]地方领导干部对改革开放总设计师这句话的理解就很容易简单化，很容易形成机械的“物质决定论”思维，认为只要物质文明建设搞上去了，精神文明建设水平就可以“自然而然”地提高上去。其实，这就忽视了精神文明建设的特殊规律性，物质文明与精神文明不是简单的“决定与被决定”的关系，也不只是单向的决定关系，还存在反向的“反作用”关系。在实践中，如果我们只停留在物质文明对精神文明“自然而然”的决定关系上，就会将精神文明看成物质文明的“衍生品”，忽视精神文明对物质文明的巨大推动作用，进而将精神文明建设当作社会主义现代化建设的负担和累赘，于是减少对精神文明建设方面的投入和投资，精神文明建设就逐渐滞后于经济社会发展的实际需要，物质文明建设与精神文明建设不平衡的问题由此展开。在城市，人们从“单位人”变成“社会人”，原有单位对人们的文化教育功能大大弱化，而城市在精神文化领域的投资并没有相应地增加，人们的精神世界就会出现“真空”，为其他社会思潮占领人们的头脑提供可乘之机。在城市，尽管教育资源相对集中，政府对学校教育的投入也比较高，但学校教育毕竟只是整个精神文明建设中的一部分，在学校教育之外，还有其他精神文化建设的需要，比如，社区文化建设、街道文化建设、民风民俗建设、网络文化建设等，尤其在人们日常生活领域（尤其是成年人的社会交往文化建设）的文化建设，需要根据时代的变革和发展而不断增加投入。

在农村，随着“包产到户”的家庭联产承包责任制在全国普遍推广开来，集体对村民的约束力大大降低，很多村委会的组织性开始趋于涣散，尚不能有效地组织农村民主建设，再加上村委会办公经费有限，更不可能将有限的办公经费投入精神文化建设领域。由于农村地区的精神文明建设的资金投入和组织力度降低，农村地区的陈旧落后思想观念（比如封建迷信、滥办酒席、贪污腐败等）借机死灰复燃，外界的“精神污染”（比如黄色影视、聚众赌博、贩卖毒品、坑蒙拐骗偷等，这些行为是实践行为，也是极端个人主义和利己主义的思想意识在农村的泛滥）也趁机入侵广大农村地区，农村很多地区出现物质文

① 《邓小平文选》（第3卷），人民出版社，1993年，第52页。

明与精神文明双重沦陷的困局。

当代中国的GDP已经稳居世界第二位，物质文明建设取得的成就是举世瞩目的，但很多人甚至一些领导干部精神空虚、精神困惑、信仰缺失、崇洋媚外、道德败坏、自私自利的问题也依然非常严峻地摆在党和国家面前，足以见得，物质文明对精神文明的决定作用并不是“自然而然”，精神文明对物质文明的反作用也不是可有可无的。当代中国需要在充分肯定物质文明建设对精神文明建设的基础性作用之上，重新审视精神文明建设对物质文明建设的反作用，促进社会主义物质文明与精神文明实现协调发展。

五、发展结构不平衡

经济社会发展是有结构的。对于一个国家而言，不仅要追求经济发展的“体量”，而且要追求经济结构发展的“质量”。当代中国在经济“体量”上已经达到“大块头”级别，但由于发展结构不够合理，存在着结构性失衡的问题。中国这个“大块头”也存在一定的“虚胖”成分，从整体上看，中国依然处在胖而不强的发展阶段。当代中国发展的结构性失衡表现在多方面，从产业结构上看，中国的农业、工业、现代服务业在比例上已经趋近于合理（2016年，全年国内生产总值744127亿元，比上年增长6.7%。其中，第一产业增加值63671亿元，增长3.3%；第二产业增加值296236亿元，增长6.1%；第三产业增加值384221亿元，增长7.8%。第一产业增加值占国内生产总值的比重为8.6%，第二产业增加值比重为39.8%，第三产业增加值比重为51.6%，比上年提高1.4个百分点。全年人均国内生产总值53980元，比上年增长6.1%。全年国民总收入742352亿元，比上年增长6.9%）①，但每个产业内部的结构性问题依然比较突出。比如，在第一产业中，现代化农业所占比重依然不高，家庭联产承包责任制主导的个体农业依然占据主导地位，随着农业生产成本不断提高，农民不愿种田种地的现象普遍存在，小农经济的农业经营模式很难适应市场化的激烈竞

① 《中华人民共和国2016年国民经济和社会发展统计公报》，载国家统计局网站，2017年2月28日，http://www.stats.gov.cn/tjsj/zxfb/201702/t20170228_1467424.html。

争，中国的农业生产模式面临着结构性整合的问题。比如，第二产业中，近年来，中国工业产值在国民经济中所占的比重逐年降低，但低端制造业依然占据了很大比重，沿海城市的低端制造业面临着转型升级的问题。再比如第三产业，中国的服务业就像雨后春笋一般蓬勃发展，其产值在国民经济中的比重也在逐年增加，但我国的服务业仍停留在不发达的阶段，低端服务业“产能过剩”与现代化的高端服务业“产能不足”并存，服务业也同样面临产业结构升级的问题。从人口结构上看，中国劳动者的整体素质较以往有了大幅提升，人力资本的结构有所改善，但人口老龄化的问题也接踵而至，人口性别比例失调的问题依然突出。从供给—需求结构上看，中国已经告别“物质短缺”的年代，中国不仅满足了自身的基本需求，“Made in China”也走向了世界各地，随着中国人民的基本需求得到满足，就必然产生更高层次的需求诉求。

党的十九大报告指出：“中国特色社会主义进入新时代，我国社会主要矛盾已经转化为人民日益增大的美好生活需要和不平衡不充分的发展之间的矛盾。”更高层次的需求呼唤更高层次的供给，当代中国也在呼唤一场供给侧结构性改革。从发展的动力结构上看，投资、出口、消费这“三驾马车”为当代中国的经济腾飞立下了“汗马功劳”，在不同的历史时期，“三驾马车”发挥的作用是不同的，尤其是当代中国在全球化竞争中的传统比较优势（大量价格低廉的劳动力）逐渐消退，出口面临的竞争压力前所未有，要保持经济中高速增长，投资和消费这“两驾马车”将发挥更大作用，尤其是内需消费的带动作用必将凸显出来。当然，这种发展动力结构的调整需要时间和空间，需要新的智慧来协调出更大的动力和合力。破解当代中国发展的结构性失衡问题，迫切需要党和国家做出相应的顶层设计，以减小结构调整过程中带来的阵痛，缩短结构调整的阵痛期。

增强中国特色社会主义发展的整体性

中国特色社会主义事业应该是全面发展和全面进步的事业。当然，实现全面发展和全面进步需要时间和空间，也需要大智慧和大谋略。中国社会发展的历史逻辑决定了这种全面发展和全面进步需要抓住重点，选准突破口，逐步实现以点带线、以线带面的阶梯式联动发展。中国的社会主义现代化建设没有采用平均使力的策略，而是集中力量解决事关国家生存发展面临的主要问题，这与中国经济社会发展的实际情况是相适应的。我们所说的“相适应”是基本适应，并不是说当代中国的发展模式已经达到至善至美的境界，不需要进一步完善和发展。如果说中国特色社会主义“集中力量办大事”的制度优势引导我们国家在“一穷二白”的基础上实现后发赶超、后发先至，那么，统筹兼顾、统筹协调的发展策略则使中国在改革、发展、稳定之间找到平衡点。尽管当代中国依然存在发展不平衡的问题，但我们相信，当代中国发展的“体量”必定能为我们破解发展不平衡问题提供更多、更优、更有效的选择方案，在增强经济社会发展的整体性和协同性的同时，促进中国特色社会主义事业行稳致远。

一、推动区域整体协调发展

当代中国的区域发展失衡问题与全球性的发展失衡问题密切相关。改革开放之后，中国的沿海地区乘上经济全球化的东风率先发展起来，中西部地区虽然发展相对缓慢，但总体上是在发展的。如果说东部沿海地区是经济全球化的直接受益区域，那么，中西部地区则是经济全球化的间接受益区域。直接的受益区域与间接的受益区域在受益程度上的差别是非常明显的，直接受益的区域基本实现了现代化，间接受益的区域则处在传统与现代化的过渡转化之中。

在新的历史起点上，破解当代中国区域发展失衡的问题既需要国家通过制度的顶层设计来缩短过渡转化的时间，也需要根据各地区的实际情况因地制宜，寻找差异性发展的比较优势，激发各地区人民群众的创造热情，使之转化成缩小地区发展差距的内生动力。党的十九大强调，要“加大力度支持革命老区、民族地区、边疆地区、贫困地区加快发展，强化举措推进西部大开发形成新格局，深化改革加快东北等老工业基地振兴，发挥优势推动中部地区崛起，创新引领率先实现东部地区优化发展，建立更加有效的区域协调发展新机制”[①]。从制度的顶层设计上看，党和国家需要适时重新考量广大中西部地区在实现中华民族伟大复兴过程中的战略地位，着力打造中西部中心城市和中西部城市群，充分发挥西部中心城市和城市群对整个西部地区的带动作用。国家需要进一步加大对中西部地区的基础设施投资，改造中西部地区的交通运输条件，扩大中西部地区与东部地区的物质信息流通渠道，让东、西部的交流交往更加便捷。有序引导东部地区的相关产业向中西部地区转移，改造中西部地区的社会生产力结构，带动中西部地区的群众就近就业，减小东部沿海城市的人口、资源、能源压力，为东部沿海城市推动产业结构升级腾出更大的空间。完善中西部人才选拔机制，鼓励高层次人才到中西部地区发展，切实提高中西部高层次人才的收入水平，让广大人才来得了、留得下。继续深入实施振兴东北老工业基地战略，同时，我们也应该重新审视东北地区在中华民族长远发展中的战略地位，它现今的战略地位与新中国成立之初的战略地位是不一样的，它将来的战略地位还会发生变化，这种变化是中华民族实现伟大复兴的必要结果，也是顺应历史发展的辩证法的。所以，国家在实施振兴东北老工业基地的战略的同时，也需要为东北地区谋划新的发展出路，不应该仅仅把目光盯在“老工业”之上，“老工业”也需要焕发出新活力、新生命力。当然，无论是西部大开发、中部崛起，还是振兴东北老工业基地，都有赖于沿海地区的进一步发展，只有沿海地区发展得更好，它释放出的发展动能和机遇才会源源不断地转移到中西部地区，这就是差异化的梯队式发展。

此外，从激发中西部地区的人民群众的内生发展动力的角度看，需要避免杂乱无序的“摸着石头过河”，防止一些地方为了短期利益杀鸡取卵、竭泽而渔，要特别重视协调经济效益与生态效益的关系，不能重走东部一些地方“先污染、后治理”的发展老路。在新的历史起点上，我们推动区域整体协调发展，还需要打破地方保护主义利益固化的藩篱，推动社会资源在东、中、西部地区有序流动，让各地区更加公平地共享改革发展成果。

① 习近平：《决胜全面建成小康社会　夺取新时代中国特色社会主义伟大胜利——在中国共产党第十九次全国代表大会上的报告》，《人民日报》2017年10月28日，第3版。

二、推动城乡整体协调发展

城乡协调发展是全面建成小康社会的题中之义。党的十九大强调："农业农村农民问题是关系国计民生的根本性问题，必须始终把解决好'三农'问题作为全党工作重中之重。要坚持农业农村优先发展，按照产业兴旺、生态宜居、乡风文明、治理有效、生活富裕的总要求，建立健全城乡融合发展体制机制和政策体系，加快推进农业农村现代化。"[①]全面建成小康社会的关键词是"全面"，难也难在"全面"，尤其难在城乡协调发展。城市与乡村是功能互补的，城市离开了农村就会失去物质补给来源，农村离开城市也会失去物质交换的场所，农村社会交往也将变得更加封闭狭隘。城市要实现持续健康发展，离不开农村社会的繁荣稳定，相反，农村社会要实现现代化，也离不开城市的资金技术和管理手段。

在新的历史起点上，我们推动城乡整体协调发展依然需要继续有序推进城市化，科学规划城市发展规模，让城市更具包容力和开放性，将更多农村人吸引到城市工作、生活、发展，为实现农村土地资源的整合开发利用腾出更大的空间。积极探索城乡公共服务一体化，在医疗、教育、社会保障等领域逐步取消差别化对待，让广大农民及其子女享受更加公平的医疗服务和社会保障服务，让广大农村孩子接受现代化教育，切实减小城乡教育资源分配不均衡的问题，帮助农村"下一代"培育脱贫致富的内生动力。有组织、有计划地实施易地搬迁安置工作，帮助那些确实不适合人类居住的偏远山区的村民实现易地搬迁安置，使他们加速现代化的进程，也使偏远地区发挥生态养护功能。打破城乡二元结构，消除城乡居民身份标识差别，促进城乡居民平等就业、平等创业、充分就业，帮助农村人在城市实现市民的身份转化。

协调城乡整体发展需要变革农村现有的小农经济的生产经营模式。当前，农村普遍存在农民种粮种地"累死累活不挣钱"的问题，这一问题的根源在于

① 习近平：《决胜全面建成小康社会　夺取新时代中国特色社会主义伟大胜利——在中国共产党第十九次全国代表大会上的报告》，《人民日报》2017年10月28日，第3版。

小农经济的生产模式，个体农民作为小生产者的代表根本不能适应激烈的全球竞争。比如，国外进口玉米到岸价格每吨都比国产玉米便宜100多元，中国农民在小生产方式中生产出的玉米，在进口玉米面前，根本没有价格优势可言。城乡整体协调发展，不能把城市建得像“欧洲”，把农村建得像“非洲”，城市的现代化离不开农村的现代化，尤其离不开农村的现代化农业生产，充分利用城市的资本、技术、信息，把农村的小生产重新有序地整合起来，逐步实现农业新的社会化大生产，发展新型农村合作社，是做大做强中国现代化农业的必然选择。此外，推动城乡协调发展，还要注意城乡文化遗存的保护，要让城市化记得住乡愁，要让农村的现代化记得住乡愁。推动城乡整体协调发展还需要鼓励和支持专业技术人才到农村进行技术指导，农村、农业、农民的现代化不是口号，它必须与现代日新月异的科学技术和管理理念紧密相连。

三、推动“两个文明”协调发展

中国社会主义现代化建设的目标不是单向度的，全面建成小康社会具有多样性的内涵目标，它们都包含了社会主义物质文明和精神文明全面发展、全面进步的内容。改革开放之后较长一段时间内，我们对现代化的理解更多停留在物质层面或经济层面，虽然也强调精神文明建设对物质文明建设具有促进作用，但在实践过程中，人们往往只抓住了“经济建设”这个中心，忽视这个中心之外的其他因素。其实，一个国家的经济发展和社会进步绝不只是体现在物质文明之上，促进经济增长和发展的也不只是物质因素，其他非物质因素也不可忽视。如果将一个国家的经济发展和社会进步比作一个有机体，那么，物质因素是“硬件”，精神因素就是“软件”，只有国家的“硬件”与“软件”在变革的时代下实现有机结合，这个国家的发展才具有较强的整体性。从这个意义上说，经济发展和社会进步是多方合力共同作用的结果，绝不是由物质因素或精神因素单独发挥作用决定的。当代中国已经是国内生产总值稳居世界第二位的国家，但中国文化、中国价值观、中国话语权等在世界上尚未获得相应的地位，足以见得，经济建设与精神发展具有不同步性，这种不同步性对于中国这样的后发国家而言，表现得尤为明显。当然，这并不是说，当代中国在经济建设方面取得巨大成就的同时，精神文明建设处于停滞状态，只是精神文明建设在某些领域存在滞后于或超前于经济社会发展的实际情况。在新的历史起点上，我们继续推动“两个文明”协调发展，就应该更加重视和尊重精神文明建设的内在规律，不能简单套用“物质决定论”或“经济决定论”。习近平在“8·19”讲话中强调：“经济建设是党的中心工作，意识形态工作是党的一项极端重要的工作。党的十一届三中全会以来，我们党始终坚持以经济建设为中心，集中精力把经济建设搞上去、把人民生活搞上去。只要国内外大势没有发生根本变化，坚持以经济建设为中心就不能也不应该改变。这是坚持党的基本路线100年不动摇的根本要求，也是解决当代中国一切问题的根本要求。同时，只有物质文明建设和精神文明建设都搞好，国家物质力量和精神力量都增强，全国各族人民物质生活和精神生活都改善，中国特色社会主义事业才能顺利向前推进。”[①]习近平的讲话包含了丰富的辩证唯物主义和历史唯物主义思维，它既充分肯定了经济基础对上层建筑的决定性作用，也突出了上层建筑（包括观念上层建筑）对经济基础的反作用。

一个社会只有发达的经济基础是看不到“诗和远方”的，一个社会只有丰富的精神食粮也是无法立足“脚下的土地”的。中国的社会主义现代化建设既需要立足丰厚的“脚下的土地”，也需要丰富的精神食粮来引领人们眺望“诗和远方”。党的十八大以来，以习近平同志为核心的党中央高度重视精神文明建设工作（意识形态工作），在社会主义核心价值体系的基础上，从国家、社会、个人三个层面提炼出了社会主义核心价值观，在全社会掀起培育和践行社会主义核心价值观的浪潮，吹响了新时期意识形态工作的时代号角。在此期间，习近平又将实现中华民族伟大复兴的“中国梦”的内涵概括为国家富强、民族振兴、人民幸福，开拓了意识形态工作的新场域，在很大程度上扭转了以往意识形态工作的被动局面。我们需要看到，我们更加重视意识形态工作，更加重视精神文明建设，并不是说，我们要放弃经济建设这个中心任务，我们更

① 习近平：《胸怀大局把握大势着眼大事　努力把宣传思想工作做得更好》，《人民日报》2013年8月21日，第1版。

加重视意识形态工作或精神文明建设的目的在于提高发展的质量和效益，让经济发展和社会进步更多闪现“人民主体”的历史光辉。

四、推动经济建设与国防建设融合发展

尽管当今时代的主题依然是和平与发展，但世界上的不和平因素大有抬头之势。比如，美国在韩国部署“萨德”，力图打破东北亚的战略平衡；比如，由叙利亚战争促成的“伊斯兰国”组织波及整个中东乃至欧洲；再比如美国重返亚太，继续加紧打造对中国的“C”形包围，等等，这些外在不和平的因素迫使中国不得不建设一支能够捍卫国家领土主权和核心利益的现代化国防军队。

改革开放之后，中国的国防军队建设经历了一段“服从大局”的历史，以江泽民同志为核心的党中央结束了“军队经商”的历史，以习近平同志为核心的党中央正在全面终结“军队提供有偿服务”的历史，这些举措是对国防军队建设思路的一次次“拨乱反正”。国防军队建设等不得，不能等到经济发展起来之后再搞国防现代化建设。经济再发达，如果国防军队现代化建设落后了，中国的“腰杆”也很难硬起来，中国在应对外在安全威胁之时，就很难拿出自己的“硬道理”。习近平在纪念红军长征胜利80周年的讲话中强调：“弘扬伟大长征精神，走好今天的长征路，必须建设同我国国际地位相称、同国家安全和发展利益相适应的巩固国防和强大军队，为维护国家安全和世界和平而矢志奋斗。长征胜利启示我们：人民军队是革命的依托、民族的希望，党对军队绝对领导是人民军队赢得胜利的根本保证。长征锻炼了人民军队，长征磨炼了人民军队，长征成就了人民军队，长征开启了人民军队发展的新起点。长征是人民军队的光荣，光荣的人民军队必须永远继承红军长征的伟大精神和优良作风。在新的长征路上，我们要坚持以党在新形势下的强军目标为引领，深入贯彻新形势下军事战略方针，努力建设世界一流军队。”①建设现代化的国防军队是实现中华民族伟大复兴的必然要求，中国越是接近这个伟大的目标，就越是

① 习近平：《在纪念红军长征胜利80周年大会上的讲话》，《人民日报》2016年10月22日，第2版。

需要一支强大的国防军队来捍卫我们来之不易的胜利果实。国防军队建设不能等到我们富裕之后，再“花钱买技术”“花钱买装备”“花钱搞训练”，如果是那样，中国必将丧失现代化战争的主动权，必将长期受制于人。习近平强调：“实践告诉我们，真正的核心关键技术是花钱买不来的，靠进口武器装备是靠不住的，走引进仿制的路子是走不远的。我们要在激烈的国际军事竞争中掌握主动，就必须大力推进科技进步和创新，大幅提高国防科技自主创新能力。”①既然“花钱买技术”和“引进仿制”的路子行不通，就必须重新牢固树立自力更生、艰苦奋斗的作风。在经济发展起来的基础上，我们加强国防军队现代化建设比以往任何时候都更加从容，我们可选择的办法和方案也比以往任何时候都更多、更优，这就是我们的新起点。当然，我们在新的历史条件下强调和重申国防军队现代化的重要性，并不是要以国防现代化取代经济建设这个中心任务，而是要实现经济发展与国防现代化建设协同发展，尤其是要实现军民融合发展。习近平指出，我们“要深入贯彻军民融合发展战略，更好把国防和军队建设融入国家经济社会发展体系，形成全要素、多领域、高效益的军民融合深度发展格局”②。

五、有序落实供给侧结构性改革

一个国家发展的“体量”与“质量”是互为补充的，二者不是“存一去一”的机械对立关系，而是你中有我、我中有你的辩证统一关系。一个国家发展的“体量”和“质量”往往通过其供需结构表现出来。供需结构不是一成不变的，在不同的历史时期，供需矛盾的具体内涵有所差别，归根到底，供需矛盾的表现形态是由生产力发展水平所决定的。在社会生产力发展水平普遍低下的时代，人们的基本生活需求往往很难得到很好的满足，整个社会往往处在只有少数的剩余产品的“物质短缺”的时代，人们对社会产品的供给质量的要求也不高。改革开放以来，中国底层社会的发展活力得到极大释放，来自顶层和底层的“摸着石头过河”促进了中国社会生产力的迅速发展，中国也逐步告别

① 《习近平关于科技创新论述摘编》，中央文献出版社，2016年，第43页。

② 习近平：《在纪念红军长征胜利80周年大会上的讲话》，《人民日报》2016年10月22日，第2版。

“物质短缺”的时代，步入“产能过剩”的时代。随着我们告别“物质短缺”的时代，中国的需求疲软，尤其是中低端需求疲软或饱和的问题也日益凸显出来，单纯依靠政策投资来刺激经济增长的旧思维和旧理念只会积累更多的“产能过剩”的问题。随着中国经济发展的“体量”不断增加，人民群众的生活水平也在不断提高，需求层次也在不断提升，这是不以人的主观意识为转移的客观事实。我们的经济社会发展政策应该立足于这一客观事实，要更加自觉地顺应和引导人民群众不断增长的物质文化新需求。正如习近平指出：“事实证明，我国不是需求不足，或没有需求，而是需求变了，供给的产品却没有变，质量、服务跟不上。有效供给能力不足带来大量‘需求外溢’，消费能力严重外流。解决这些结构性问题，必须推进供给侧改革。”①习近平又强调：“供给侧结构性改革，重点是解放和发展社会生产力，用改革的办法推进结构调整，减少无效和低端供给，扩大有效和中高端供给，增强供给结构对需求变化的适应性和灵活性，提高全要素生产率。这不只是一个税收和税率问题，而是要通过一系列政策举措，特别是推动科技创新、发展实体经济、保障和改善人民生活的政策措施，来解决我国经济供给侧存在的问题。我们讲的供给侧结构性改革，既强调供给又关注需求，既突出发展社会生产力又注重完善生产关系，既发挥市场在资源配置中的决定性作用又更好发挥政府作用，既着眼当前又立足长远。从政治经济学的角度看，供给侧结构性改革的根本，是使我国供给能力更好满足广大人民日益增长、不断升级和个性化的物质文化和生态环境需要，从而实现社会主义生产目的。”②党的十九大强调：“农业农村农民问题是关系国计民生的根本性问题，必须始终把解决好‘三农’问题作为全党工作重中之重。要坚持农业农村优先发展，按照产业兴旺、生态宜居、乡风文明、治理有效、生活富裕的总要求，建立健全城乡融合发展体制机制和政策体系，加快推进农业农村现代化。”③可以说，“供给侧结构性改革”这一命题是对马克思主

①② 习近平：《在省部级主要领导干部学习贯彻党的十八届五中全会精神专题研讨班上的讲话》，《人民日报》2016年5月10日，第2版。

③ 习近平：《决胜全面建成小康社会　夺取新时代中国特色社会主义伟大胜利——在中国共产党第十九次全国代表大会上的报告》，《人民日报》2017年10月28日，第3版。

义政治经济学的继承和发展，它的目标是致力于推动当代中国实现以提高发展质量和效益为中心的新发展、新飞跃、新跨越，从而在根本上改造、优化和升级当代中国社会生产力结构，大大缩短生产力自然发育的进程，为实现中华民族伟大复兴的“中国梦”争取时间和空间。推进供给侧结构性改革，既要关注“怎么生产”的效率问题，又要关注“生产什么”的方位问题，只有在“怎么生产”与“生产什么”两个方面都占据主动权，我们的供给才是有效供给。于当代中国而言，要实现普遍的有效供给，需要一定的时间和空间，需要通过一些宏观调控举措来为新的有效供给的“出场”腾出空间。“推进供给侧结构性改革，要从生产端入手，重点是促进产能过剩有效化解，促进产业优化重组，降低企业成本，发展战略性新兴产业和现代服务业，增加公共产品和服务供给，提高供给结构对需求变化的适应性和灵活性。简言之，就是去产能、去库存、去杠杆、降成本、补短板。”[①]当然，中国在现有的经济“体量”上推进“三去一降一补”，需要注重社会政策兜底的问题，不能为了去产能而去产能，不能因为去产能而导致大批工人下岗失业、无处安身。我们常说，社会主义的优越性体现在“集中力量办大事”之上，但随着综合国力的提升，我们“集中力量”的手段和方式也应该有所发展，社会主义优越性的内涵也应该在实践中不断丰富发展起来。

六、拓展“长板”与补齐“短板”相结合

当代中国既有发展的“长板”，也存在制约发展的“短板”。我们不能只追求发展的“长板”，忽视发展的“短板”，当代中国所追求的发展将越来越注重整体性和协调性，“一俊遮百丑”的发展思路也越来越不适应当代中国的新发展。发展的“长板”与“短板”不是一成不变的，没有永恒的“长板”，也没有永恒的“短板”。有些发展因素过去是“长板”，现在可能是“短板”。比如，过去，充足的廉价劳动力是中国经济发展的比较优势，曾是中国的“长

① 习近平：《在省部级主要领导干部学习贯彻党的十八届五中全会精神专题研讨班上的讲话》，《人民日报》2016年5月10日，第2版。

板”，但随着人口老龄化问题的来临，中国的劳动力与东南亚一些国家相比，已经逐渐丧失比较优势，廉价的劳动力已经不再是中国发展的“长板”，但中国劳动者素质在新的教育培训下普遍有所提高，中国丰富的人才储备已经成为推动当代中国新发展的新优势和“长板”。再比如，改革开放之后很长一段时间内，中国在生产技术方面长期落后于发达国家，技术难题是制约中国发展的“第一短板”，所以才有改革开放总设计师“科学技术是第一生产力”的战略判断。中国通过引进创新的路子，在逐步改造中国社会生产力结构的同时，不断钻研“引进来”的科学技术，使之不断改良创新，不断满足当代中国社会生产的需要。在某些领域，经过我们所引进改造的技术或中国原创性技术已经走在世界前列，“中国制造”正在不断升级为“中国智造”，中国在某些技术领域的“短板”已经被勤劳智慧的中国人改造成“长板”。

在新的历史起点上，我们要增强中国特色社会主义发展的整体性和协调性，应该特别重视拓展“长板”与补齐“短板”相结合的问题。“木桶理论”告诉我们，一个木桶装水的多少不是由最长的那块板决定的，而是由最短的那块板决定的。人们对中国特色社会主义的价值评价往往不是从理性的高度出发的，而是从感性的现实生活境遇开始的，现实境遇与理想目标存在的落差（比如贫富悬殊的现实与共同富裕的目标之间的矛盾，顶端是富可敌国，最底端是“揭不开锅”）直接影响着人们对社会主义制度的评价。当前，我们需要继续拓展效率这块“长板”，也需要不断补齐公平这块“短板”；既需要发挥社会主义制度优势的“长板”，也需要不断补齐社会主义存在的制度漏洞的“短板”；既需要抓好经济建设的“长板”，也需要补好意识形态工作存在的“短板”。发展才是硬道理，只有发展才能让我们的“短板”转化成“长板”，也只有发展才能为我们不断培植出“长板”发育所需的新土壤和新空间。

协调发展理念作为“五大发展理念”的重要内容，彰显了治国理政的中国智慧，它的核心要义是统筹兼顾，它集中体现了社会主义制度“集中力量办大事”的优越性。在不同的历史时期，统筹兼顾的主题和重心是有所差别的，改革开放以后，党和国家逐步将协调发展的重心转移到经济建设或社会主义现代化上来，从推动经济“又快又好”地发展到“又好又快”地发展，再到实现

“以提高发展质量和效益为中心”的新发展，协调发展的主题和重心发生转移是以中国经济社会发展的“体量”和“质量”的双重提升作为历史前提的。尽管当代中国在区域发展、城乡发展、行业领域发展、“两个文明”发展等方面依然存在较为严重的不平衡、不协调问题，但在以习近平同志为核心的党中央提出的一系列新理念、新思想、新战略指引下，认真贯彻落实协调发展理念，我们就一定能在“撸起袖子加油干”的实践中不断增进发展的整体性和协同性，不断厚植发展的整体优势，促进中国特色社会主义行稳致远。

新时代中国发展观研究

建设永续发展的美丽中国

XINSHIDAIZHONGGUOFAZHANGUANYANJIU

绿色是生命的象征，也是大自然的底色。党的十八大将“生态文明建设”纳入中国特色社会主义“五位一体”的总体布局之中，党的十八届五中全会又将“绿色发展”确立为“五大发展理念”的重要内容，表明当代中国共产党人对经济社会发展规律的认识处在不断深化的过程之中。当代中国的绿色发展理念是对“黑色发展理念”和“可持续发展理念”的双重超越，它致力于引领中华民族在民族复兴的道路上实现“永续发展”，它致力于建设社会主义现代化与生态环境保护有机融合的美丽中国，它也致力于为构建一个生态命运共同体的美丽世界提供中国方案。问题是时代的声音，绿色发展理念既是对中国社会主义现代化建设过程中逐步积累起来的生态破坏问题的深层思考，也是对世界工业文明进程中产生的生态破坏问题的积极回应。

绿色发展的中国智慧与担当

绿色发展理念是当代中国原创性的发展理念。绿色发展理念既传承了中国传统文化中“天人合一”“道法自然”的朴素生态观念，也蕴含着中华民族在实现社会主义现代化过程中超越和扬弃工业文明的美好价值追求。当代中国是一个后发国家，从鸦片战争开始，中华民族遭受了100多年的欺凌，祖先积累的财富被西方列强搜刮掠夺得所剩无几。新中国在“一穷二白”的基础上“站起来”，开启了实现中华民族伟大复兴的新的伟大远征。经过60多年的社会主义探索与改革，中国紧紧牵住“工业化”这个牛鼻子，用几十年的时间走过西方发达国家几百年的工业化道路，中国制造（Made in China）乘上经济全球化的东风扬帆起航，走向世界的各个角落。新中国成立后60多年来的“并联式”的高速发展使中国的生态环境遭受不同程度的重创，资源环境约束趋紧的问题日益成为推动当代中国新发展的“心头之患”。在工业化一路高歌猛进的今天，以习近平同志为核心的党中央高瞻远瞩，在党的十八届五中全会上创造性地提出了“绿色发展”的理念，并把“绿色发展”确立为“五大发展理念”的基础性发展理念，充分彰显了当代中国共产党人超越工业文明时代“黑色发展”的深谋远虑和责任担当。

一、绿色发展的核心问题

人与自然的关系是人类生存繁衍必须处理的基本关系。当代中国的绿色发展理念不是致力于正确处理一般时代下人与自然的关系，而是致力于正确处理工业文明时代下人与自然的关系，尤其是要致力于正确处理肩负着复兴使命的中华民族与自然生态环境的关系。

自从人类从自然界分离出来之后，人类与自然的关系就成为每个历史时代不可回避的问题。在人类社会早期，由于生产力水平极为低下，人类只能依靠采集或狩猎为生，人类与自然界融为一体，在这种情况下，人类社会与自然界的界限并不明显，人类跟自然界的关系就像一般牲畜与自然界的关系一样，处在一种全然无措的自然压迫或自然崇拜之中。就像马克思在《德意志意识形态》中所说：“自然界起初是作为一种完全异己的、有无限威力的和不可制服的力量与人们对立的，人们同自然界的关系完全像动物同自然界的关系一样，人们就像牲畜一样慑服于自然界，因而，这是对自然界的一种纯粹动物式的意识（自然宗教）。”[①]随着新的劳动工具的发现和人的意识的发展，人类劳动生产力水平不断提高，人类社会的相对独立性随之增强，人类与自然界的交往活动发生了重大变化，人类逐步摆脱了对自然界的简单依赖关系，人类对自然界的影响和改造与日俱增，人化自然在整个物质世界中所占的比重不断增加，特别是人类进入工业文明时代之后，自然界的发展和演变更加深深地打上了人类实践活动的烙印。进入工业文明时代，机器延伸了人的臂展，机器劳动逐步代替手工劳动，人类剩余财富不断累积起来，于是，人们开始陶醉于对自然界的征服和统治之中。但警醒的恩格斯在《自然辩证法》中强调：“我们不要过分

① 《马克思恩格斯选集》（第1卷），人民出版社，2012年，第161页。

陶醉于我们人类对自然界的胜利。对于每一次这样的胜利，自然界都对我们进行报复。每一次胜利，起初确实取得了我们预期的结果，但是往后和再往后却发生完全不同的、出乎预料的影响，常常把最初的结果又消除了。美索不达米亚、希腊、小亚细亚以及其他各地的居民，为了得到耕地，毁灭了森林，但是他们做梦也想不到，这些地方今天竟因此而成为不毛之地，因为他们使这些地方失去了森林，也就失去了水分的积聚中心和贮藏库……因此我们每走一步都要记住：我们统治自然界，决不像征服者统治异族人那样，决不是像站在自然界之外的人似的，——相反地，我们连同我们的肉、血和头脑都是属于自然界和存在于自然之中的；我们对自然界的全部统治力量，就在于我们比其他一切生物强，能够认识和正确运用自然规律。”[①]恩格斯讲得很清楚，无论人类统治和征服自然的能力有多么强大，人类都不应该把自己当作蛰居于世界之外的存在，人类不应该把自然界当作异族来统治，也不应该无节制地向自然界索取，人类的生存和发展也不可能脱离自然界。

人类与自然界的关系始终处在辩证的发展过程之中，人类通过不断提高的认识能力和实践能力去影响和改造自然界，自然界也对人类不断提高的认识能力和实践能力作出正面的或负面的回应，人类与自然界的关系就是在人与自然界的深入交往中不断丰富发展起来的，人们对自然规律的认识也是在这个过程中不断深入发展起来的。以习近平同志为核心的当代中国共产党人提出的“绿色发展”理念，它的核心问题依然是正确处理人与自然界的关系。当然，这里的“人”不是抽象的概念，而是处在工业文明时代的时空范畴中的“人”，它的主体范畴是肩负着复兴使命的中华民族。显然，当代中国的“绿色发展”理念既不是偏狭的“人类中心主义”的狂热，也不是纯粹的“自然主义”的无为，而是要站在民族复兴的新起点上来重新考察工业文明与生态保护的关系，二者不可偏废。在当代中国，我们正确处理人与自然界的关系，应该站在民族伟大复兴的新的历史起点上，“绿色发展”理念就是中国共产党人在民族复兴的新起点上创造性地提出来的。

① 《马克思恩格斯文集》（第9卷），人民出版社，2009年，第559-560页。

二、生态兴，则文明兴

自然界是人类生存和发展的现实基础，离开了自然界，人类将无处安身。自然界生态环境的优劣，直接影响到人类的日常起居，直接影响到人类的生存和繁衍，直接影响到人类的前途命运。当然，人类生存和繁衍所依赖的自然环境不是一成不变的，自然界本身也处在运动变化之中。自然界的运动变化是遵循一定的规律的，尽管很多自然规律还不为当今的人们所认识和发现，但人类从未停止过对自然规律的探索。我们所处的生态环境既有自身的运动规律，也受到人类实践活动的影响，特别是在人类社会生产力不断提高的情况下，人类实践活动对自然界的影响就变得更加明显，自然界的发展和演变越来越深地打上了人类实践活动的烙印。

从人类文明的几个主要发源地来看，每个主要的文明发源地都有得天独厚的自然地理空间和良好的生态环境，大多处在平原与河谷之间，地势开阔，降水充沛，土地肥沃，物种繁多，物产丰富，等等，这些得天独厚的自然环境为社会生产力十分低下的古人提供着源源不断的物质生活来源，也为人类精神文明的发育和发展提供了空间。以古埃及王国为例，古埃及王国地处尼罗河下游的平原地区，有广袤的森林，有较为充沛的降水，有宽广的农田，还有尼罗河带来的大量泥沙，古埃及人在这样的得天独厚的自然环境下生存繁衍，创造了璀璨的古埃及文明。但由于对自然资源取之无度，大规模乱砍滥伐，森林逐步退化，水土流失严重，洪水如猛兽一般摧毁良田，干旱也如吸血鬼一般抽走大地的水分，原本富饶的尼罗河下游逐渐变成沙漠，古埃及王国最终走向灭亡，它遗留下来的金字塔则成为现今的人们对古埃及文明的历史追忆。古巴比伦王国位于美索不达米亚平原，幼发拉底河与底格里斯河穿过其间，物产极为丰富，精神文明的发育程度很高，诞生了《汉谟拉比法典》，产生了“空中花园”等园林瑰宝，这些成就足以说明古巴比伦王国的繁荣兴盛，但是，古巴比伦王国最终还是沦为历史的尘埃，一去不复返。到如今，原本属于古巴比伦王国疆域的伊拉克等国，历史上富饶的森林资源早已成为一片沙漠，包括伊拉克在内的整个中东地区都处在沙漠覆盖区，自然生态环境相当恶劣，这些国家大多依靠“吃祖宗饭”（地下埋藏的丰富的石油资源）发家。

中华文明作为人类文明史上唯一一个不曾中断的文明形态，它能在历经磨难之后实现浴火重生，与中华民族得天独厚的自然地理条件是分不开的，也与中华民族的先哲们在处理人与自然的关系时的哲学智慧是分不开的。中华文明从未中断，但从古至今，中国的政治经济中心却发生了多次转移。从夏朝到唐朝，以河南、山西、陕西等为代表的中原地区长期处于政治经济中心，这些朝代的都城多数建在河南（开封、洛阳、商丘等）和陕西（今西安，古长安），历代王朝的统治者们大多热衷于大兴土木，对生态环境特别是森林进行肆无忌惮地破坏，自然灾害变得更加频繁，饥荒瘟疫时有发生，都城周边的生态环境变得不容乐观。北方少数民族崛起南下，也迫使中国的政治经济中心从北向南、从西向东转移，南宋将都城迁到临安（今杭州），蒙古铁骑灭南宋之后，元朝将都城建于大都（今北京），明朝也先后将都城建于南京和北京。中国古代政治经济中心的转移，既有政治军事方面的原因，也有自然生态环境方面的原因。从生态环境上看，中原地区地处中国内陆，降水量受季风影响很大，大兴土木所破坏的森林很难在较短时期内实现自然恢复，再加上人口聚集，大规模的毁林开荒，土地沙化、水土流失严重，人们不得不选择南迁，到南方去开疆扩土。在古代社会，一旦出现大规模的人口流失或人口转移，意味着统治者将失去大量的财源，统治将难以持续，王朝就会自然而然地衰落下去。中国的经济中心东移、南移和政治中心东移、北移，是中华民族的先民们不断开疆扩土的结果，也是中国的先哲们对自然界运动变化规律的认识不断深化的结果。

从生态功能的多样性上看，沿海地区的自然地理空间比内地更具有回旋的余地。沿海地区生态环境的自然更替周期比内地生态环境的自然更替周期短，内地在生态环境破坏之后，很难在较短时间恢复过来，再加上降水、气候等因素，流失的水土将一去不复返，越是在内地，生态环境自我修复的“可逆性”越低。生态环境一旦遭到破坏，人类要付出巨大的代价才能修复，甚至是无法修复的，从这个意义上讲，沿海比内地能够容纳更多的人口，中国古代的经济中心从内地向沿海转移是很有必要的，也是符合规律的。

生态兴衰与文明兴衰是正相关的，但这种正相关是从宏观的历史长河中去审视和考察的。如果将眼界仅仅局限于较短时期，可能出现“生态衰”而“文明兴”的悖论，比如，楼兰古国曾繁荣一时，但这种短期繁荣是以永久的生态破坏作为代价的。此外，如果只盯着一隅，也有可能出现“生态兴”而“文明衰”的问题，比如，贵州的一些山区可以称得上“天然氧吧”，但往往也是少数民族聚居区，现代文明发育程度相对较低，贫穷或贫困问题较为突出。这只是由个别现象表现出的悖论，对此，我们需要辩证看待。这些地区如果真的出现“生态衰”的问题，这些地区将会变成一片荒芜，杳无人烟，就更无文明可言。当然，我们不应该简单地把生态兴衰全然归结为“人祸”，生态环境本身也有其内部的运动规律，比如地壳运动、气候变化等因素也会对生态环境造成巨大影响。“天灾”对生态环境造成的破坏同样不可忽视，大规模的“天灾”一旦遇上“人祸”，生态与文明的双重危机必将接踵而至。所以，习近平作出“生态兴则文明兴，生态衰则文明衰”的判断是非常准确的。

三、“天人合一”“道法自然”的价值追求

中华民族与西方世界对待自然界的态度是大有不同的。无论是西方，还是东方，人类在最初阶段都处在自然压迫之中，人类对自然充满了敬畏之情，都产生过自然崇拜。在西方神话中，就有太阳神、火神、海神等自然崇拜的印记，在东方，神话更加扑朔迷离，派系难以理清，比如山神土地、藤妖树怪、牛鬼蛇神，等等，林林总总，不可胜数。东、西方的神话都寄托了先人们对自然界的朴素情感，诸神都是人类社会生产力水平极为低下的时代产物。但东、西方自然崇拜的态度是不一样的，西方更多是以一种被动的姿态跟自然界沟通的，实际上，西方占主导的是一种“天人对立”的自然观。起初，西方人在自然界面前就像奴仆一样，只能盲目地服从自然的奴役，尤其是中世纪的禁欲主义占据统治地位之后，为人与自然界的对立埋下了更多的火种。文艺复兴运动之后，人本主义逐步冲破禁欲主义的藩篱，人的价值和地位得到极大的推崇，西方人对自然界的态度产生了一百八十度的大转弯，从盲从自然向统治自然、

征服自然转变。直至当代，西方人这种征服自然、统治自然的雄心壮志依然未曾熄灭，西方人“天人对立”的自然观依然占据主流。

相比之下，以中华民族为代表的东方社会从原始的自然崇拜开始，就已经逐步确立起“天人合一”的自然观。中华民族的先民们不是全然以被动的姿态跟自然界的“诸神”打交道，而是以一种积极主动的姿态跟自然界的“诸神”进行沟通，比如，通过各种约定俗成的节日来祭祀“诸神”。在今天看来，这种祭祀活动具有“讨价还价”的味道，人们用一定的物品祭祀“诸神”，但往往祈求“诸神”给予几倍、十倍或者百倍的回馈或恩赐，如此一来，自然界的“诸神”实际上就成了可以沟通的“人”，人与神的关系就不是对立的，而是相互依存的。在中国的先民们看来，只要以心事神，用心与“诸神”沟通，就能感化“诸神”，从而获得风调雨顺丰收之年。在中华文明的价值体系中，很难看到“天人对立”的现象，比如，在《周易》《诗经》《老子》《庄子》《孟子》等著作中，“天人合一”“道法自然”“天人相应”的价值追求表现得非常明显。即使是积极“入世”的儒家，也同样遵循这种“道法自然”的规则，孟子对梁惠王有言：“五亩之宅，树之以桑，五十者可以衣帛矣。鸡豚狗彘之畜，无失其时，七十者可以食肉矣。百亩之田，勿夺其时，数口之家可以无饥矣。”（《孟子·梁惠王上》）“无失其时”与“勿夺其时”正是中国历代明君所推崇的施政方针，这里面就融合了“顺其自然”而又“顺民应天”的中国传统智慧。当然，我们需要看到，中国古代“天人合一”“道法自然”“天人相应”的自然观是农耕文明时代的产物，它是建立在经验主义基础上的朴素自然观。

当代的中国已经处在社会主义现代化建设之中，新型工业化、信息化、城镇化、农业现代化“并联”发展，我们的时代呼唤全新的“绿色化”发展理念，这种“绿色化”的发展理念既要超越经验主义的自然观，也要超越科学主义的自然观。所以，在全面建成小康社会的征途中，我们不应该过分拔高中国传统“天人合一”的自然观的实际价值，更不能鼓吹“天人合一”的纯粹自然主义来否定“新四化”，当代中国呼唤科学精神与人文精神相统一的“绿色化”发展理念。

四、中华民族永续发展的长远大计

生态环境之于文明兴衰的意义是毋庸置疑的。人类社会发展至今，大致经历了原始文明、农业文明、工业文明等三种文明形态。在原始文明与农业文明时期，人类总体上是以一种可持续的方式生存繁衍的，人类生存繁衍所开发利用的资源往往停留在地球的表层空间，人类所排放的废弃物与自然界形成了良好的生物循环系统，尽管社会生产力整体水平相对低下，但人们也过着低水平的自给自足的生活。随着人类进入工业文明时代，机器劳动逐步取代手工劳动，机器劳动所需的动能来源于深藏在地下的煤炭、石油等矿物原料，这些深埋于地下的矿物能源在燃烧之后产生了大量的废弃物，这些废弃物迅速在地表聚集，严重破坏了地球表层的生态循环系统，雾霾、酸雨、土壤污染、水污染、白色垃圾等日益成为困扰人们生存繁衍的新难题。我们可以将工业文明时代（尤其是工业文明前期）的发展模式称为“黑色发展”，不可否认，这种“黑色发展”确实具有历史进步性，但它也有不可持续的致命伤，有人将“黑色发展”称为“吃祖宗饭，砸子孙碗”的发展模式，从生态角度看，这种观点是有道理的。

20世纪70年代以来，有西方学者提出“可持续的发展理念”，比如，佛朗索瓦·佩鲁的《新发展观》和阿玛蒂亚·森的《以自由看待发展》都倡导“可持续的发展理念”，在世界范围内产生了较大影响。“可持续的发展理念”是对“黑色发展”的扬弃和反思，但未能全然超越“黑色发展”，它所遵循的实际上是“吃了祖宗饭，不砸子孙碗”的发展思路，但对于子孙“有碗没饭”的问题没有给出解答。此外，这种“可持续的发展理念”还包含了固化现存国际分工格局的意图，发达国家始终占据全球产业分工的上游，发展中国家或者不发达国家永远停留在全球产业分工的末端，这种全球产业分工格局对发达国家而言是可持续的，但对于广大发展中国家而言则是不可持续的。发达国家凭借资金技术优势拿走绝大多数的利润，发展中国家只能拿到微薄的血汗钱却要承受巨大的生态环境污染破坏的代价，由西方发达国家主导的这种“可持续的发展理念”在本质上也是不可持续的。

在经济全球化浪潮中崛起的中国在党的十八大明确将“生态文明”纳入中国特色社会主义事业“五位一体”的总体布局之中，当代中国的“生态文明”作为工业文明发展到一定阶段的文明形态登上了历史的舞台。习近平在主持十八届中央政治局第六次集体学习时强调：“建设生态文明，关系人民福祉，关乎民族未来。党的十八大把生态文明建设纳入中国特色社会主义事业五位一体总体布局，明确提出大力推进生态文明建设，努力建设美丽中国，实现中华民族永续发展。这标志着我们对中国特色社会主义规律认识的进一步深化，表明了我们加强生态文明建设的坚定意志和坚强决心。”①对中国而言，生态文明建设是关系中华民族永续发展的长远大计，它决不仅仅是经济问题，它已经上升到政治问题的高度。习近平指出：“如果仍是粗放发展，即使实现了国内生产总值翻一番的目标，那污染又会是一种什么情况？届时资源环境恐怕完全承载不了。经济上去了，老百姓的幸福感大打折扣，甚至强烈的不满情绪上来了，那是什么形势？所以，我们不能把加强生态文明建设、加强生态环境保护、提倡绿色低碳生活方式等仅仅作为经济问题。这里面有很大的政治。”②可以说，当代中国的“绿色发展”是对工业文明的“黑色发展”和西方发达国家主导的“可持续发展”的双重超越，它为中华民族实现永续发展指明了前进的方向。

五、绿色发展的中国担当

生态文明是工业文明发展的高级形态。没有工业文明，就没有我们今天所说的生态文明。绿色发展理念是中国特色社会主义生态文明建设的“姊妹篇”，是当代中国共产党人独创性、原创性的发展理念，它的“出场”是以中国在经济全球化浪潮中的崛起作为历史前提的。

我们知道，中国在近代史上遭受了巨大的民族耻辱，从根本原因上说，就是生产力结构的问题。当西方国家已经进入工业文明时代，机器劳动逐步取代手工劳动，旧中国的统治者却把工业文明的成果当做“奇巧淫技”，闭关锁

① 《习近平关于协调推进“四个全面”战略布局论述摘编》，中央文献出版社，2015年，第30页。

② 《习近平关于全面深化改革论述摘编》，中央文献出版社，2014年，第103页。

国，拒斥工业文明和工业革命。当经历了工业革命的西方列强入侵身处农业文明时代的中国之时，手持大刀长矛的清朝官兵是不足以与用坚船利炮武装的西方列强抗衡的。战争的胜败有战略战术方面的原因，但从根本上讲，还是科学技术和生产力结构方面的原因起到主要作用。从鸦片战争开始，中华民族遭受了外族100多年的欺凌，其中一个重要原因就是中国没有自己完整的工业体系，也缺乏用工业体系组织起来的人，中国虽然地大物博，但是像一团散沙一样没有力量。新中国成立之后，中国共产党人领导中国人民进行社会主义的“一化三改造”（工业化是核心，“三改造”为工业化服务），集举国之力初步建立了社会主义工业体系，真正拉开了中国工业化的帷幕。改革开放之后，中国充分利用社会主义“集中力量办大事”的制度优势参与到经济全球化的浪潮中来，大量引进外国资本和技术，加速中国工业化的进程。经过改革开放40年的发展，中国的工业制造业产值已经跃升到世界第一位，中国的新型工业化、信息化、城镇化、农业现代化等“新四化”并联发展。从2008年世界金融危机以来，哪怕是在全球经济疲软的背景下，中国对全球经济增长的贡献率都超过30%，足以见得，中国特色社会主义的工业化道路是成功的，中国在世界体系中的历史坐标也因中国对全球经济增长的稳定贡献率而不断前移，一个崛起的中国正在以其稳健的步伐重返世界历史舞台的中央。

人无远虑，必有近忧。对于一个肩负着复兴使命的国家而言，尤其如此。习近平在2015年11月的G20安塔利亚峰会上指出：“在全球经济疲弱的背景下，中国也难免受到影响。面对下行压力，我们可以出台大规模刺激措施，短期内完全能够实现更高速度的增长，我们有这个能力。之所以没有这样做，是因为高消耗、高投入的模式对中国而言难以持续，也会给世界经济带来风险。因此，我们强调坚持进行结构性改革，着力解决经济中的深层次和中长期问题，让中国经济走得更好更稳更远。”[①]以习近平同志为核心的当代中国共产党人在工业化一路高歌猛进的背景下，适时提出了“绿色发展”的理念，为全球环境治理问题提供了中国方案，既振聋发聩，又掷地有声，充分彰显了崛起的中国

① 习近平：《创新增长路径　共享发展成果——在二十国集团领导人第十次峰会第一阶段会议上关于世界经济形势的发言》，《人民日报》2015年11月16日，第2版。

的大国智慧和责任担当。习近平在主持十八届中央政治局第六次集体学习时旗帜鲜明地指出："要正确处理好经济发展同生态环境保护的关系，牢固树立保护生态环境就是保护生产力、改善生态环境就是发展生产力的理念，更加自觉地推动绿色发展、循环发展、低碳发展，决不以牺牲环境为代价去换取一时的经济增长，决不走'先污染后治理'的路子。"[①]

当代中国发展的生态问题

绿色发展理念具有鲜明的目标导向和问题导向。从目标导向上看，它旨在建设永续发展的美丽中国；从问题导向上看，它直接回应当代中国发展过程中产生的生态环境污染破坏等问题。当代中国处在工业化、信息化、城市化、农业现代化的"并联式"发展过程之中，特别是中国的工业化起步晚、速度快，工业化所需的矿物原料急剧增加，工业化过程中产生的废气、废水、废渣等"工业三废"在短期内迅速聚集，我们没有足够的时间和空间来消化这些"工业三废"，再加上中国的"工业三废"处理技术相对落后和制度监管不严、漏洞百出，环境污染与生态破坏的问题也就接踵而至。但我们不能把生态破坏的矛头简单地指向工业化，如果没有社会主义的工业化，中国很难在经济全球化浪潮中实现和平崛起，中国也很难有今天的国际地位，中华民族也不可能像当今这样接近伟大复兴的目标。当代中国发展的生态问题是由多方因素造成的，既有历史根源，也有现实动因；既有客观原因，也有主观原因；既有表层现象，也有深层原因。深刻认识当代中国"并联式"发展过程中产生的生态破坏问题，有助于我们更好地落实绿色发展的理念，推进永续发展的美丽中国建设。

一、环境污染与生态退化问题

中国的"并联式"发展是很不平衡的，而这正是造成当代中国环境污染与

① 《习近平关于协调推进"四个全面"战略布局论述摘编》，中央文献出版社，2015年，第30–31页。

生态退化的重要原因。中华民族肩负着复兴的伟大使命，我们对发展速度的追求真可谓“一万年太久，只争朝夕”。当代中国的工业化、信息化、城市化、农业现代化等齐头并进，它们不是彼此孤立的，而是相互联系的。“并联”之中也有“串联”，工业化是信息化、城市化、农业现代化的“发动机”，没有这个“发动机”，信息化、城市化、农业现代化都无从谈起。这既“并联”又“串联”的“四化”在当代中国的特定时空下发生化学反应，释放出前所未有的能量，中国发展的速度真可谓后发赶超，甚至在某些领域后发先至。我们需要看到，这个化学反应并不是均匀、均质的，而是不均匀、不平衡的。东部沿海地区的“四化”化学反应在政策的“催化剂”辅助下发展相对均匀平衡，化学反应的效果也较好；但中西部地区“四化”的化学反应长期缺乏政策的“催化剂”，化学反应速度较慢，且效果不均衡。东部沿海地区由于“四化”整体化学反应较好，遗留下来的“残渣”相对较少；中西部地区由于“四化”整体化学反应不够均衡，遗留的“残渣”相对较多，有的甚至还没有开始发生化学反应。在东部地区，虽然“四化”化学反应的整体性较高，但从客观上也吸引了大量的人口聚集，远远超出地区环境空间的承载能力，这些地区就只能从中西部地区输入原材料，以维持正常的运转。交通运输高度聚集，人流物流高度集中，人流物流在运输过程中产生的污染物总量不断激增，运输过程产生的污染不可避免，也很难根除。中西部地区劳动力大量向东部地区转移，农村广袤的田地无人耕种，田地荒芜，加上无人管理，水土流失严重。中西部地区不断向东部输出原料，土壤的肥力无法得到有效补偿，不得不大量依靠使用化肥来维持产量，加剧土壤污染的问题，从而导致生态退化。再比如，中西部的生态环境本身就比东部地区的生态环境脆弱，西部地区的自然恢复周期远比东部地区的自然恢复周期长得多，这是客观事实。中西部的“西电东输”确实在一定程度上缓解了东部沿海地区的能源紧张问题，但一些河段建立了密密麻麻的水电站，让河流断流，生物交往的渠道也被阻隔了，甚至由此引发很多次生灾害，例如山体滑坡、泥石流、地陷、地下水污染等。中西部地区对矿产资源无节制地开发，遗留下来的生态破坏问题长期得不到解决，有的江河鱼虾灭绝，有的山头寸草不生，有的良田重金属严重超标，有的饮用水水源枯竭，有的土地荒漠化严重，有的城镇垃圾围城，有的物种濒临灭绝，有的群体患上不治之症，等等。生态环境就是自然生产力，中西部地区的生态环境破坏之后，就更加难以发展起来。在很大程度上，当代中国的环境污染与生态破坏的根源在于“并联式”发展的不平衡问题。如果发展不平衡的问题得不到有效缓解，环境污染与生态退化的问题也就很难取得实质性进展。

二、资源约束趋紧问题

中国处在“并联式”的发展进程之中，对资源能源的消耗剧增，对资源能源的需求远远超过了国内资源能源的供给，资源能源对外依存度大大增加，从客观上也给国内资源环境造成更大的压力。比如，我们进口大量的资源能源，的确缓解了高速发展的原料短缺问题，但这些资源能源在使用过程中产生的“工业三废”也在我们国家的地理空间上聚集，治理“工业三废”的代价理所当然要由我们国家来承担。资源约束趋紧问题并不是空泛的，它是具体的。以北京为例，“2015年全市平均降水量为583mm，比2014年降水量439mm多33%，与多年平均值585mm基本持平。全市地表水资源量为9.32亿m^3，地下水资源量为17.44亿m^3，水资源总量为26.76亿m^3，比多年平均37.39亿m^3少28%。全市入境水量为4.49亿m^3，比多年平均21.08亿m^3少79%；出境水量为14.32亿m^3，比多年平均19.54亿m^3少27%；南水北调中线工程全年入境水量8.81亿m^3。全市18座大、中型水库年末蓄水总量为16.23亿m^3，可利用来水量为4.34亿m^3（含南水北调输水0.53亿m^3）。官厅、密云两大水库年末蓄水量为13.64亿m^3，可利用来水量为4.09亿m^3（含南水北调输水0.53亿m^3）。全市平原区年末地下水平均埋深为25.75m，地下水位比2014年末下降0.09m，地下水储量相应减少0.5亿m^3，比1998年末减少71.1亿m^3，比1980年末减少94.8亿m^3，比1960年减少115.6亿m^3。2015年全市总供水量38.2亿m^3，比2014年的37.5亿m^3增加0.7亿m^3。其中生活用水17.5亿m^3，环境用水10.4亿m^3，工业用水3.8亿m^3，农业用水6.5亿m^3”[①]。从这些数据变化

① 《北京市水资源公报・2015年度》，北京市水务局，2016年11月17日，http://www.bjwater.gov.cn/pub/bjwater/zfgk/tjxx/ndbg/201611/P020161117339356272712.pdf。

可以看出，水资源锐减的严峻态势给北京市的持续发展带来很大的隐患，南水北调中线工程也只能在一定程度上缓解水资源紧张的问题。北京水资源短缺问题只是中国水资源短缺的一个缩影，中国北方的大中城市普遍存在水资源紧缺问题，水资源对城市的持续发展的约束性越发明显。城市水资源紧缺的原因是多方面的，除了城市需求扩大之外，城市水资源污染的问题也很突出，水体污染使得“有水不可用”的问题也很突出。从土地资源上看，随着城市化不断推进，城市空间不断扩张，“向农村要地”的问题日益严重，国家耕地面积不断缩减，迫近18亿亩的耕地红线。国土资源部相关数据显示：“2014年，全国因建设占用、灾毁、生态退耕、农业结构调整等原因减少耕地面积38.80万公顷，通过土地整治、农业结构调整等增加耕地面积28.07万公顷，年内净减少耕地面积10.73万公顷。”“截至2015年末，全国耕地面积为20.25亿亩，2015年全国因建设占用、灾毁、生态退耕、农业结构调整等原因减少耕地面积450万亩，通过土地整治、农业结构调整等增加耕地面积351万亩，年内净减少耕地面积99万亩；全国建设用地总面积为5.78亿亩，新增建设用地760万亩。”[①]如果仅仅坚守18亿亩的耕地红线，对于保证国家粮食安全是远远不够的。中国是一个人口大国，人多力量大，人多也要吃饭。改革开放以来，中国的耕地大多数受到过度开发，土壤肥力下降，耕地质量等级也在不断降低，这是我们不能忽视的现实问题，土壤肥力退化的问题在中西部地区表现得更为明显。饭碗要掌握在自己手里，碗中的粮食也要掌握在自己手里。从矿产资源进口总量上看，2014—2015年，中国进口总量不断增加，“原油、铁矿石、铜矿、铝土矿等矿产品进口量较上年保持增长，特别是铝土矿进口量增长超过50%”[②]。中国的“并联式”发展处于起步加速阶段，速度越快，资源约束趋紧的问题就越突出。我们知道，发展速度是有极限的，速度越快，产生的问题也会越多，没有足够的空间和时间来消化不断累积的问题，矛盾的对抗性就会增加，片面追求高速发展

① 《中国国土资源公报·2015》，第2-3页，中华人民共和国国土资源部，2016年4月，http://data.mlr.gov.cn/。

② 《中国国土资源公报·2015》，第14页，中华人民共和国国土资源部，2016年4月，http://data.mlr.gov.cn/。

是不可持续的，我们的资源环境也是难以承载的。

三、经济上位与生态让位的问题

中国的“并联式”发展是不平衡的，对于经济发展相对落后的中西部地区而言，经济上位与生态让位往往是如影随形的。发展离不开资本的杠杆，在原始资本不足的情况下，中国在和平崛起过程中就只能依靠大量出口初级产品或者矿物原料换取经济发展所必需的启动资金。随着中国东部沿海地区不断发展起来，中国在矿物原料方面的对外贸易就逐步从出口向进口转变，逐步从顺差向逆差转变，并且进口矿物原料的总量在不断增加，（原料）逆差也在不断增加。进口矿物原料的逆差与出口“Made in China”的顺差相比，中国的企业是有钱可赚的，有利可图的，尽管所赚的钱很微薄，但物美价廉、以量取胜的“Made in China”为中国的和平崛起做出了不可磨灭的贡献。天下没有免费的午餐，中国是以发展中国家的身份参与有钱可赚、有利可图的经济全球化进程的，中国在全球产业分工格局中长期处于中低端，产品在中国生产，资源能源在中国消耗，“工业三废”在中国聚集，优质产品却输出国外，在一定程度上，中国在经济全球化进程中扮演了“反应堆”的角色，可以说，中国为全球经济增长付出了巨大的生态代价。中国的很多城市曾经历过“先污染，后治理”的发展路子，这与“唯GDP论英雄”的政绩评价机制是紧密相连的。一些地方政府为了招商引资，为高耗能、高污染的企业大开绿灯，很多高耗能、高污染企业纷纷上马，再加上疏于监管，导致“工业三废”肆意排放，严重威胁到人民群众的生活质量和健康状况。经济上位与生态让位的问题还体现在对自然资源的掠夺性开发方面。以浙江沿海的舟山渔场为例，改革开放以来，舟山渔场的海洋渔业资源总量在急剧增长的市场需求面前不断锐减，很多海洋生物在过度捕捞下濒临灭绝，大黄鱼、银鲳数量锐减。现在，渔民捕获两斤以上的野生大黄鱼就可以占据新闻头条，这在40年前，是再寻常不过、不值一提的事情。直到近年，东海实行禁渔期，东海的渔业资源总量才有所回升。中西部地区更加依赖矿产资源输出谋求经济发展。中西部某些省份盛产煤矿，有的城市周边煤矿产区已经被挖空，次生地质灾害频发，比如山体滑坡、土地塌陷、地下水污染，一些矿区地区在开采完毕后就沦为“无人区”。一些城市因矿而兴，在矿产资源枯竭之后就成为“鬼城”，昔日的繁荣一去不复返，留下满目疮痍与破败，令人反思。当然，随着社会的进步，人们生活水平普遍提高，生态环境意识普遍觉醒，官方“经济上位”与民间“生态不让位”之间也会产生越来越大的张力，减小或克服“生态不经济”与“经济不生态”的张力，在这些张力之间确立平衡点，达成发展共识，需要自上而下与自下而上的共同协商，切不可一意孤行。

四、自然灾害与人为祸根的问题

自然界本身有其内在的运动规律。自然规律本身没有善恶之分，自然灾害往往就是自然界内在运动规律的偶然性表现形式。偶然性的自然灾害一旦遇到人为的祸根，就会形成巨大灾难，造成巨大损失。任何一个国家的发展，都不能违背自然规律，违背自然规律谋发展，即便在最初阶段取得了美妙的成果，终将难以逃脱自然界更加疯狂的报复，这是人们所熟知的常识。随着科技水平的提高，人类对自然界运动规律的认识也取得了很大进步，比如，借助人造卫星等先进的科技设备，现在的天气预报比以往任何时候都更加准确，这为人们更好地开展生产工作提供了更加准确的“情报”，帮助人们有效地安排生产，减少生产活动中不必要的损失。有了更加准确的预报系统并不等于人类就可以为所欲为，并不等于人类就摆脱了自然的约束，并不等于人类就能从容地应对自然灾害。1998年的特大洪水给我们造成的冲击依然没有退去，水库溃坝、降低决堤、房屋被毁、庄稼被淹、牲畜暴毙，很多人甚至在这场抗洪斗争中献出了宝贵的生命。此后，中国更加重视江堤、河堤等基础设施建设。但一些人在江堤、河堤建设过程中偷工减料、贪污腐败，造就很多“豆腐渣工程”，这些“豆腐渣工程”还标榜能够抗击“五十年一遇”“百年一遇”的大洪水，结果在几次普通洪水的冲击下就溃坝决堤，给沿岸人民群众的生命财产安全带来严重威胁。当然，千里之堤，溃于蚁穴，如果监管养护工作做得不到位，玩忽职守，也会引发重大自然灾害。此外，中国传统的一些风俗习惯在特定的自然条件下也容易引发灾害。比如，中国人在清明节有扫墓的传统，扫墓免不了摆放祭品、烧纸钱、放鞭炮等仪式活动，随着人们经济水平不断提高，一些人购买的纸钱和鞭炮五花八门、种类繁多、数量庞大，再加上阳历4月初往往处于干燥少雨的季节，森林火险等级非常高，在烧纸钱或燃放鞭炮的过程中，就极容易引发森林火灾，导致成片的森林化为火海，这在中西部山区是时有发生的事情。就目前来看，人类还无法避免自然灾害，只能尽可能地通过科学预测来减少自然灾害造成的损失。我们的实践活动如果忽视自然界自身的运动规律，天灾与人祸一旦聚首，造成的后果是不堪设想的。

五、生态恶化与贫困交加问题

当代中国的“并联式”发展是不平衡的，生态问题与贫困问题就是不平衡发展进程中交织在一起的矛盾，或是生态良好与生活富裕，或是生态恶化与贫困交加。东部沿海地区整体发展水平较高，鲜有生态良好而贫困交加的地区，也鲜有生活富裕而生态恶化的地区。中西部地区整体发展水平相对滞后，生态保护与脱贫致富尚未有机统一起来，有的地区甚至出现生态恶化与贫困交加的双重难题。一些农民缺乏科学知识，迷信化肥的功效，在耕作过程中大量使用化肥，取代农家肥，这种耕作方式在前两年的确取得了前所未有的收益，这些前所未有的收益又增加了农民对化肥的迷信和迷恋。我们知道，化肥只是一种辅助性的元素或原料，并不能代替土壤的肥力，它只能促进农作物对土壤肥力的吸收，而土壤的肥力是需要农家肥来维持的。当土壤肥力长期得不到农家肥的补充，农作物在化肥的促进作用下大量抽取土壤的肥力，必然导致土壤肥力枯竭，当土壤质量下降到一定限度，就难以供给农作物生长所需的养肥，届时，使用再多的化肥也很难长出好的庄稼。这种问题在中西部山区更为严重，中西部山区的耕地大多有10° 以上的坡度，有的耕地的坡度甚至接近60° ，这种山地类型的耕地只要两三年得不到农家肥的滋养，土壤肥力就会大幅下降，如果大量使用化肥，这种耕地的肥力就像被雨水冲刷过滤了一样，所剩无几。

两三年过后，这样的耕地就很难长出好庄稼，五年之后，这种耕地连野草也长不茂盛了，就会逐渐变成荒地，进而变成荒山。此外，农民为了方便省力，大量使用除草剂、杀虫剂等农药，给土壤造成极大污染，加速了土壤质量等级降低的过程。在农村剩余劳动力大量进城务工之后，这种“图简便”的土地耕作方式就在广大乡村流行开来，这种违背科学的耕作方式也使很多村庄日益破败衰落下去，于外出务工人员而言，特别是对新生代农民工而言，“回不去的农村”背后包含了农村的生存空间已经被严重挤压掉的严峻现实。生态恶化与贫困交加的问题正在那些日益破败的乡村蔓延。在广大农村全面建成小康社会，不仅要补足农村的经济短板，更要下大力气补足农村的生态短板。现在很多外出务工的农村人或多或少都有一种感慨：家乡已经物是人非或者人是物非，每次回老家都有一种莫名的凄凉。这种感慨，既有对村庄日益没落衰败的现实反映，也有城市繁荣与乡村落后的对比反差。“脚下的土地”是农民摆脱贫困的必要条件，“脚下的土地”一旦受到严重污染和破坏，就很难长出或长不出庄稼，进城务工的农民就无以寄托乡愁，在“留不下的城市”，他们就会变成现代化进程中“无根的漂泊”的局外人。

六、生产生活的非绿色化问题

绿色发展的理念不能脱离人们日常的生产生活，日常生产生活过程的非绿色化也是加强生态文明建设不可忽视、不可回避的现实问题。造成人们日常生产生活非绿色化的原因是多方面的，既有历史原因，也有现实诱因。从历史原因上看，中华民族虽然素有“道法自然”的生态传统，但那种朴素的历史传统是在农耕文明的生产方式中形成的，这种朴素的历史传统所追求的“天人合一”只是人与自然在简单层面的和谐。人们的生产生活方式深受自然界影响，自然界提供的广阔空间也给人们“随意性”的生产生活方式提供了可能。然而，当代中国处在“并联式”发展的现代化进程之中，我们的生产方式和生活方式已经发生了深刻变革。社会越进步，就越呼唤规则，随着规则不断完善，人们的生产生活逐渐转向了“程式化”的轨道。比如，我们现在的城市公共生活中，不许乱扔垃圾，不许随地吐痰，不许随地扔烟头，不许大声喧哗，不许在公共场所吸烟，等等，这些现代公共生活规则在传统社会中是很难找到先例的，或者说，我们的祖先在农耕文明的生产方式中培育出的“随性”的生活方式、行为方式和思维方式，对现代化进程中的当代中国人依然具有潜移默化的影响。在城市化进程中，很多农民虽然实现了向“市民”身份的转变，但是，很多人的行为方式或生活习惯与现代城市公共生活规则的基本要求之间还存有一定张力，生产生活的非绿色化就是这些众多张力中一个比较突出的问题。从现实诱因上看，生产生活的非绿色化能够给当事人带来“实惠”。比如，从生活方式的非绿色化角度来看，人们使用一次性塑料袋给自己带来了极大的方便，并且塑料袋非常便宜，商店免费提供，很是简便，省力省心，白色垃圾就在这种便捷化的生活方式中逐渐成为不可忽视的生态问题。人们大量购买和使用私家车，充分享受了现代化带来的便利，但大量消耗石油，也给空气质量造成重大影响。对现代化的片面理解和狂热追求，也会把现代化引向生态文明的对立面。与生活方式非绿色化相比，生产方式非绿色化则具有巨大的利益动因。生产方式的非绿色化可以为当事人带来直接的利益，比如，企业偷排“工业三废”，可以节省大量成本开支，但它所造成的生态危害却要由特定区域的所有人共同“埋单”。由于相关部门监管不到位，对当事人而言，生产方式非绿色化的违法成本是极为低廉的，甚至有可能逃脱法律的制裁。相关部门对企业生产过程的监管不力，也为一些企业非绿色化的生产方式提供了可乘之机，因此，培育绿色化的生产方式不仅需要企业的自觉行动，更需要政府部门有力监管。

以绿色发展为导向　构建社会主义生态文明

当代中国共产党人在激流勇进的现代化“并联式”发展进程之中提出了“生态文明”和“绿色发展理念”两大具有独创性的重大命题，为实现中华民族的永续发展指明了前进的方向。“生态文明”和“绿色发展理念”都是马克思主义生态文明思想与当代中国特殊国情相结合的典范，彰显了当代中国共产党人高瞻远瞩的发展智慧。党的十九大指出：“我们要建设的现代化是人与自然和谐共生的现代化，既要创造更多物质财富和精神财富以满足人民日益增长的美好生活需要，也要提供更多优质生态产品以满足人民日益增长的优美生态环境需要。必须坚持节约优先、保护优先、自然恢复为主的方针，形成节约资源和保护环境的空间格局、产业结构、生产方式、生活方式，还自然以宁静、和谐、美丽。”[①]我们以绿色发展为导向推进社会主义生态文明建设，不可回避当代中国发展面临的生态难题，也不能以生态文明为名否定社会主义现代化建设，更不能采用“去现代化”的极端思维来推进绿色发展。我们应该将绿色发展的思维和理念贯穿到以提高发展质量和效益为中心的新发展之中，无论是新型工业化、信息化，还是城市化、农业现代化，都需要重新确立绿色富国的价值导向和目标导向，切实把社会主义生态文明建设当作“很大的政治”来抓，以高度负责的态度为当代中国新发展争取时间，也为子孙后代的长远发展谋划生态空间，从而实现中华民族的永续发展。

一、筑牢国家生态安全屏障

生态兴，则文明兴。得天独厚的生态屏障为中华民族的生存繁衍提供了稳定的地理空间，它是中华文明延绵五千多年从未中断的地缘优势，今天，中华民族在实现伟大复兴的新征途中，尤其需要从事关中华民族长远发展的战略高度来审视生态屏障的重大现实意义，切实筑牢国家生态安全屏障。筑牢国家生态安全屏障是一个系统工程，我们既要重视筑牢国家自然生态安全屏障，也要重视国家环保制度安全屏障的建设。从筑牢国家自然生态安全屏障上看，我们需要依托现有的天然生态屏障，把现有的天然生态屏障保护好。比如，保护好有“中华水塔”之称的三江源，有序实施牧民搬迁工程，杜绝过度放牧现象，保护生物多样性，为三江源的自然生态修复腾出空间，加速其自然修复的进程，从源头上保护好中华民族源远流长的生命之江、生命之河。比如，保护好沿海湿地，充分发挥沿海湿地的生态涵养功能，严格控制围海造田的总体规

---

① 习近平：《决胜全面建成小康社会　夺取新时代中国特色社会主义伟大胜利——在中国共产党第十九次全国代表大会上的报告》，《人民日报》2017年10月28日，第4版。

模，合理规划沿海养殖空间布局，使海洋与陆地保持一定距离的缓冲带，减小台风、海啸、赤潮等自然灾害对沿海地区的影响和冲击，增强沿海地区生态系统的稳定性，为沿海密集的人口营造更加宜人宜居的生存空间。习近平指出：“要保护海洋生态环境，着力推动海洋开发方式向循环利用型转变。要下决心采取措施，全力遏制海洋生态环境不断恶化趋势，让我国海洋生态环境有一个明显改观，让人民群众吃上绿色、安全、放心的海产品，享受到碧海蓝天、洁净沙滩。”[①]全国生态一盘棋，我们要保护好内陆山川河流湖泊，确立山水林田湖生命共同体意识，不可一叶障目，不见森林。正如习近平所言：“我们要认识到，山水林田湖是一个生命共同体，人的命脉在田，田的命脉在水，水的命脉在山，山的命脉在土，土的命脉在树。用途管制和生态修复必须遵循自然规律，如果种树的只管种树、治水的只管治水、护田的单纯护田，很容易顾此失彼，最终造成生态的系统性破坏。由一个部门负责领土范围内所有国土空间用途管制职责，对山水林田湖进行统一保护、统一修复是十分必要的。”[②]从国家生态保护的制度安全屏障上看，我们需要对境外输入的物种进行严格管控，海关部门在这方面需要发挥更加积极的作用，严厉打击物种跨国走私犯罪，切不可麻痹大意，让具有潜在威胁的境外物种流入中国，危害中国的生态安全，破坏中国的生态平衡。我们应该采取一切可能的措施来减小境外物种对中国生态环境的威胁，实施更加严格的安检制度，防止一些境外物种借助一些特定物品的掩饰进入中国。比如，中国的很多港口都曾截获美洲红火蚁，它们借助进口草皮和进口木材的掩护入侵中国，这些红火蚁在中国没有天敌，如果发现不及时，将对中国的生态环境造成极大破坏，严重威胁到中国的生态系统安全。所以，筑牢国家生态安全屏障不仅要重视现有的自然生态安全屏障建设，而且要有效防止境外物种入侵中国的生态系统，切实减小境外物种对国家生态环境的

① 习近平：《进一步关心海洋认识海洋经略海洋　推动海洋强国建设不断取得新成就》（十八届中央政治局第八次集体学习时的讲话），2013年7月30日，http://cpc.people.com.cn/n/2013/0731/c64094-22399483.html。

② 习近平：《关于〈中共中央关于全面深化改革若干重大问题的决定〉的说明》，《人民日报》2013年11月16日，第1版。

威胁，从而为当代中国的新发展创造更加良好的自然地理空间。

二、继续加大环境治理力度

在经济全球化时代，生态环境破坏是资本过分逐利的必然后果，在经济全球化浪潮中崛起的中国难以独善其身，在和平崛起过程中也承受了巨大的生态代价。近年来，中国逐步加大环境治理力度，环境污染与生态破坏的问题得到一定程度的控制，为我们打赢生态环境保护的持久攻坚战创造了有利的条件。在新的历史条件下，中国已经把生态环境保护当作“很大的政治”来抓，这充分表明生态环境保护的任务十分紧迫，也对中国的生态环境治理提出了新的要求。首先，要完善经济社会发展评价体系，适度增加生态环境在评价体系中的权重。习近平强调：“保护生态环境必须依靠制度、依靠法治。只有实行最严格的制度、最严密的法治，才能为生态文明建设提供可靠保障。在这方面，最重要的是要完善经济社会发展考核评价体系，把资源消耗、环境损害、生态效益等体现生态文明建设状况的指标纳入经济社会发展评价体系，建立体现生态文明要求的目标体系、考核办法、奖惩机制，使之成为推进生态文明建设的重要导向和约束。我看，我们一定要彻底转变观念，就是再也不能以国内生产总值增长率来论英雄了，一定要把生态环境放在经济社会发展评价体系的突出位置。如果生态环境指标很差，一个地方一个部门的表面成绩再好看也不行，不说一票否决，但这一票一定要占很大的权重。”[①]其次，建立和完善生态环境治理的责任追究倒查机制，减少“经济上位”与“生态让位”等问题。“要建立责任追究制度，我这里说的主要是对领导干部的责任追究制度。对那些不顾生态环境盲目决策、造成严重后果的人，必须追究其责任，而且应该终身追究。真抓就要这样抓，否则就会流于形式。不能把一个地方环境搞得一塌糊涂，然后拍拍屁股走人，官还照当，不负任何责任。组织部门、综合经济部门、统计部门、监察部门等都要把这个事情落实好。”[②]其三，要落实“常态化”的生

① 《习近平关于全面深化改革论述摘编》，中央文献出版社，2014年，第104–105页。

② 《习近平关于全面深化改革论述摘编》，中央文献出版社，2014年，第105页。

态环境监管机制。“要坚持标本兼治和专项整治并重、常态治理和应急减排协调、本地治污和区域协作相互促进原则，多策并举，多地联动，全社会共同行动，聚焦燃煤、机动车、工业、扬尘四大重点领域，集中实施压减燃煤、控车减油、治污减排、清洁降尘措施。要建立大气环境承载能力监测预警机制，确定大气环境承载能力红线，当接近这一红线时便及时提出警告警示。要严格指标考核，加强环境执法监管，认真进行责任追究。”[①]其四，要完善生态补偿制度，谁污染，谁埋单。“从制度上来说，我们要建立健全资源生态环境管理制度，加快建立国土空间开发保护制度，强化水、大气、土壤等污染防治制度，建立反映市场供求和资源稀缺程度、体现生态价值、代际补偿的资源有偿使用制度和生态补偿制度，健全生态环境保护责任追究制度和环境损害赔偿制度，强化制度约束作用。”[②]当然，我们也需要看到，生态补偿制度只是一种迫不得已的补救措施，不是长远之计，我们不能过分迷恋生态补偿制度，不能把生态环境当做一般商品来出售，这种迫不得已的“出售”应该立足于增强企业的环保意识，增加企业破坏生态环境的成本代价。但我们决不能把生态补偿制度曲解成“谁给钱，谁就可以破坏生态环境”，否则，生态补偿制度就会沦为资本掠夺生态环境的护身符。其五，要高度重视海洋生态环境的治理工作。习近平强调：“要把海洋生态文明建设纳入海洋开发总布局之中，坚持开发和保护并重、污染防治和生态修复并举，科学合理开发利用海洋资源，维护海洋自然再生产能力。要建立入海污染总量控制制度，从源头上有效控制陆源污染物入海排放。要完善海洋工程环境影响评价制度，坚决把好环评关口，杜绝严重损害海洋环境的项目上马。要尽快制定海岸线保护利用规划，从严控制围填海项目，保护滨海湿地，严肃查处边申请、边审批、边施工的‘三边工程’以及化整为零、越权审批的做法。要加快建立海洋生态补偿和生态损害赔偿制度，开展海洋修复工程，推进海洋自然保护区建设，完善海洋环境突发事件应急反应机制。”[③]

① 《习近平关于全面深化改革论述摘编》，中央文献出版社，2014年，第111页。

② 《习近平关于全面深化改革论述摘编》，中央文献出版社，2014年，第105页。

③ 《习近平关于全面深化改革论述摘编》，中央文献出版社，2014年，第106页。

三、优化生产、生活、生态空间布局

生态文明建设是社会系统与自然系统有机融合的系统工程。生态文明不是一种独立的文明形态，我们需要把生态文明建设放入中国特色社会主义“五位一体”的总体布局之中来考察，不可只看生态效益不顾其他，也不可只看其他不顾生态效益。在中国工业化、信息化、城市化、农业现代化“并联式”发展的进程中，我们应该在遵循自然规律和社会发展规律的基础上来谋划生态文明建设的“大棋局”，切实将绿色发展的理念融入生产、生活、生态空间布局之中，从而优化区域的生产、生活、生态空间布局。无论是农村，还是城市，都需要优化生产、生活、生态的空间布局，改变一些地区散、乱、差、脏的空间局面。在农村，需要继续实施社会主义新农村建设，划定集中居住区，合理规划集中居住区的房屋布局，实施道路硬化工程，开展村容整洁工作，设置防火隔离带，保护饮用水水源，等等。划定自然保护区，对特别艰苦的区域实施移民搬迁工程，为广大农村山区自然生态的修复腾出空间。城市化是中国经济社会发展的必然趋势，合理规划城市的生产、生活、生态空间就显得尤为重要，一些生产、生活、生态空间布局合理的城市往往更具有可持续发展的竞争力，这已经成为普遍共识。习近平指出：“城市规划建设的每个细节都要考虑对自然的影响，更不要打破自然系统。为什么这么多城市缺水？一个重要原因是水泥地太多，把能够涵养水源的林地、草地、湖泊、湿地给占用了，切断了自然的水循环，雨水来了，只能当作污水排走，地下水越抽越少。解决城市缺水问题，必须顺应自然。比如，在提升城市排水系统时要优先考虑把有限的雨水留下来，优先考虑更多利用自然力量排水，建设自然积存、自然渗透、自然净化的‘海绵城市’。许多城市提出生态城市口号，但思路却是大树进城、开山造地、人造景观、填湖填海等。这不是建设生态文明，而是破坏自然生态。”①一些城市片面追求高楼大厦，片面追求现代化，不断挤压自然空间，出现了严重

① 《习近平关于全面深化改革论述摘编》，中央文献出版社，2014年，第110页。

的“城市病”，一些人开始对现代化的城市生活感到忧虑、压抑和失望，很多人都利用周末闲暇逃离城市，到城外亲近自然。其实，城市化不是简单地建造高楼大厦，不能简单地用“现代”取代“传统”，也不应该简单地用“新”取代“旧”，更不是简单地用钢筋水泥取代山水林田湖。城市空间是有限的，要把有限的城市空间利用好，合理规划城市生产、生活、生态的空间布局就显得尤为重要，习近平强调：“我们要认识到，在有限的空间内，建设空间大了，绿色空间就少了，自然系统自我循环和净化能力就会下降，区域生态环境和城市人居环境就会变差。要学习借鉴成熟经验，根据区域自然条件，科学设置开发强度，尽快把每个城市特别是特大城市开发边界划定，把城市放在大自然中，把绿水青山保留给城市居民。”①

四、培育绿色的生产生活方式

构建社会主义生态文明需要绿色发展的理念，更需要将绿色发展的理念转化成绿色发展的实践，实现绿色发展的“知行合一”。绿色发展是全社会共同的福祉，也是全社会共同的责任，需要全社会共同努力。当代中国处在“并联式”发展进程之中，思想观念与社会变革的不同步性或不协调性表现得尤为明显。人们的社会行为也处在从传统向现代的转型之中，很多现代化的行为风尚需要国家这个共同体来引导和培育，而不能交给时间去自然发育。中国古代虽然素有“绿色发展”的文化基因，但当代中国的绿色发展理念是从中国特色社会主义的实践土壤中提炼出来的，它是对中国传统的、朴素的“道法自然”“天人合一”的超越，它直面中国社会主义现代化建设中的资源环境约束趋紧的问题。当代中国是在新型工业化、信息化、城市化、农业现代化“并联式”发展的时代背景下构建社会主义生态文明，它与传统农耕时代的生态文明有着本质的区别。“推进生态文明建设，必须全面贯彻落实党的十八大精神，以邓小平理论、‘三个代表’重要思想、科学发展观为指导，树立尊重自然、顺应自

① 《习近平关于全面深化改革论述摘编》，中央文献出版社，2014年，第109-110页。

然、保护自然的生态文明理念，坚持节约资源和保护环境的基本国策。坚持节约优先、保护优先、自然恢复为主的方针，把生态文明建设融入经济建设、政治建设、文化建设、社会建设各方面和全过程。着力树立生态观念、完善生态制度、维护生态安全、优化生态环境，形成节约资源和保护环境的空间格局、产业结构、生产方式、生活方式。”①我们需要在“四化”并联发展的时代背景下培育绿色的生产生活方式，让绿色发展理念在人民群众的生产生活中落细落小落实，无论是党和政府，还是企业和个人，都不应该缺席。在中国，党和政府在培育绿色生产生活方式的过程中发挥着引领的作用。党和政府可以通过政策倾斜引导企业的绿色投资，通过廉洁自律引导移风易俗，通过厉行节俭引导低碳消费，通过严格执法引领企业绿色生产，通过出台相关环保规章制度引领人们的绿色生活行为。比如，出台《生活垃圾分类制度实施方案》，要求计划单列市和试点城市强制实施生活垃圾分类，增强人们的垃圾分类意识，提高生活垃圾回收利用率，从而实现废旧资源的循环利用，变废为宝。企业在践行绿色发展理念的过程中发挥主体作用。企业是污染物的排放主体，也应该承担起节能减排的主体责任。企业追求利润是天经地义的事情，但追求利润并不能抛弃社会责任，不能只顾“蒙着头赚钱”，不顾生态环境的承受能力。企业应该摆脱得过且过的发展路径依赖，在生态环境可承受的范围内，企业确实能赚到钱，一旦超出生态环境的承受能力，企业也难独善其身。企业在粗放型的起步阶段确实需要拼资源环境，但依靠拼资源环境求发展的道路是走不远的，也是不可持续的。企业应该适时通过科技创新来提高资源能源的利用率，逐步减小污染物排放总量，发展绿色循环经济，采用节能环保材料，实现经济效益与社会效益的有机统一。公民个人在培育和践行绿色发展理念的过程中发挥着基础作用。无论是绿色的生产方式，还是绿色的生活方式，归根到底，它的实际承担者都是“现实的多数人”。这种基础作用并不是可有可无的，随着中国“并联式”发展不断深入，人民群众培育和践行绿色发展理念的重要意义也将进一步凸显出来。

① 《习近平关于协调推进“四个全面”战略布局论述摘编》，中央文献出版社，2015年，第30-31页。

五、坚持绿色发展与消除贫困相结合

社会主义生态文明与社会主义现代化相互促进、相得益彰。绿色发展是中国在社会主义现代化进程中提炼出来的重要理念，社会主义生态文明是社会主义现代化发展到一定阶段的产物，如果没有现代化，社会主义的中国也难以在经济全球化浪潮中站稳脚跟，实现和平崛起，社会主义生态文明也无从谈起。当代中国的“并联式”发展是不平衡的，落后的地区“后发赶超”的愿望更为迫切，生态环境保护与经济发展的矛盾和张力表现得更加明显，生态环境遭受的潜在威胁也更大。在市场经济条件下，贫困地区更容易局限于眼前利益，为了迅速摆脱眼前的贫困，往往过度开发自然生态资源，以换取一时的经济增长。一些地区依靠过度开发自然资源带来的经济繁荣往往是昙花一现、不可持续的，自然资源一旦枯竭，这些地区往往会重返贫困的旋涡之中。习近平强调：“良好生态环境是最公平的公共产品，是最普惠的民生福祉；要正确处理经济发展同生态环境保护的关系，牢固树立保护生态环境就是保护生产力、改善生态环境就是发展生产力的理念，更加自觉地推进绿色发展、循环发展、低碳发展，决不以牺牲环境为代价去换取一时的经济增长。”[①]习近平关于“保护生态环境就是保护生产力，改善生态环境就是发展生产力”的重要论述深刻揭示了生态环境与生产力的辩证关系，破除了一些人认为生态环境“无价值”的误区，蕴涵着丰富的“自然生产力思想”，为我们正确处理人与自然的关系提供了科学的方法论。过去，很多人过分迷恋自身改造自然的能力，迷恋人造工具的威力，无视自然界自我更新的运动规律，妄图征服自然、统治自然、掠夺自然，结果往往事与愿违，两败俱伤，这样的案例是不胜枚举的。在新的历史起点上，当代中国要实现以提高发展质量和效益为中心的新发展，其中一个重要方面就是坚持绿色发展与消除贫困相结合。在农村，有组织地实行轮种休耕，推进农业现代化，大力发展绿色农业，严格控制化肥和农药的使用量，减

① 《习近平关于全面深化改革论述摘编》，中央文献出版社，2014年，第107页。

小土地污染，采用有机种植，提高农产品质量，帮助农民增收。在贫困地区，组织环境工作队伍对辖区生态环境进行摸底，探明生态环境的承受能力，因地制宜，科学制订相关扶贫、脱贫规划，为相关地区脱贫致富制订经得起历史检验的“顶层设计”。例如，在自然生态环境脆弱的贫困地区，可以有序实施移民搬迁工程，引导当地村民进城务工，为生态环境的自然修复腾出空间。在生态环境较好的少数民族贫困地区，可以有序开发生态旅游项目，发展生态农业，充分利用信息化渠道加大宣传力度，使外界了解这些地区，也使当地居民更多地了解外面的世界，开阔眼界，改变观念，增强脱贫致富的内生动力，实现生态良好与生活富裕相统一的目标。

绿色发展理念是当代中国共产党人在社会主义现代化建设的实践土壤中提炼出的重要发展理念，也是当代中国独创性的发展理念，它对当代中国克服资源环境约束趋紧的发展难题具有重要的指导意义。绿色发展理念是社会主义生态文明建设的“姊妹篇”，它们都是当代中国新型工业化、信息化、城市化、农业现代化“并联式”发展进程中产生的重要理论成果，是引领中华民族实现永续发展的思想结晶。当然，我们需要看到，无论是社会主义生态文明建设，还是绿色发展理念，都是在中国社会主义现代化建设发展到一定阶段的产物，它们“出场”的目的不是要简单地否定中国社会主义现代化建设所取得的伟大成就，而是要进一步提升中国社会主义现代化的发展水平，实现社会生产力与自然生产力的全面进步、完美融合，实现中华民族的永续发展。当代中国绿色发展面临的难题和矛盾固然很多，但以习近平同志为核心的党中央站得高、看得远，坚持以问题为导向，把生态文明建设当作“很大的政治”来抓，我们有理由坚信，只要举国齐力，山青、水绿、天蓝的美丽中国一定能与现代化的富强中国相得益彰。

新时代中国发展观研究

全面升级中国开放发展战略

XINSHIDAIZHONGGUOFAZHANGUANYANJIU

古语云，穷则变，变则通，通则久。用这句话来描述中国改革开放40年波澜壮阔的伟大实践是非常恰当的。40年来，中国逐步融入经济全球化浪潮之中，并在经济全球化浪潮的考验和历练（呛水、旋涡、礁石、险滩）中学会了“游泳”，逐渐成长为世界第二大经济体，特别是从2008年世界金融危机以来，中国对世界经济增长的贡献率一直维持在30%以上，由此可见，中国既是经济全球化的受益者，也是全球经济增长的贡献者和重要引擎。以习近平同志为核心的党中央站在新的历史起点上，敏锐洞察当代中国开放发展面临的诸多难题和瓶颈，致力于提升中国经济社会发展的内外联动效应，把“开放发展”确立为“五大发展理念”的重要内容，这既向世界传递了“中国开放的大门永远不会关闭”的时代强音和积极信号，也为当代中国构建更高水平的开放型经济提供了行动指南。

开放发展是中国和平崛起的必由之路

开放发展是社会生产力和社会交往能力发展到一定阶段的必然趋势。随着人类历史从民族性、地域性的历史向世界性的历史转变，整个世界就逐步告别以往孤立隔绝的状态，世界的普遍联系和普遍交往随之建立起来，特别是在经济全球化的带动下，整个世界已经被经济全球化的浪潮席卷成一个“地球村”。社会主义的新中国在经济全球化的浪潮中实现和平崛起，迎来新生。这一鲜明的事实深刻地表明：开放发展是中国实现和平崛起的必由之路。

一、大国没落的前奏悲歌

封闭固化既违背自然规律，也违背社会发展规律。封闭固化的社会形态是社会生产力落后和交往局限性的产物，随着人类生产力不断发展，人们的交往能力不断扩展，人们就会不断冲破封闭固化的旧制度，建立更具开放性、包容性的社会制度。当然，这是社会发展的一般规律和一般趋势，但这不是说所有民族都必须毫无条件地接受一般规律的支配。

封闭固化违背自然规律，可以从人类的生存繁衍规律得到说明。在人类社会早期，原始人是以部落或族群的形式过着群居生活的，部落或族群内部实行婚配，部落或族群之间往往是互不通婚的，这种族群间互不通婚的情况导致诸多部落或族群“人丁不兴”，智力低下，很多族群或部落很难在残酷的自然选择中生存繁衍下去。以原始人的婚配规则为例，可能有些牵强，以现代人的婚配规则为例，更加具有说服力。近亲结婚所生的后代患有某些先天疾病的可能性会大大增加，比如心脏病、聋、哑、智障等，所以，很多国家的法律明文禁止近亲结婚，这里面就蕴藏着基因交流的开放性规律。有人说，中国现代的孩子越来越聪明，从基因交流方面来看，这得益于当代中国的改革开放，使很多男女青年打破交往的地域局限性，天南地北的人都有结合的可能，基因交流的空间跨度更大，从客观上为家庭基因的优化重组提供了可能。当然，这不是在宣扬基因决定论，只是为了说明，基因的封闭固化违背了自然规律。

在国家发展方面，闭关锁国也是违背人类历史发展规律的。国家在本质上是社会生产力和社会交往能力发展到一定阶段之后，阶级矛盾不可调和的产物，在具体表现上是族群或部落通过征伐或结盟建立的共同体。在生产力不发达的情况下，国与国之间互不往来，相互隔绝，这是地理空间天然阻隔的结果，不是主观人为的结果。随着人类社会生产力水平不断提高，人们制造的交通工具（如马车、船等）不断打破跨域空间的阻隔，各国的交往日益频繁，国与国之间相互隔绝的状态随之被打破，这是社会生产力发展和社会交往能力不断扩展的必然结果。在人类社会生产力和交往能力允许的历史环境下，如果用人为的因素阻隔各国之间的交流交往，实际上是违背人类历史发展趋势的，是违背人类社会从地域性、民族性历史向世界性历史转变的客观规律的。一个国家违背这一历史规律就等于开历史的倒车，必将落后于人类历史发展潮流，走向衰败没落。明清之际的中国，就是最鲜活的例证。早在汉代，中国就有张骞出使西域开辟路上丝绸之路、昭君出塞促进民族融合的典故；在唐代，随着海上丝绸之路的开辟，都城长安成为当时最具国际化的大都市，万邦来朝，繁盛至极。在宋代，随着中国经济中心南移，宁波、泉州等地已经发展成重要的港口城市，虽然南宋偏安一隅，但宋朝的财力却占到了当时世界30%以上的份额。在元代，陆上贸易与海上贸易都很繁荣，中国古代的“四大发明”也是在彼时传入欧洲，东南沿海的温州、福州、泉州、广州等地已经发展成重要的国际港口。在明代，明太祖朱元璋立下“海禁”的祖训，禁止人民私自出海，禁止与外国人进行海上贸易，在明成祖朱棣时期，虽然曾出现过“郑和下西洋”，但从总体上看，整个明朝的对外开放政策始终没有偏离“海禁”的基调。在清代，对外政策经历了从“保守”到“被动”的转变。“康乾盛世”时期，统治者以“天朝上国”自居，将外国称之为“蛮夷之邦”，不屑于与之为伍，对外政策相当保守。到了鸦片战争前后，以英国为首的西方列强崛起，用坚船利炮轰开中国大门，中国割地、赔款、开放通商口岸，对外政策变得非常“被动”。明清之际是中国与西方拉开差距的关键期，中国与西方差不多同时出现资本主义萌芽，中国的资本主义萌芽在闭关锁国的政策压力下胎死腹中，而西方的资本主义萌芽在文艺复兴和宗教改革的推动下结出资本主义制度的文明成果。强大的封建帝国在闭关锁国的政策环境下走向没落，错过两次工业革命，落后于时代发展潮流；西方资本主义萌芽在世界历史性的交往中不断发展壮大，借助工业革命的浪潮开启资本主义的文明时代。这种鲜明的反差深刻地表明：闭关锁国是大国走向没落的前奏。

二、大国崛起的应有胸怀

开放发展是随着人类生产力提高和社会交往扩大化而不断被“印证”的客观规律。在某种意义上，我们可以认为，人类发展史就是不断从封闭的地域性历史向逐步开放的世界性历史演变的过程，推动这一发展过程演变的正是生产力和社会交往能力的发展。从人类历史经历的“五形态”来看，原始社会、奴隶社会、封建社会、资本主义社会、共产主义社会，后一种社会形态都比前一种社会形态的开放性程度更高，奴隶国家比原始部落的开放性程度高，封建主义国家比奴隶国家的开放性程度高，资本主义国家也比封建主义国家开放性程度高，这包含着人类社会开放性发展的一般规律。我们知道，开创一个文明时代往往需要经历一个“由点到面”的发展过程，并不是所有民族国家同时行动的结果。在旧的社会形态中崛起的大国要想开创一种新的文明形态，就必须具备比同期其他国家更加开放的胸怀。以英国为例，英国远离欧洲大陆，封建主义基础相对薄弱，早期的资产阶级也比欧洲大陆的庄园主们更为开明，更容易接受新鲜事物。在西班牙人发现美洲大陆、葡萄牙人完成环球航行之后，英国的资产阶级旋即加入到殖民掠夺的资本原始积累运动当中来，并通过数次海战确立了自己的海上霸主地位。与此同时，英国的古典政治经济学取得突破，涌现出李嘉图、斯密等自由主义经济学家，他们的学说受到新兴资产阶级的普遍青睐。在瓦特的蒸汽机带动下，英国的商船和军舰开始了世界范围内的殖民扩张，曾经不可一世、闭关锁国的大清帝国也被迫开放通商口岸，足以见得，当时的“日不落帝国”不是浪得虚名。英国的对外贸易虽然是通过血与火的征伐开辟道路的，但在客观上，它也推动了殖民地、半殖民地国家旧制度的解体过程，加速了世界工业化的历史进程。正如马克思所说：“英国在印度斯坦造成社会革命完全是受极卑鄙的利益所驱使，而且谋取这些利益的方式也很愚蠢。但是问题不在这里。问题在于，如果亚洲的社会状态没有一个根本的革命，人类能不能实现自己的命运？如果不能，那么，英国不管干了多少罪行，它造成这个革命毕竟是充当了历史的不自觉的工具。”[①]当然，马克思关于英国“充当了历史的不自觉的工具”的论述并不是在为资产阶级的殖民扩张唱赞歌，而是以伟大的历史主义者的视角来客观评价资产阶级或资本主义的历史进步性。其实，英国的资产阶级能够由弱到强，能够推翻本国的封建地主，建立资产阶级政权，本身就说明资产阶级代表了一股新的、进步的政治力量，如果资产阶级比地主阶级还要封闭固化，还要落后保守，它又何以推翻地主阶级，确立自己的统治地位呢？与封建制度相比，如果英国的资本主义制度不具备更大的开放性和包容性，英国本土就很难长期保持稳定繁荣，英国就没有余力去开展殖

① 《马克思恩格斯选集》（第1卷），人民出版社，2012年，第854页。

民扩张，英国也很难在印度进行一百多年的殖民统治。可以说，英国在崛起过程中，它的资产阶级不仅比国内的封建地主更加开明，也比殖民地、半殖民地的统治阶级更加具有开放发展的远见卓识。由于阶级本身的局限性，英国资产阶级及其政权的开放性也是有局限、有边界的。在欧洲一体化、经济全球化不断深入发展的时代背景下，英国的保守主义、民族主义势力也有所抬头，并不断发展壮大。2016年6月23日，英国举行“脱欧”公投，“脱欧”阵营最终赢得了公投的胜利。社会主义的中国以开放的姿态在经济全球化的浪潮实现和平崛起，在逆全球化的声音不断高涨的背景下，崛起的中国明确表示：中国开放的大门永远都不会关闭。这充分表明，开放发展是大国崛起应有的胸怀，也是崛起的大国应有的担当。

三、中国发展的战略抉择

中国开放发展的前提是国家主权独立，离开了这个前提，开放发展就无从谈起。从鸦片战争到新中国成立的一百多年时间里，中国虽然从实际上的被动开放向形式上的主动开放转变，但实际上是在没有完全独立主权的情况下实施对外开放的，这种对外开放是不平等的。比如，1922年2月，北洋政府与美、英、法、日、意、比、荷、葡等八国签订了“九国公约”，公约规定“中国门户开放”，列强在华利益“机会均等”。后来，蒋介石的南京国民政府曾雄心壮志地提出“废约”，但由于自身的阶级局限性，“废约”方案只能虎头蛇尾、草草收场。新中国成立之日起，就立即废除帝国主义在华的一切不平等条约，“屋子打扫干净再请客”，从此，一个具有独立主权的新中国以新的开放姿态站起来了。以美英为首的资本主义国家对新中国进行经济封锁和军事威胁，企图将新生的人民民主政权扼杀在摇篮里，一些中国人也对资本主义采取全然否定的态度，极左蔓延开来。1957年，毛泽东在《论十大关系》一文中提出“要用马克思主义的态度来看待资本主义”，他指出：“外国资产阶级的一切腐败制度和思想作风，我们要坚决抵制和批判。但是，这并不妨碍我们去学习资本主义国家的先进的科学技术和企业管理方法中合乎科学的方面。工业发达国家的企业，用人少，效率高，会做生意，这些都应当有原则地好好学过来，以利于改进我们的工作。现在，学英文的也不研究英文了，学术论文也不译成英文、法文、德文、日文同人家交换了。这也是一种迷信。对外国的科学、技术和文化，不加分析地一概排斥，和前面所说的对外国东西不加分析地一概照搬，都不是马克思主义的态度，都对我们的事业不利。”①在毛泽东时代，从主观上讲，中国是愿意向发达国家学习先进科学技术为社会主义建设服务的，但发达国家在经济上封锁中国，科学技术不对中国开放，中国只能靠自己，只能自力更生。尤其是在20世纪60年代之后，中苏关系恶化，中国不仅要面对资本主义的封锁和威胁，也要面对苏联的封锁和威胁，如果不高扬“自力更生”的旗帜，民族悲观主义情绪就会在国内蔓延开来。在极其艰难的情况下，中国科学家通过自力更生研制出“两弹一星”等卫国神器，极大地提升了中国人的自信心、自尊心、自豪感、安全感。毛泽东强调的“自力更生”是为了将来能够更好地开放发展，但在极左路线的干扰和误导下，自力更生就被引向了“关起门来搞建设”，这是对“自力更生”的过度解读造成的。1978年10月，复出之后的邓小平曾说：“我们过去有一段时间，向先进国家学习先进的科学技术被叫做‘崇洋媚外’。现在大家明白了，这是一种蠢话。我们派了不少人出去看看，使更多的人知道世界是什么面貌。关起门来，固步自封，夜郎自大，是发达不起来的。”②1983年6月，邓小平又强调“不走封闭的回头路”，“我们搞的现代化，是中国式的现代化。我们建设的社会主义，是有中国特色的社会主义。我们主要是根据自己的实际情况和自己的条件，以自力更生为主。我们现在的路子走对了，人民高兴，我们也有信心。我们的政策是不会变的。要变的话，只会变得更好。对外开放政策只会变得更加开放。路子不会越走越窄，只会越走越宽。路子走窄的苦头，我们是吃得太多了。如果我们走回头路，会回到哪里？只能回到落后、贫困的状态”③。1984年6月，邓小平确定了“开放发展”的两重内涵，否定了两种“关门主义”的发展思维。邓小

① 《毛泽东文集》（第7卷），人民出版社，1999年，第43页。

② 《邓小平文选》（第2卷），人民出版社，1994年，第132页。

③ 《邓小平文选》（第3卷），人民出版社，1993年，第29页。

平指出："现在的世界是开放的世界。中国在西方国家产业革命以后变得落后了，一个重要原因就是闭关自守。建国以后，人家封锁我们，在某种程度上我们也还是闭关自守，这给我们带来了一些困难。三十几年的经验教训告诉我们，关起门来搞建设是不行的，发展不起来。关起门有两种，一种是对国外；还有一种是对国内，就是一个地区对另外一个地区，一个部门对另外一个部门。两种关门都不行。我们提出要发展得快一点，太快不切合实际，要尽可能快一点，这就要求对内把经济搞活，对外实行开放政策。"①有些人认为，中国的改革开放政策就是对内的改革和对外的开放，这是不全面的。其实，中国对内的开放或者地区间的开放也是不容忽视的，比如剩余劳动力跨地区自由流动，逐步放开户籍管理制度，使很多人从农民变成市民，共享城市化、现代化的成果。开放发展既有对内开放，也有对外开放，改革是为了更好地开放，改革开放也是为了实现更好的发展。社会主义的中国通过改革开放盘活国内国际两种资源，在"自力更生"的基础上通过开放发展形式来"补课"，学习和引进西方科学技术和先进的管理理念，吸引国际跨国资本的投资，从而加速自身现代化建设的历史进程。可以说，"自力更生"基础上的开放发展是中国崛起的战略抉择。

四、以更加开放的姿态重返世界舞台的中心

中国的发展受益于经济全球化，崛起的中国已经成为世界经济增长的主要推动力之一。中国融入经济全球化的潮流是以改革开放作为历史前提的，而邓小平关于"时代主题"的重新研判则对中国融入经济全球化具有解放思想的重大意义。邓小平强调："现在世界上真正大的问题，带全球性的战略问题，一个是和平问题，一个是经济问题或者说发展问题。和平问题是东西问题，发展问题是南北问题。概括起来，就是东西南北四个字。南北问题是核心问题。"②邓小平关于"两大问题"的阐述，是"和平与发展"的时代主题理论的核心内

---

① 《邓小平文选》（第3卷），人民出版社，1993年，第64-65页。

② 《邓小平文选》（第3卷），人民出版社，1993年，第106页。

容，是对马克思世界历史理论的创造性发展，是运用唯物辩证法冷静分析国际局势的思想结晶，为当代中国人重新认识世界格局提供了科学的思想武器。邓小平对冷战时代的国际局势作出的准确研判，使当代中国更加从容地坚持以经济建设为中心，一心一意谋发展，加快推进社会主义现代化建设。

20世纪80年代末90年代初期，国际风云突变，苏东剧变给世界社会主义运动造成严重挫折，也给中国造成了巨大的冲击。“两大阵营”对立的局面结束之后，“一超多强”的格局随之形成，资本和资本主义主导的经济全球化也由此拉开帷幕。面对经济全球化的浪潮，社会主义的中国该何去何从？是关起门来搞建设，还是到经济全球化的浪潮中去闯一闯？中国毅然决然地选择了后者。党的十四大之后，中国确立了社会主义市场经济体制，顶住了亚洲金融风暴的冲击，加入WTO并正式融入经济全球化的时代发展潮流之中，逐渐成长为世界第二大经济体。当然，中国融入经济全球化的过程并不是一帆风顺的，经济全球化也是机遇与风险并存的，但中国别无他途，只能顺应世界历史的发展潮流。正如习近平所言：“当年，中国对经济全球化也有过疑虑，对加入世界贸易组织也有过忐忑。但是，我们认为，融入世界经济是历史大方向，中国经济要发展，就要敢于到世界市场的汪洋大海中去游泳，如果永远不敢到大海中去经风雨、见世面，总有一天会在大海中溺水而亡。所以，中国勇敢迈向了世界市场。在这个过程中，我们呛过水，遇到过漩涡，遇到过风浪，但我们在游泳中学会了游泳。”[①]中国在经济全球化浪潮中学会了“游泳”，中国的经济发展体量与质量都得到了大幅提升。2008年世界金融危机以来，中国对世界经济增长的贡献率一直保持在30%以上，足以见得，中国是经济全球化的获益者，更是世界经济增长的贡献者。中国的发展离不开世界，世界的发展也更加需要崛起的中国。

在全球化浪潮下，一个国家要想发展，就应该顺应历史潮流，开怀纳新，主动学习世界优秀文明成果。历史已经深刻证明，没有一个国家长期闭关锁国还能经久不衰，也没有一种文明能以封闭的姿态走向世界舞台的中央。正如习

① 习近平：《共担时代责任　共促全球发展——在世界经济论坛2017年年会开幕式上的主旨演讲》，《人民日报》2017年1月18日，第3版。

近平指出："世界经济发展的历史证明，开放带来进步，封闭导致落后。重回以邻为壑的老路，不仅无法摆脱自身危机和衰退，而且会收窄世界经济共同空间，导致'双输'局面。"[①]与开放发展理念相对立的是保护主义的发展观，它是一种短视的、偏狭的、片面的思维，是构建高水平世界经济的大敌。习近平认为，经济全球化是人类历史发展的必然趋势，"搞保护主义如同把自己关进黑屋子，看似躲过了风吹雨打，但也隔绝了阳光和空气。打贸易战的结果只能是两败俱伤"[②]。所以，中国和广大发展中国家都应该顺应全球化发展的大势，自觉适时提高对外开放水平，抓住经济全球化正向溢出的新机遇，加速推动本国现代化建设的历史进程。

当代中国开放发展的壁垒与挑战

中国虽然在经济全球化浪潮中学会了"游泳"，但经济全球化浪潮中的风险和挑战是未知的。中国作为经济全球化的"后来者"，开放发展的经验不足，在融入经济全球化浪潮的过程中付出了巨大的代价，吃了不少亏。改革与开放作为发展的动力，犹如车之两轮、鸟之双翼，二者必须协同推进，才能发挥释放活力与凝聚合力的双重功效。当中国的改革进入"深水区"之后，中国的开放发展也不可能停留在表层。三十多年来，浅表层的改革所释放出的红利正在逐步消退，甚至有些流动的改革红利已经转变成固化的利益藩篱，制约当代中国进一步开放发展的深层次矛盾也越发凸显出来。问题是时代的声音，深刻认识制约当代中国进一步开放发展的壁垒和挑战，有助于中国更好地规避经济全球化浪潮中"漩涡""礁石"或"险滩"，引领经济全球化发展潮流，有助于崛起的中国全方位升级开放发展战略，构建更高水平的开放型经济，构建一个更具开放性和包容性的社会。

① 习近平：《中国发展新起点全球增长新蓝图——在二十国集团工商峰会开幕式上的主旨演讲》，《人民日报》2016年9月4日，第3版。

② 习近平：《共担时代责任　共促全球发展——在世界经济论坛2017年年会开幕式上的主旨演讲》，《人民日报》2017年1月18日，第3版。

一、自然壁垒与体制壁垒

开放发展既需要自然空间的开放，也需要制度体制的开放。中国经过三十多年的改革开放，地区间开放发展的自然阻隔不断被疏通，区域间开放发展的体制障碍也在逐步清除，但开放发展的自然壁垒和体制壁垒依然存在。从自然壁垒上看，中国中东部地区地理条件相对优越，平原丘陵居多，现代化交通发达，现代化信息技术发达，现代化发育程度接近中等发达国家水平，为当代中国进一步开放发展提供了必要的物质保障。西部地区深居内陆，山高路远，崇山峻岭居多，天然屏障重叠，信息相对闭塞，虽然实施了十多年的西部大开发战略，修建了沪昆高速公路、沪昆高速铁路、贵广高速铁路等重大交通工程，但从整体上看，西部地区的现代交通发展依然相对滞后，地理位置偏僻的自然壁垒也阻碍着中西部地区进一步开放发展。比如，在承接东部沿海城市的产业转移方面，中西部地区深居内陆，原料、产品运输成本较高，市场又相对狭窄，这种地理位置的空间壁垒也使中西部廉价的劳动力难以发挥其应有的竞争优势。再比如，在对外开放、吸引外资方面，中西部地区也受到地理空间的自然壁垒的限制，跨国公司在中西部投资设厂的比例远比东部地区少。此外，西部地区是少数民族聚居区，拥有丰富的原生态旅游资源，由于交通不便利，现代通信不够发达，开发难度较大，也很难吸引到外界的有效投资。从体制壁垒上看，三十多年的改革开放确实在一定程度上打通地区间、城乡间开放发展的许多体制障碍，比如城乡户籍管理制度逐步放宽，促进剩余劳动力跨区域流动，推动农民工子女随迁入学，等等，这些举措在很大程度上推动了地区间、城乡间的开放发展。但浅表层的开放发展使得地区间、城乡间的发展差距不断拉大，也使“少数人所得而私”的现象更加普遍，孩子上学难，群众看病难、看病贵，群众门难进、脸难看，多头审批、重叠审批等现象在国内生产总值高速发展的时代背景下越发凸显出来，归结起来，开放发展面临进一步全面深化改革的难题。如果不进一步打破制约开放发展的体制壁垒，不适时推动全面深化改革，自然壁垒与体制壁垒就会形成“合流”，富裕的地区越富有，落后的地区越贫穷，城乡差距将持续扩大，东部地区像欧洲，西部地区像非洲，城市像欧洲，农村像非洲，中国要实现的全面小康就很可能演变成东部小康或城市小康。在新的历史起点上，中国要进一步打通自然壁垒和打破体制壁垒，实现更高层面的开放发展，迫切需要从国家层面制订开放发展的顶层设计。如果任由各地区各自为政，形形色色的地方保护主义必将大为盛行，制约中国实现共同富裕的步伐。

二、显性壁垒与隐性壁垒

制约当代中国开放发展的壁垒既有看得见的显性壁垒，也有看不见的却又无处不在的隐性壁垒。中国开放发展的显性壁垒可以分为国内、国际两个方面。从国内来看，主要是一些资源分配制度中存在一些明显的不公平性倾向，直接把一部分群体拒之于相关利益分配格局的大门之外。比如，农民工随迁子女的异地高考难题就是典型代表。多数城市的高考制度是以户籍为依据的，发达城市在招生名额分配上也比欠发达地区充裕，这就可能出现发达地区招生名额“用不完”，而欠发达地区招生名额“不够用”的教育资源浪费问题。比如，一些企业借助国家相关“准入”政策的保护和支持发展成垄断企业，垄断相关产品的市场价格，垄断相关产品的供应量，千方百计阻止、阻挠其他社会资本进入相关领域，进而维护、巩固其垄断地位。长期以来，垄断企业提供的产品和服务饱受诟病，但由于相关政策的倾斜和保护，很多垄断企业依然可以高枕无忧，不思进取但又能牟取暴利。从国际上看，中国开放发展面临的显性壁垒不可小觑，比如，在经济全球化背景下，一些国家为了保护本国相关产业而对相关进口商品设置高额的关税税率，一些国家为了打压中国的进口商品而随意采取反倾销调查，一些国家恐惧中国崛起而禁止向中国输出新技术、新发明，一些国家为了维持现有全球产业分工格局设置一些更高标准的准入门槛，一些国家深陷文明冲突的旋涡而采取极端民族主义的保护主义策略，等等。隐性壁垒就像“玻璃门”一样，看似没有阻隔，实则处处碰壁。中国开放发展的隐性壁垒也可以分为国内、国际两个方面。从国内看，比如，国家法律赋予了公民平等就业权，一些行业打着“机会均等”的幌子，在选人用人时存在性别歧视、民族歧视、地域歧视的偏见，将一些业务能力强的优秀人才拒之门外，女性、少数民族或落后地区的优秀人才往往经常遭遇这种尴尬和困境。从国际隐性壁垒看，在西方人主导的经济全球化规则中，存在着严重的种族歧视倾向，不光针对中国人，甚至是对其他有色人种都存在种族歧视，这种国际交往中的种族歧视问题，会对白人以外的人种形成偏见，从而影响国际交往规则的公正性和平等性。此外，在经济全球化背景下的文明冲突或价值观冲突普遍存在，很多隐性的冲突可能在经济全球化浪潮中激化成显性的对抗，这些都是中国开放发展需要面对的难题和挑战。马克思主义认为，事物是普遍联系的，事物的普遍联系是运动、变化、发展的。制约当代中国开放发展的显性壁垒与隐性壁垒不是一成不变的，它们处在运动、变化、发展的过程之中，随着中国的发展，很多显性壁垒与隐性壁垒的界限会变得越来越模糊，显性壁垒与隐性壁垒往往会出现彼此交织、相互融合、相互转化的情况，我们也应该以发展的眼光来看待和破除制约中国开放发展的显性壁垒和隐性壁垒。

三、利益固化壁垒与思想僵化壁垒

当代中国的开放发展既需要面对利益固化的藩篱，也需要面对思想僵化的藩篱。利益固化是开放发展的大敌，当代中国的利益固化主要有两种形式，一是“存量”的利益固化，一是“增量”的利益固化，这两种利益固化都对当代中国的开放发展起到不可忽视的阻碍作用。从“存量”上看，利益固化是有历史渊源的。中国历代王朝的兴衰都与利益固化密切相关，在一个王朝建立之初，确立三公九卿，封侯拜相，普通老百姓也能暂时获得休养生息的“胜利”。随着富商巨贾、王侯将相及其子弟结成的裙带关系逐渐稳固下来，普通老百姓就很难获得出头的机会，即使个别贫寒子弟获得人生出彩的机会，他们也不得不依附于相关政治力量，成为某一朝中大员的“门生”，与自己原有的阶级越来越疏远。休养生息之后，接踵而来的往往是政治上的吏治腐败和经济上的土地兼并，一旦吏治腐败和土地兼并蔓延开来，很多人将丧失生存的根本，老百姓的暂时胜利也将化为泡影，随即从暂时的胜利者沦为长久的失败者。权贵勾结形成的利益固化格局挤压了人民群众生存的空间，阻断了人民群众上升的道路，最终只能是天下人敢怒而不敢言，最后揭竿而起，另立君王，周而复始，一幅幅“其兴也勃焉，其亡也忽焉”的历史周期率画卷便铺展开来。新中国成立之后，中国共产党领导中国人民围绕“跳出历史周期率”这一主题进行民主改造，在政治、经济、文化等领域都有所探索。政治上的人民民主专政、经济上的社会主义公有制、文化上的“百家争鸣，百花齐放”，都是以毛泽东为核心的中国共产党人关于超越历史周期率的有益探索。由于复杂的国内外局势，公有制经济的开放性程度不高，甚至出现阶层固化的现象，比如，农民阶级很难向工人阶级转化。改革开放之后，中国社会的流动性和开放性得到很大提升，但改革尚未触及的利益集团依然处于十分封闭的状态，并且在改革浪潮中借助相关政策的保护而形成利益固化的壁垒联军，阻碍改革红利向社会公平流动。这种“存量”利益固化的藩篱已经成为当代中国开放发展不可回避的问题。“增量”的利益固化是在改革浪潮中产生的，中国的改革遵循了“让一部分人先富起来”的现实逻辑，但率先富起来的利益群体并没有遵循“共同富裕”的理论逻辑，先富群体就形成了利益固化格局。“存量”利益固化与“增量”利益固化往往会寻求强强联合，也会寻求政治权力的保护，进而形成资本与资本、资本与权力、权力与权力“强强联姻”的利益固化藩篱，阻碍社会资源的公平流动，降低社会发展的开放性。与利益固化相伴随的还有思想僵化，思想僵化也有两种形式，一是不发展的思想僵化，另一种是发展之后的思想僵化，这两种思想僵化都会制约当代中国的开放发展。不发展的思想僵化表现为排斥新思想、新事物，把自己的观念锁定在过去的某个幻想的阶段，比如，锁定在“文革”又红又专的时空之中，这种观念必然阻碍改革，拒斥开放，抱着狭隘的民族主义情感批判对外开放。这种不发展的思想僵化在改革浪潮中逐渐式微，但它对开放发展的妨碍依然不可全然忽视。发展的思想僵化是在发展进程中片面迷恋狭隘的发展经验而形成的，它是当代中国开放发展必须破除的思想障碍。这种发展过程中的思想僵化来源于对既往发展经验的过分迷信、迷恋，以为既往的发展经验可以包管一万年，进而只顾“蒙着头赚钱”，拒绝新的发展理念。两种思想僵化在方法论上是一致的，都是形而上学的，它们都不利于吐故纳新，都不利于开放发展。可见，无论是利益固化壁垒，还是思想僵化壁垒，都是当代中国实现更高水准的开放发展需要正视的难题。

四、信息壁垒与安全挑战

信息化是当代中国开放发展的一个重要特征，也是与传统开放发展的显著区别之一。信息开放共享是建立高水平开放型经济的基本要求，在信息化时代，中国迈向更高水平的开放发展依然面临着诸多信息壁垒。在信息化时代，信息就是宝贵的发展资源之一，获取这种发展资源可谓分秒必争。只要信息源处于开放状态，信息传播借助现代化的渠道就会变得异常迅捷、畅通，一旦信息源处于封闭或半封闭的状态，人们就会为争夺有限的信息资源而展开激烈的争夺，甚至采用不正当手段获取信息资源。更高水平的开放发展必然要求更高水平的信息开放，信息资源中蕴藏着大量的发展机遇或者发展先机，只要率先掌握大量的有效信息资源，就可以合理选择投资或创业方向，实现发展效率最优化。然而，在信息化时代下，信息资源垄断、信息闭塞、信息共享不均等问题也会成为开放发展的阻碍因素。信息资源垄断是对信息源和传播渠道的垄断，一些部门或行业凭借天然的信息垄断优势独占发展先机，比如，一些权威媒体凭借宣传报道的优势，选择性地报道相关行业、相关产业、相关人物，使这些行业、产业、人物获得更高出镜率，获得更高人气和更高的知名度，从而扩大市场占有率。再比如，一些金融机构凭借对大量的信息数据分析，可以较为准确地预测未来的投资走向，从而规避投资风险。率先占有或获取有效信息的往往是少数人，这些人获取有效信息的方式往往也是天然垄断或者与天然垄断有着千丝万缕的瓜葛。然而，对普通大众而言，率先获取发展的信息源是非常困难的，很多信息传播到普通大众那里，价值已经大大降低，已经成为无效信息或无用信息。一般来讲，信息开放程度与区域发展程度呈现出“正相关”的趋向，中东部地区发展程度较高，信息化基础设施完善，处在信息传播的“高速路”上。西部地区发展相对落后，信息化基础设施有待完善，处在信息传播的“省道”或“乡村公路”上，甚至西部地区的一些偏远山村尚未开通信息化的“乡村公路”，与外界的信息沟通依然处在崎岖不平的“乡间小路”上。信息共享不均是信息垄断和信息传播渠道闭塞的必然结果，信息贫困，尤其是有效信息贫困直接限制了人们的发展思维和发展眼界，让很多人错过、错失发展机遇。信息开放是开放发展的必要条件，但信息开放的安全风险和挑战日益成为我们需要正视的难题。信息安全问题是信息开放的重大隐患，尤其是在互联网时代，信息安全遇到前所未有的挑战，如黑客、病毒、木马等让广大网民防不胜防。一些人贩卖个人信息资料威胁他人的隐私，一些人破解金融机构的安全密码威胁用户的财产安全，一些人甚至入侵国家相关部门网站篡改政务信息，一些人甚至妄图盗取国防机密，危害国家安全，等等，这些都是信息化时代的潜在风险。从国际上看，互联网把整个世界连成一个“地球村”，让全世界的网民共享网络时代带来的便捷生活，同时，网络跨国犯罪也对很多国家的信息安全构成严重威胁。信息是发展的宝贵资源，信息开放是开放发展的必要条件，我们不应该因信息开放潜在诸多安全威胁而“因噎废食”，我们应该在增大信息资源开放力度的同时筑牢国家信息安全屏障，严厉打击危害信息安全的行为，促进全体公民更多更公平地共享发展的有效信息，共享发展的机遇。

五、域外文化冲击的挑战

全球化的经济与文化如影随形，中国融入经济全球化浪潮，抓住经济全球化带来的发展机遇，也必然要面对与经济全球化相伴而来的域外文化的冲击和挑战。改革开放之初，中国在意识形态上主要面临资产阶级自由化思潮的冲击，随着中国民主改革进程不断深化，我们对资产阶级自由化的思潮已经不再像以前那么敏感，因为中国特色社会主义制度的政治优势越来越明显，中国共产党人执政的政治定力也越发增强，我们的制度自信已经在经济全球化浪潮的考验中确立起来。任凭国际资本主义“和平演变”的亡我之心不死，国内左、右派别争论不休，中国改革开放的步伐都不会停滞，中国开放的大门也永远不会关闭。当代中国开放发展面临的域外文化冲击是三十多年、甚至更长时期积累形成的，从鸦片战争开始，随着“中体西用”的文化导向在救亡图存的改良实践中一次次碰壁，向西方学习就逐渐成为救亡图存的新潮。新中国成立之后，逐步确立了马克思主义在国家意识形态中的指导地位，实现了中国指导思想的历史变革，但在极左思潮泛滥之后，“百家争鸣，百花齐放”的社会主义文化发展道路走向了以意识形态划界的“死胡同”。改革开放之后，中国逐步认识到自身与发达国家的差距，于是开始了自然科学和社会科学领域的“补课”工作。由于中国在这些领域的发展起点低，在社会科学领域“补课”的甄别能力较低，在改革开放相对宽松的环境下，域外文化大量涌入中国，很多外国的文化糟粕也被不加取舍地“引进来”，在丰富中国文化样态的同时，也给人们的思想和行为带来诸多困扰。比如，消费主义、享乐主义、拜金主义、极端个人主义作为一种“物化意识与物化结构”充斥到人们生活的各个场域，唯利是图、贪图享乐、生活腐化、自私自利等价值取向成为一些人的钟爱或新宠。境外极端民族主义者披着宗教信仰自由的外衣渗透到中国的新疆地区，策划各种分裂活动，制造爆恐袭击，严重损害西北地区的民族团结，也严重威胁到西北地区的繁荣稳定。境外影视作品（比如一些好莱坞影视大片）的个人英雄主义价值观通过暴力、犯罪、战争的形式表现出来，它们在给人们视觉感官带来刺激的同时，也会对青年人的社会行为和价值取向产生极大的误导，这种误导性对那些缺乏关爱的青少年尤为明显。改革开放三十多年以来，西方宗教在中国迅速渗透，在中东部地区建立教堂，迅速发展信徒和教众，影响颇为广泛。面对林林总总的域外文化冲击，崛起的中国要实现更高水平的开放发展，就必须确立起中国特色社会主义的文化自信，积极培育和践行社会主义核心价值观，切实搞好开放发展时代下的意识形态工作，抵御域外腐朽文化对中国文化的冲击，捍卫马克思主义在意识形态中的主导地位。

六、对外开放路径依赖的瓶颈

对外开放依然是当代中国开放发展的重头戏。对外开放的路径依赖问题日益成为中国构建高水平开放型经济需要破除的壁垒。改革开放之后，中国凭借大量廉价劳动力和广阔的市场优势逐渐融入经济全球化浪潮，抓住了发达国家产业转移的历史机遇，大量引进外资，引进生产技术、生产设备和管理理念，带动了中国生产力的发展，为中国崛起争取了更多时间。在经济全球化浪潮中，各个国家扮演的角色和地位是不一样的，每个国家在全球产业价值链上的分工也是不同的。一个国家越发达，它往往处在全球产业价值链的顶端或上端，它可以凭借雄厚的资本、先进的科学技术或管理理念等绝对优势获取绝大多数利润；相反，一个国家越落后，它往往处在全球产业价值链的低端或末端，它只能凭借廉价劳动力、土地、原料等相对优势赚取微薄的辛苦钱、血汗钱。改革开放之初，中国曾凭借大量廉价的劳动力、土地和原材料吸引了大量的跨国资本，随着中国工业化、信息化、城市化、农业现代化“并联式”发展不断加快，中国的劳动力、土地、原料价格大幅上升，中国在全球产业价值链上的传统比较优势正在逐步消退，这是不以人的意志为转移的客观事实。在过去很长一段时间，我们国家为了赚取外汇，鼓励外贸出口，曾出台补贴、退税、免税等一系列激励政策，极大地刺激了中国外贸出口业的发展，中国已经成为名副其实的制造业大国。但从长期来看，依靠出口补贴、退税的形式赚取外汇是不可持续的，一些外贸企业对有钱可赚、有利可图的“出口补贴”模式形成了发展的路径依赖，很少花精力去改良生产技术或管理理念，更不用说研发新品种、新产品，一旦国际市场发生动荡，很多外贸企业就往往会陷入困境，甚至破产。比如，2008年的世界金融危机波及中国沿海城市，宁波、温州等地的很多外贸加工企业纷纷破产。依靠国家补贴的出口贸易在国际市场上也是饱受质疑的，美国、欧盟等至今都不承认中国的市场经济地位，个中缘由，恐怕与此不无关系。中国在“引进来”方面也存在路径依赖问题，很多地方为了招商引资，对外资降低准入门槛，对民营企业增高准入门槛，一些外资企业在中国可以享受现代的“片面最惠国待遇”，民营企业则长期处于受歧视的地位，以牺牲中国民营企业的发展为代价去招商引资，在很大程度上，就是“引狼入室”。在特定的历史时期，为了加快国家发展，我们适当“引狼入室”是很有必要的，但我们不能长期优待外资企业而亏待民营企业，否则，“狼”把“羊”都吃掉了，就得不偿失、追悔莫及了。毫无疑问，当代中国要实现更高水平的开放发展，就必须摆脱“引进来”和“走出去”的双重路径依赖，全面升级当代中国的对外开放发展战略。

全方位升级当代中国开放发展战略

开放发展是大国崛起与文明复兴所遵循的一条基本规律。各国发展，相通则共进，相闭则各退。在经济全球化浪潮出现“退潮”现象的时代背景下，崛起的中国重申了开放发展的理念，具有鲜明的现实针对性（问题导向性），也具有积极的目标导向性。开放发展的核心议题是解决“新常态”下中国经济社会发展的内外联动问题，一方面要在国内打通制约开放发展的诸多壁垒，促进国内社会资源在各地区、各部门、各行业、各领域、各群体间更加畅通、更加公平、更加公开、更加有效地流动；另一方面要顺应全球新一轮产业革命顺势待发的总体趋势，自觉摆脱“低端引进来”和“低端走出去”的既往对外开放发展路径依赖，适时全面升级当代中国对外开放的发展战略，推动中国从全球产业价值链的中低端向中高端迈进和跃升，进而把中国构建成更高水平的开放型经济体，为全球经济持续增长注入强劲的中国动力。

一、营造更加有利于开放发展的国内环境

开放发展必须统筹国内与国际两个大局，开放发展理念应该包含对内开放与对外开放两个方面的内容。在新的历史条件下，中国要构建更高水平的开放型经济，就应该着力营造更加有利于开放发展的国内环境，着力疏通制约开放发展的天然壁垒或体制壁垒，让创造财富的源泉充分涌流起来，让全体人民更加公平地共享开放发展的新机遇。中国人有一个普遍的共识：要想富，先修路。从疏通制约开放发展的天然壁垒来看，国家应该进一步加大对中西部地区的扶贫开发力度，改善中西部地区落后的交通环境，补齐中西部地区交通基础设施落后的“短板”，让中西部地区的秀美山川、锦绣山河借助现代化的交通工具转变成现实的生产力，转变成财富创造的现实源泉，转化成中西部群众脱贫的“致富经”。

当然，中西部地区的开放发展应该充分考虑自然环境的承载能力，不能重走中东部地区“先污染，后治理”的老路子。在疏通制约中西部山区开放发展的天然屏障过程中，也应该充分研究这些地区的地理环境，避免次生灾害，减小对自然生态环境的破坏。此外，还要加强中西部地区的信息基础设施建设，着力破解信息闭塞的难题，补足信息“短板”。在疏通制约开放发展的制度壁垒或体制壁垒方面，应该着力破除地方保护主义、部门保护主义、行业保护主义等利益固化的藩篱，增强地区间、部门间、行业间、领域间、群体间社会资源的开放性和流动性。比如，推动一些传统的垄断行业放宽准入门槛，引导社会资本有序参与其中，为这些缺乏竞争的传统垄断行业营造更加开放有序的竞争环境，进而倒逼这些传统垄断行业改良技术、提高服务质量，增强竞争力。比如，继续削减行政审批项目和程序，降低人民群众创新创业准入门槛，鼓励大众创新、万众创业，为人民群众开展创造历史的“自主活动”提供应有的便利。腐败是权力与权力联姻、权力与资本联姻的结合点，腐败扰乱了社会资源的公平流动性，大大降低了社会资源的开放性，因而，破除利益固化的藩篱需要进行持久有力的反腐败斗争。从长远看，在国内营造开放发展的良好环境不仅可以激活人民群众建设美好生活的积极性、主动性、创造性，引导广大群众通过勤劳和智慧实现人生出彩，增强人民群众的获得感和幸福感，而且可以通过安定有序、充满活力的开放发展环境吸引世界优秀人才前来中国工作、生活、定居，增强开放发展的中国魅力。

二、全面提高中国“引进来”的标准

中国在经济全球化浪潮中实现和平崛起，中国在世界体系中的历史坐标也正在朝着世界舞台的中央“位移”，这是否意味着崛起的中国可以结束“引进来”的“补课”工作呢？答案当然是否定的。古语云，流水不腐，户枢不蠹。崛起的大国也是一样，需要时刻保持同外界的物质信息交往，使内部系统与外部环境处在动态平衡的循环发展之中，进而确保有机体及时获取新鲜养分，不断长出新的硕果。“引进来”依然是必需的，但随着中国发展的“体量”和“质量”不断提升，“引进来”的标准和层次也在发生变化，这是由中国发展起来的硬道理所决定的。毫无疑问，崛起的中国依然需要进行“引进来”的“补课”工作，但我们可以更加从容地选择“补课”，对于补什么“课”和怎么“补课”，我们也比以往任何时候都更有选择性和批判性的余地。在新的历史条件下，中国需要整合发展新优势，全面提升“引进来”的标准。首先，提高“引进来”的标准，需要设立更高的准入门槛。过去，我们国家大量承接发达国家转移出的中低端劳动密集型产业，这些产业在一定程度上解决了我们国家的就业问题，给中国的经济增长注入了不少活力，但中国也为此付出了沉重的代价。比如，“引进来”的很多劳动密集型产业所消耗的廉价原材料和廉价劳动力大多是由中国供应，工业生产产生的“工业三废”必然在中国境内消化，资源枯竭和环境污染破坏等问题日益成为制约中国发展的难题。我们国家设立更高的准入门槛有助于将“三高”外资挡在国门之外，进而缓解中国低端产能过剩、资源约束趋紧的发展难题，也有助于更优质的外资企业进入中国市场。其次，提高“引进来”的标准需要坚持全国一盘棋的原则，不能东部沿海地区执行高标准，而中西部地区执行低标准，把国外的低端产能引进西部地区，让西部重走中东部“先污染，后治理”的老路子。再次，提高“引进来”的标准需要坚持平等对待原则，即平等对待包括民营企业在内的市场主体，营造一个更加公平的市场竞争环境，改变“亲外资，疏民营”的陈旧思维。过去，我们国家为了招商引资，尤其是引进外资，不仅向外资企业出让大量土地，而且在税收政策上予以外资企业大幅优惠，甚至减免税收，然而，对国内的民营企业则设置更高的准入门槛，让中国的民营企业拖着沉重的包袱参与市场经济，这种历史和现状急需改变。有些人会担忧，我们国家把“引进来”的标准提高了，外国资本和技术“不愿意进来了”，我们怎么办？其实，从短期来看，这种担忧是存在一定道理的。但从长期来看，提高“引进来”的标准并不是主观臆断，而是遵循社会发展辩证法的结果。在经济全球化时代，低端产能的外资企业总是要不断寻求廉价的劳动力和廉价的原材料，随着中国劳动力成本不断提高和原材料资源不断衰竭，外资企业必然会寻求新的廉价劳动力市场和新的原材料产地，相比之下，东南亚国家更是这些低端产能的外资企业的理想去处。早在几年前，很多外资企业就开始着手前往东南亚国家，如越南、缅甸、泰国、印度尼西亚、菲律宾等劳动力价格较为低廉的国家，也就是说，很多低端产能的外资企业迟早要撤离中国，中国何不在他们撤离之前，适时主动提高“引进来”的标准，以谋求长远发展的主动权呢？

三、全面升级中国“走出去”的发展战略

“引进来”与“走出去”相辅相成，中国提升“引进来”的标准与升级“走出去”的发展战略是相互促进、相得益彰的。作为当今世界的第二大经济体，2008年世界金融危机以来，在全球经济增长低迷的形势下，中国对世界经济增长的贡献率一直保持在30%以上。过去几年，我们国家对世界经济增长之所以维持如此之高的贡献率，其中一个重要原因就是依靠大规模的政策刺激，比如4万亿的投资为产能过剩（尤其是低端产能过剩）添火加薪。当中国经济进入速度变化、结构优化、动力转化的“新常态”，这种大规模的政策刺激虽然可以在短期内起到“立竿见影”的效果，但从长期来看，它是很难维持经济持续健康增长的。当资源环境约束趋紧的问题越发凸显出来，中国不得不另谋他途。党的十八大以后，以习近平同志为核心的党中央逐步扬弃了既往的大规模经济刺激政策，习近平强调：“在全球经济疲软的背景下，中国也难免受到影响。面对下行压力，我们可以出台大规模刺激措施，短期内完全能够实现更高速度的增长，我们有这个能力。之所以没有这样做，是因为高消耗、高投入的模式对中国而言难以持续，也会给世界经济带来风险。因此，我们强调坚持进行结构性改革，着力解决经济中的深层次和中长期问题，让中国经济走得更好更稳更远。”①中国强调的供给侧结构性改革不仅对中国企业占领国内市场具有指导意义，而且对中国企业“走出去”占有国际市场份额同样具有借鉴意义。过去三十多年，中国企业主要依靠物美价廉的“Made in China”赢得国际市场，随着中国生产成本和费用不断提高，“Made in China”必将变得不再廉价，其他国家的制造业必将逐步挤压“Made in China”在国际市场上的占有率。资本追逐更大的剩余价值和消费者期望购买物美价廉的商品都是不以人的意志为转

① 习近平：《创新增长路径　共享发展成果——在二十国集团领导人第十次峰会第一阶段会议上关于世界经济形势的发言》，《人民日报》2015年11月16日，第2版。

移的客观规律，当然，我们也不要过于悲观，消费者的需求是在发展的。崛起的中国不应该只盯着国际市场上的低端需求，而应该善于发现、及时引导、敢于创造新需求，不断升级“走出去”的发展战略。崛起的中国全面升级“走出去”的发展战略，首先需要逐步将“中国制造”升级为“中国智造”。当代中国虽然是制造业大国，但距离制造业强国依然存在一定差距，“中国制造”在全球享誉“低价”的盛名，却也长期饱受“低质”的诟病。我们国家需要大力发扬“工匠精神”，发展和采用人工智能技术，让“中国制造”装上“中国芯”，让倾注着“工匠精神”的“中国智造”更加全面地传播“中国品质”。其次，继续鼓励和引导有能力的企业“走出去”，到经济全球化浪潮中去“游泳”，输出中国技术和中国标准，比如高铁标准和通信技术。当代中国已经告别外汇短缺的年代，拥有大量闲置资本的中国可以尝试组建新型跨国公司，参与全球融资投资，提升中国在国际资本市场的影响力。再次，遵循渐次过渡的发展辩证法，不断优化“走出去”的结构。我们强调全面升级“走出去”发展战略，不是要立刻取消“中国制造”的出口，也不是要立刻就实现从“中国制造”向“中国智造”的历史转变。我们需要看到，“全面升级”不是不分主次的平均使力，它往往是从“重点突破”开始的，全面升级中国“走出去”的发展战略也必然要求找准突破口和着力点。

四、大力推进“一带一路”建设

“一带一路”是“丝绸之路经济带”和“21世纪海上丝绸之路”的简称，它是以习近平同志为核心的党中央统筹国内国际两个大局而提出的重大倡议和战略构想，这一倡议和构想既顺应了地区发展与全球合作的潮流，又契合了沿线国家和地区发展需要，关系到中国和沿线国家、地区的当前利益和长远福祉。“一带一路”重大倡议和战略构想是中国落实开放发展理念的重要抓手，也是全方位升级中国开放发展战略的重要举措。习近平强调：“中国提出建设丝绸之路经济带和21世纪海上丝绸之路倡议，是在新形势下扩大全方位开放的重要举措，也是要致力于使更多国家共享发展机遇和成果。我们希望同‘一带一路’沿线国家加强合作，实现道路联通、贸易畅通、资金融通、政策沟通、民心相通，共同打造开放合作平台，为地区可持续发展提供新动力。”[①] “一带一路”是中国提出的重要倡议，但它不只是中国的私有物品，而是沿线各国的公共财富。习近平指出：“‘一带一路’建设秉持的是共商、共建、共享原则，不是封闭的，而是开放包容的；不是中国一家的独奏，而是沿线国家的合唱。‘一带一路’建设不是要替代现有地区合作机制和倡议，而是要在已有基础上，推动沿线国家实现发展战略相互对接、优势互补。”[②]可见，中国是“一带一路”的倡议者，但中国没有责任也没有能力包揽“一带一路”建设，它必须通过沿线各国共商、共建才能结出共享的丰硕成果。“一带一路”的构想并不是幻想，它的建设也不能停留在口号上，中国已经联合沿线国家出台了很多看得见、摸得着的实际举措，比如设立丝路基金、亚洲基础设施投资银行，沿线国家签署相关谅解备忘录，增进互信，凝练共识。中国与沿线国家携手构建“一带一路”互利合作网络、共创新型合作模式、开拓多元合作平台、推进重点领域项目，携手打造“绿色丝绸之路”“健康丝绸之路”“智力丝绸之路”“和平丝绸之路”，造福沿线国家和人民。推动“一带一路”建设对崛起的中国扩展开放发展的空间具有重大的现实意义。过去40年，中国的对外开放主要集中在沿海地区，内地或边境开放较少，因而，中国大宗商品货物主要从沿海地区走向世界，中国进口的大宗商品货物也主要通过沿海港口进入内地。然而，美国在太平洋西岸和印度洋打造的“C”形岛链随时可以阻断中国进出口的海上通道，这就严重限制了中国开放发展的空间，也增加了中国对外开放的风险。中国与“一带”的沿线国家重新打通“丝绸之路经济带”，不仅可以拓展中国同沿线国家开放发展的深度和广度，促进沿线国家互惠互利、优势互补、共同繁荣、共同进步、风险共担，也可以降低中国海上进出口通道上的风险和不确定性。从中国连云港、义乌、重庆、郑州、徐州等地发往欧洲的货运专列只要20

① 习近平：《构建中巴命运共同体　开辟合作共赢新征程——在巴基斯坦议会的演讲》，《人民日报》2015年4月22日，第2版。

② 习近平：《迈向命运共同体　开创亚洲新未来——在博鳌亚洲论坛2015年年会上的主旨演讲》，《人民日报》2015年3月29日，第2版。

天左右即可到达，相比之下，从上海港驶往欧洲的货轮则需要花40天左右。中国同沿线国家开通货运专列也大大增加了彼此间的货运往来，使中国同沿线国家日益结成更加紧密的利益共同体和命运共同体，共同造福沿线国家和人民。随着“一带”的作用日益凸显出来，中国构建“21世纪海上丝绸之路”就更加具备主动权，中国在进出口贸易中的航线选择就具有更多的自主性，从这个意义上讲，“一带”与“一路”是相互促进的。此外，大力推动“一带一路”建设有助于推动中西部地区、边境地区的对外开放，进而加速这些地区实现现代化的进程。

五、积极参与全球治理与合作

在经济全球化浪潮中崛起的中国是一个负责任的大国，它正以更加积极有为、更加开放的姿态参与全球治理与区域合作，国际社会也期待崛起的中国在全球治理中承担更多责任。正如习近平所言：“世界那么大，问题那么多，国际社会期待听到中国声音、看到中国方案，中国不能缺席。”[①]中华民族素有“穷则独善其身，达则兼济天下”的优良传统，崛起的中国以更加积极有为的姿态参与全球治理与合作，无疑诠释和践行着这种薪火相传的中国价值观。当代中国的开放发展是全方位的开放发展，它以经济领域为重点，但绝不仅限于经济领域。中国企业在“走出去”的过程中肩负着人文交流的使命，也肩负着帮助相关国家或地区解决贫困问题的任务。中国可以将一些劳动密集型产业迁往东南亚或者非洲，解决相关国家或地区的就业问题，同时，通过组织相关培训，大大提升相关国家劳动者的工作技能，为其加快现代化进程提供必要的人才资源储备，这在客观上可以增强非洲国家脱贫减贫的自我“造血”功能。近年来，中国政府和中国企业在非洲实施了一系列“光明行动”，比如，“在发展援助方面，三年来中方着力支持非洲国家减少贫困、改善民生、提高自主发展能力，在减贫、农业、卫生、教育、贸易促进、气候变化等重点领域，为非

① 《国家主席习近平发表二〇一六年新年贺词》，《人民日报》2016年1月1日，第1版。

洲国家实施了近900个援助项目，还为非洲培训各类人才超过3万名，并在5个非洲国家开展‘光明行’活动。三年来中方向非洲提供2万多个政府奖学金名额，举办了近1000多期面向非洲的多双边技术管理培训班和高级官员研修班。不仅培养了各类人才，还派遣了医护人员长期在非洲工作。”①参与全球治理绝不是一句空话，也不是把自己当成“世界警察”对其他国家颐指气使，更不是把裹挟着“普世价值”的强权政治强加给其他国家，这样的结果往往只会雪上加霜，适得其反，以美国为首的西方国家以民主改造的名义肆意推翻他国政权（伊拉克、利比亚、叙利亚等），被推翻的国家不仅没有得到所谓的民主，反而留下社会动荡、恐怖主义、失业饥荒等“后遗症”。全球治理难题的根源在于全球经济发展失衡，所以，破解全球治理难题的关键在于抓住发展这个“牛鼻子”，只有牵住这个“牛鼻子”，很多全球性治理难题才能逐个破解。恐怖主义对全人类的安全构成了严重威胁，是全人类的大敌，中国也面临着恐怖主义的威胁，反对和打击任何形式的恐怖主义是中国义不容辞的责任。全球气候变暖是世界各国共同面临的难题，面对全球气候变暖引发的诸多次生问题，中国不可能独善其身，中国将与其他国家一道，共同维护《巴黎协议》的成果，保护人类共同的生态家园。

开放发展是大国崛起与文明复兴所遵循的一条基本规律，世界上没有一个国家是在封闭状态中实现崛起的，人类历史上也没有哪种文明能墨守成规而经久不衰的。在经济全球化浪潮出现“退潮”现象的时代背景下，崛起的中国依然重申了开放发展的理念，并将它确立为引领新发展的“五大发展理念”之一，毫无疑问，这向全世界传达了开放发展的中国声音：中国开放发展的大门永远都不会关闭，中国越发展，中国就越开放。开放发展理念具有鲜明的问题导向，它直接回应了当代中国构建更高水平开放型经济面临的诸多难题，比如自然壁垒与体制壁垒、隐性壁垒与显性壁垒、利益固化壁垒与思想僵化壁垒、域外文化冲击的挑战、对外开放路径依赖的瓶颈，等等。在中国经济发展进入速度变化、结构优化、动力转换的“新常态”下，崛起的中国应该全面升级开

① 《习近平主席三年两访非洲：中国超额完成对非承诺》，人民网，2015年12月4日，http://politics.people.com.cn/n/2015/1204/c1001-27888718.html。

放发展战略，在国内营造更加有利于开放发展的内部环境，促进社会资源在国内市场更加顺畅、更加有效、更加公平地涌流。同时，全面升级中国的对外开放战略，提高“引进来”的标准，升级“走出去”的战略，加快推进“一带一路”建设，拓展中国开放发展的空间，还要以更加积极有为的姿态参与全球治理与合作，促进全球可持续发展，增进全人类的共同福祉。

新时代中国发展观研究

中国发展的根本价值导向

XINSHIDAIZHONGGUOFAZHANGUANYANJIU

党的十八届五中全会将共享发展理念确立为“五大发展理念”的价值灵魂，标志着中国共产党开启了中国特色社会主义从“先富时代”向“共享时代”迈进的历史之门，从这个意义上说，共享发展理念是“五大发展理念”的“画龙点睛”之笔。党的十九大指出：“全党必须牢记，为什么人的问题，是检验一个政党、一个政权性质的试金石。带领人民创造美好生活，是我们党始终不渝的奋斗目标。必须始终把人民利益摆在至高无上的地位，让改革发展成果更多更公平惠及全体人民，朝着实现全体人民共同富裕不断迈进。”[①]共享发展理念是以习近平同志为核心的党中央“以人民为中心”的发展思想的集中体现，它既体现了我们党一以贯之的宗旨和不曾忘怀的“初心”，也遵循了人类文明进步“共享递增”的一般规律或总体趋势，更顺应了全体中国人民向往美好生活的新期待。共享发展理念为当代中国迈向“以提高发展质量和效益为中心”的新发展提供了根本价值导向，它的历史出场被赋予了特殊的时代意义。

共享发展是坚持和完善中国特色社会主义的本质要求

中国特色社会主义是中国人民的事业，完善和发展中国特色社会主义必须坚持人民主体地位，这是我们党从中国特色社会主义波澜壮阔的伟大实践中总结出的一条基本经验。共享发展理念是人类文明进步的时代产物，也是国家长治久安的“平衡器”。人民群众既是价值的创造主体，也是价值的享有主体，共享发展理念体现了人民群众创造历史的“事实性”与享有历史成果的“价值性”的有机统一。我们需要看到，共享发展理念的内涵不是一成不变的，在不同时代、不同制度、不同主义、不同国家、不同政党那里，共享的程度是不一

① 习近平：《决胜全面建成小康社会　夺取新时代中国特色社会主义伟大胜利——在中国共产党第十九次全国代表大会上的报告》，《人民日报》2017年10月28日，第4版。

样的，只有在无产阶级政党领导的社会主义国家，共享发展的理念才能表现出前所未有的科学性和彻底性。当代中国的共享发展理念从根本上回答了中国特色社会主义发展依靠谁、发展为了谁、发展成果由谁享有等问题，可以说，共享发展理念是坚持和发展中国特色社会主义的本质要求。

一、人类文明进步的总体趋势

共享发展具有历史性，人类文明越进步，共享发展的内涵就会越丰富。从原始社会、奴隶社会、封建社会、资本主义社会和共产主义社会等“五形态”演变历程来看，各种文明共同体的发展也经历了从“低层次共享”向“高层次共享”的历史转变。

在人类生产力水平极为低下的原始社会，原始人必须依靠群居才能战胜险恶的自然环境，原始人以部落或族群的“共同体”形式生存繁衍，在部落首领的领导下共同劳动，共同分享食物，共同抵御外族入侵，共同承担复仇责任，共同抚育族群后代，共同分享喜乐哀怨……在原始社会，人类的祖先以亲缘或血缘为纽带，已经结成了简单而朴素的“共享发展”的命运共同体。原始社会的共同体具有简单朴素的公有制特征。随着原始劳动工具的发明和运用，原始人的社会生产力不断提高，部落的劳动产品除了满足部落成员基本需求之外，出现了少量的剩余，私有制就在“少量的剩余”的基础上应运而生。有人可能会认为，私有制的出现是人类文明发展的倒退。其实，这种观点只是对私有制的一种片面的道德批判，没有看到私有制形成和发展的重要意义。虽然原始社会带有公有制的某种简单“共享”属性，但这种部落形式的命运共同体是建立在自然形成的分工和局限性的社会交往的基础上的。社会交往一旦扩大，这种“共享”的命运共同体就会逐步走向解体。在生产力水平极其低下的情况下，部落之间的相互征伐是非常残酷的，战胜的部落或族群不可能把有限的食物分给战败俘虏，而战败的部落或族群往往面临着灭族的危险。

随着生产力水平不断提高，整个社会出现了越来越多的剩余产品，战败的部落或族群可以免于灭族的危险而沦为奴隶，战胜的部落或族群则可以依靠奴隶劳动而过上更加富足的生活。奴隶社会诞生之后，奴隶制国家这种更高层次的共同体在部落结盟的基础上形成了。相比原始部落而言，奴隶制国家虽然表现出较强的剥削性质，但它能够通过国家的形式把整个社会的“剩余产品”组织整合起来，利用社会的“剩余产品”组建起各种国家机器，让人类进入新的文明时代。同时，奴隶制国家比原始部落具备更强的抗风险能力，奴隶主、平民、奴隶都能够在不同层面“共享”安全的福利（虽然奴隶的生存环境得不到保障，但相比“灭族”而言，显然是巨大的历史进步）。

人类进入封建社会之后，“共享”的范围进一步发展。首先，是废除奴隶制度，将奴隶解放成平民，使奴隶摆脱了对奴隶主的人身依附关系。其次，是取消奴隶殉葬制度，奴隶变成平民之后，其生命权得到一定程度的保护。再次，获得人身解放的平民不用像奴隶那样没日没夜地劳作，平民比奴隶拥有更多自由支配的时间。封建社会虽然存在严重的阶级固化问题，但依然为平民阶层中的优秀分子通往官僚阶层预留了“一扇门”，比如九品中正制、察举制、科举制等选贤任能制度。此外，封建国家有组织地编撰各种医学典籍、农学典籍、军事典籍、文学典籍等，在提高人们劳动生产力的同时，提高了整个社会的医疗水平，也在很大程度上丰富了人们的精神世界。

当人类进入资本主义社会之后，“共享”的范围进一步扩大。随着机器的发明和使用，社会生产力达到前所未有的高度，资本主义在其不到一百年的统治时间里，创造的生产力比以往任何时候的总和还要多、还要大，迅速扩张的社会生产力促使自由市场战胜封建宗法血缘关系，农民阶级彻底摆脱对土地的依赖，变成除了自由之外一无所有的工人阶级。随着资本主义制度不断完善起来，工人阶级“共享”社会发展成果的深度和广度也在不断拓展，比如，更加完善的医疗制度，更加开放的教育制度，更加民主的选举制度，更加完善的社会保障体系，更加优越的生活环境，更加发达的科学技术，更加丰富多彩的文化成果，等等。当然，资本主义的“共享”不可能触及私有制本身，它不可避免地带有历史局限性。这种历史局限性将会在公有制的共产主义社会得到根本扬弃和超越。因为“代替那存在着阶级和阶级对立的资产阶级旧社会的，将是这样一个联合体，在那里，每个人的自由发展是一切人的自由发展的条件”[①]。在马克思、恩格斯看来，只有共产主义社会才是“各尽所能，按需分配”的“自由人的联合体”——“真正的共同体”。原始社会、奴隶社会、封建社会、资本主义社会和共产主义社会是人类文明发展的“五形态”，在“五形态”依次更替或跨越更替的过程中，人类也逐步从低层次、低水平的“共享发展”向更高层次、更高水平的“共享发展”迈进。从这个意义上，我们可以认为，“共享发展”是人类文明进步的总体趋势，也是人类文明进步的一般规律。

二、国家长治久安的平衡器

“共享发展”在国家长治久安过程中扮演着平衡器的角色。人类文明“五形态”不是抽象的，从横向上看，它是由各个不同的国家构成的，从纵向上看，每个国家都经历了不同的朝代，都经历了或快或慢的王朝更替。虽然人类文明依次更替的“五形态”呈现出“共享递增”的总体趋势，但这并不是说，在每个具体的社会形态中，“共享发展”始终处在“线性递增”的运动轨迹之中。我们所说的“共享递增”不是直线性的“共享递增”，而是螺旋式的“共享递增”。“共享递增”的前途是光明的，但道路是曲折的，这条道路上镌刻着劳动人民与统治阶级长期抗争的历史画卷。马克思主义认为，国家是阶级矛盾不可调和的产物，国家这种共同体的诞生就是为了把阶级矛盾控制在可以调和的范围之内，防止整个社会在你死我活的争斗中走向毁灭。阶级斗争的根源在于所有权的归属问题，如果整个社会处在“少数人所得而私”与“多数人劳而无获”的状态下，阶级矛盾必然激化，国家要么采用暴力机器镇压住抗争者，要么在抗争者的激烈反抗中走向覆灭。这说明，一个国家或一个王朝能否实现长治久安，与全体社会成员能否共享社会资源以及在多大程度上共享社会资源密切相关。以封建社会为例，一个王朝在建立之初，统治者往往都会励精图治，采取轻徭薄赋、休养生息的政策，尽可能实现“耕者有其田”，劳动人

① 《马克思恩格斯选集》（第1卷），人民出版社，2012年，第422页。

民在这些相对宽松的政策环境下迅速恢复生产力，生产生活逐渐安定，整个社会逐渐呈现出国泰民安的繁荣景象。在繁荣盛世，劳动人民虽然要向国家缴纳赋税，处于“被剥削”的地位，但劳动人民可以共享国家这个共同体提供的安全保障，免于兵荒马乱，免于战争祸乱，免于背井离乡，免于民不聊生。在封建社会的繁荣盛世，往往吏治较为清明，劳动人民可以运用相关法律制度保护自身的合法权益，解决利益纠纷或矛盾，劳动人民可以一定程度上共享“国法”的正义。在封建王朝走向没落的时期，劳动人民所共享的权益遭到统治阶级肆意践踏，疯狂的土地兼并导致“贫者无立锥之地”，毫无廉耻的巧取豪夺导致贫者破产为奴，贪婪无度的大兴土木导致无数民力财力耗费，穷兵黩武的肆意征伐导致贫者家破人亡、妻离子散、背井离乡，等等。统治阶级为了一己之私置广大劳动人民的生死于不顾，在阶级矛盾不断激化到不可调和的情况下，劳动人民只能揭竿而起，为争取自己的生存权进行殊死抗争。中华民族素有“天下大同”的理想，但旧社会的统治阶级“少数人所得而私”的狭隘性不可能带领中华民族实现“天下大同”的千年夙愿。统治阶级与劳动人民本来共享一片天，统治阶级偏要打破共享的天平，其结果只能是陷入“其兴也勃焉，其亡也忽焉”的历史周期率。我们需要看到，原始社会、奴隶社会、封建社会、资本主义社会等社会形态的“共享发展”是存在边界的，我们不能奢望原始部落、奴隶国家、封建国家、资本主义国家的统治阶级永远保持相应的“共享平衡”，从根本上说，不断发展的社会生产力会充当不自觉的工具来打破旧有的“共享平衡”。纵观历史，在各个朝代，“共享发展”扮演着使国家长治久安的“平衡器”的角色。

三、治国理政的新智慧

当代中国的共享发展理念的哲学根基是唯物史观，是群众史观，不是唯心史观，也不是英雄史观。唯物史观作为伟大的无产阶级革命导师马克思的独创性“两大发现”之一，引领了人类历史观领域的哲学革命，破除了唯心史观“一统天下”的格局，为无产阶级及其政党提供了科学的理论武器。马克思、恩格斯旗帜鲜明地指出："过去的一切运动都是少数人的或者为少数人谋利益的运动。无产阶级的运动是绝大多数人的、为绝大多数人谋利益的独立的运动。"[①]

在唯物史观诞生之前，唯心史观长期统治着人们的历史观。中国古代的民本思想中虽然有"不患寡而患不均"的"共享因子"，但中国古代的民本思想及其"共享因子"是建立在唯心史观的基础上的。旧中国的统治者或统治阶级虽然承认劳动人民的历史作用，但仅仅把劳动人民当作创造历史的工具，因而不承认劳动人民的历史主体地位。或者说，旧中国的统治者或统治阶级仅仅承认劳动人民是被动的历史主体，不是具有创造精神的历史主体，在他们看来，劳动人民创造历史是"皇恩浩荡"的产物，如此一来，创造历史的真正主体就不是从事物质生产活动的劳动人民，而是至高无上的皇帝和深居庙堂的王侯将相。按照唯心史观，既然以皇帝为核心的统治阶级是创造历史的真正主体，那么，以皇帝为核心或轴心的统治阶级"独享"创造历史的荣光也就无可厚非、顺理成章了。因而，在唯心史观的统治下，统治阶级在打天下的时候，往往会向劳动人民许下"天下为公"的承诺，一旦夺取天下，统治阶级自私褊狭的本质就会逐渐暴露出来，在中国历史上，不乏"一将功成万骨枯""兔死走狗烹，鸟尽良弓藏"等"过河拆桥"的案例。

纵使一些王朝曾出现国泰民安的繁荣盛况，但终究逃不脱历史周期率的支配。正如黄炎培在与毛泽东的"窑洞对"中所言："我生六十多年，耳闻的不说，所亲眼见到的，真所谓'其兴也勃焉，其亡也忽焉'，一人，一家，一团体，一地方，乃至一国，不少单位都没有能跳出这周期率的支配力。大凡初时聚精会神，没有一事不用心，没有一人不卖力，也许那时艰难困苦，只有从万死中觅取一生。既而环境渐渐好转了，精神也就渐渐放下了。有的因为历时长久，自然地惰性发作，由少数演为多数，到风气养成，虽有大力，无法扭转，并且无法补救。也有为了区域一步步扩大了，它的扩大，有的出于自然发展，有的为功业欲所驱使，强求发展，到干部人才渐见竭蹶、艰于应付的时候，环境倒越加复杂起来了，控制力不免趋于薄弱了。一部历史，'政怠宦成'的

① 《马克思恩格斯选集》（第1卷），人民出版社，2012年，第411页。

也有，‘人亡政息’的也有，‘求荣取辱’的也有。总之没有能跳出这周期率。”[①]对此，毛泽东自信饱满地回答：“我们已经找到新路，我们能跳出这个周期率。这条新路，就是民主。只有让人民来监督政府，政府才不敢松懈；只有人人起来负责，才不会人亡政息。”[②]以毛泽东为核心的中国共产党人找到的“新路”就是民主之路，这条民主之路是在唯物史观的指引下开辟出来的。其实，早在第一次国共合作时期，毛泽东就曾将唯物史观称为“吾党哲学的根据”[③]，这充分表明以毛泽东为代表的中国共产党人已经与唯心史观彻底划清界限。与旧中国的统治阶级把人民大众当成草芥的英雄史观形成鲜明的对比，毛泽东为中国共产党人确立了“信仰人民”这条根本规矩，并作出了“为人民服务”的庄严承诺。只有信仰人民，才能真正为人民服务。

新中国成立之后，作为执政党的中国共产党领导和开辟的“民主之路”是多维度的，在政治上表现为人民民主专政或人民当家做主，在经济上表现为确立公有制的主体地位，在文化上表现为鼓励“百家争鸣，百花齐放”。毫无疑问，中国共产党领导的“民主之路”闪耀着全体人民“共享发展”的灿烂光芒，“共享发展”的理念为中国共产党的治国理政注入了新的智慧，“共享发展”也是中国共产党对超越历史周期率的实践探索。当然，我们需要看到，“共享发展”的内容和形式都不是一成不变的，随着生产力的发展，“共享发展”的深度和广度都会不断扩展和延伸，劳动人民在共享改革发展成果的内容和形式上也会表现出更多的差异性，所以，我们党在治国理政过程中应该追求一种动态平衡的“共享发展”，而不是追求一种僵化静止的“共享发展”。

四、中国特色社会主义的根本价值取向

共享发展是科学社会主义“各尽所能，按需分配”的伟大理想的集中体现，也是中国特色社会主义的根本价值取向。中国特色社会主义就是当代中国

① 黄炎培：《延安归来》，国讯书店，1945年，第64-65页。

② 黄炎培：《延安归来》，国讯书店，1945年，第65页。

③ 《毛泽东选集》（第1卷），人民出版社，1991年，第296页。

马克思主义。习近平指出：“中国特色社会主义，是科学社会主义理论逻辑和中国社会发展历史逻辑的辩证统一，是根植于中国大地、反映中国人民意愿、适应中国和时代发展进步要求的科学社会主义，是全面建成小康社会、加快推进社会主义现代化、实现中华民族伟大复兴的必由之路。”①科学社会主义理论逻辑是由实现共产主义的历史前提、领导阶级、主体力量、历史阶段、占有方式、分配方式等基本观点构成的内在关联性，由这些内在关联性构成的整个科学社会主义理论体系揭示了社会主义代替资本主义的历史必然性。中国社会发展历史逻辑就是由中华民族独特的历史文化、独特的民族遭遇、独特的历史使命等因素共同决定的独特的发展道路和发展模式。在中国共产党的领导下，经过历史和人民的双重选择，中国社会发展的历史逻辑最终顺应了科学社会主义所揭示的人类社会发展规律，也顺应了社会主义必然取代资本主义的发展大势，中华民族才能成功抢占了实现伟大复兴的发展战略制高点。历史和实践都已经深刻地表明，只有社会主义才能发展中国，科学社会主义的基本原则不能丢，丢了就不是社会主义。但坚持科学社会主义的基本原则不能仅仅停留在观念层面，还要把这种“坚持”融入到具体的实践情境之中，正如马克思在1872年《共产党宣言》的德文版序言中所说：“这个《宣言》中所阐述的一般原理整个说来直到现在还是完全正确的。”但这些原理的实际运用，“随时随地都要以当时的历史条件为转移”②。如果离开了具体的时间和空间，脱离特定时空下的历史主体面临的主要矛盾，简单套用科学社会主义的基本原则，就很容易将这些基本原则当作放之四海而皆准的教条圣律，反过来用教条圣律裁剪社会现实。马克思主义一旦被教条圣律化，实践活动就难以取得新进展。教条主义者看似坚守和捍卫马克思主义，实际上是抽掉了马克思主义“实事求是”的精髓，让马克思主义理论本身错失或错过进一步升华和发展的机遇，从而使其陷入僵化固化的境地。

社会主义是一种超越“少数人所得而私”的社会制度。中国人民是在中国共产党的领导下“站起来的”，新中国也是在中国共产党领导的社会主义制度

① 习近平：《永远要有逢山开路遇河架桥精神》，《人民日报·海外版》2013年1月7日，第1版。

② 《马克思恩格斯选集》（第1卷），人民出版社，2012年，第376页。

下“站稳的”。中国人民在社会主义制度下共享前所未有的民族自豪感、民族自尊心、民族自信心，共享历史创造者的荣耀和荣光，共享现代化建设的挫折与辉煌，这是中国历史上从未有过的大变局。当然，我们需要看到，由于新中国是在一穷二白的基础上站立起来的，新生的社会主义制度需要通过源源不断的物质积累来巩固和完善，劳动人民在“共享发展”的深度和广度上都是相对有限的。由于缺乏对社会主义建设的经验，再加上社会主义苏联模式对中国影响很深，人们对社会主义存在着“一大二公”的片面理解，导致“共享发展”呈现出浓郁的平均主义色彩。

十一届三中全会之后，我们党破除“两个凡是”的干扰，重新确立“解放思想、实事求是”的思想路线，把党和国家的工作重心转移到社会主义现代化建设上来，开启了中国社会主义的改革时代，打破了平均主义色彩的“共享发展”格局，确立“解放生产力，发展生产力，消灭剥削，消除两极分化，最终实现共同富裕”的“共享发展”的总体思路。在“允许一部分人通过诚实劳动先富起来，先富带后富，最终实现共同富裕”的“共享发展”的具体思路指引下，中国人民的伟大创造精神被激活，从“基本温饱”到“基本小康”，再从“全面建设小康”到“全面建成小康”，这一路走来，中国始终处在一个动态平衡的“共享发展”进程之中。虽然不同群体共享改革发展成果的深度或广度有所差别，但从总体上看，中国特色社会主义“共享发展”的普惠性原则是毋庸置疑的。

改革开放近四十年来，随着中国发展的体量和质量双重提升，人民群众“共享发展”的深度和广度也在不断拓展。习近平指出：“我们的人民热爱生活，期盼有更好的教育、更稳定的工作、更满意的收入、更可靠的社会保障、更高水平的医疗卫生服务、更舒适的居住条件、更优美的环境，期盼孩子们能成长得更好、工作得更好、生活得更好。人民对美好生活的向往，就是我们的奋斗目标。”[①]为顺应人民群众向往美好生活的新期待，以习近平同志为核心的党中央高度重视“共享发展”的顶层设计问题，提出并形成了全面建成小康社会、全面深化改革、全面依法治国、全面从严治党的“四个全面”战略布局，

① 《习近平谈治国理政》，外文出版社，2014年，第4页。

创造性地提炼了引领当代中国实现更高质量、更高效益的新发展的“五大发展理念”，这些治国理政的战略布局和新发展理念都旨在提升中国特色社会主义“共享发展”的价值底色和实际成色。

当代中国发展的共享性矛盾

一种科学的发展理念不可能回避时代发展的难题而蛰居于世俗之外。共享发展理念作为“五大发展理念”的“点睛之笔”，它直接回应了当代中国发展的共享性不足或受益不均衡的问题，具有鲜明的问题导向。当代中国的“共享发展”不是以平均主义为导向的，而是以动态平衡的普惠性原则为导向的。由于实现动态平衡的普惠性共享原则需要遵循先易后难、由点及面、有先有后的发展辩证法，各地区、各群体共享改革发展成果的深度和广度不可避免地存在差异，这种差异既有自然禀赋的历史根源，也有政策导向的现实根源。在新的历史起点上，深刻认识当代中国发展过程的共享性矛盾及其表现形式，有助于我们进一步提升“共享发展”的质量和水平。

一、“先富”与“后富”或“未富”的共享矛盾

“先富”与“后富”或“未富”的共享矛盾体现在巨大的贫富悬殊之上，而巨大的贫富悬殊又是共享矛盾最直观的体现。贫富悬殊问题可以通过国家统计局的一系列统计数据直观地显示出来。基尼系数是测量收入分配差异程度的统计指标，国际上通常把0.4作为收入分配差距的“警戒线”，基尼系数0.4以上表示收入差距较大。国家统计局发布数据显示，自2003年以来，我国基尼系数一直处在全球平均水平0.44之上，2008年达到最高点0.491，2015年全国居民收入基尼系数为0.462，2016年略有上升，达到0.465。中国的改革开放“让一部分人先富起来”，它背后隐含的逻辑并不是“让一部分人先穷下去”，而是通过相关政策倾斜“让一部分地区发展快一些”，这必然使尚未获得相关政策倾斜的“一部分地区发展慢一些”。从总体来看，所有地区都在发展进步，但发展

进步的程度有所差别。“先富”这一概念有两重含义，一是“先富”地区，二是“先富”群体。与此相对应，“后富”或“未富”也有两重含义，一是“后富”或“未富”地区，二是“后富”或“未富”群体。从“先富”地区与“后富”或“未富”地区的共享性矛盾来看，“先富”地区主要集中在东部沿海地区和中西部的城市，这些地区聚集了雄厚的资本、发达的科技、便捷的交通、密集的人口、优质的公共服务等社会资源，生活在这些“先富”地区的人们获得了分享这些优质社会资源的优先权；“后富”或“未富”地区主要集中在中西部的小城镇或农村，这些地区往往自然条件艰苦、资金匮乏、交通闭塞、自然禀赋不足、公共服务供给不足、思想观念较为落后，生活在“后富”或“未富”地区的居民很难及时分享到现代化建设的成果。在分享国家政策资源方面，“先富”地区长期占据优势地位，“后富”或“未富”地区长期处于弱势地位，“先富”地区带动“后富”或“未富”地区实现跨越式发展需要从国家政策层面作出新的适当调整。“先富”群体与“后富”或“未富”群体的共享性矛盾是多方面的。“先富”群体掌握大量的社会财富，“后富”或“未富”群体处在贫困线边缘。以2016年为例，“按全国居民五等份收入分组，低收入组人均可支配收入5529元，中等偏下收入组人均可支配收入12899元，中等收入组人均可支配收入20924元，中等偏上收入组人均可支配收入31990元，高收入组人均可支配收入59259元”[①]。从这组数据中可以看出，高收入组是低收入组人均收入的十几倍，然而，高收入组中的高层与低收入组的底层的收入差距远远不止十几倍。经济分配领域产生的巨大差别使得“先富”群体与“后富”或“未富”群体之间的共享性矛盾呈现出多样化的发展态势，实现共同富裕依然任重道远。

二、城里人与外来者的共享矛盾

城里人与外来者的共享矛盾是一个长期存在的历史遗留问题。城市是政治、经济、文化资源的集散中心，城里人占据分享这些优质资源的先天优势。

① 《中华人民共和国2016年国民经济和社会发展统计公报》，国家统计局，2017年2月28日，http://www.stats.gov.cn/tjsj/zxfb/201702/t20170228_1467424.html 。

相比之下，农村处在城市的外围，农村与城市呈现出“中心—边缘”的结构特征，距离城市中心较近的乡村能够较好地分享城市的辐射效应，距离城市中心较远的乡村在经济、文化发展方面则相对落后。城市的发展规模与整个社会的生产力水平密切相关，在封建社会，生产力水平普遍低下的情况下，城市的规模往往也较小，城市的功能也较为单一，主要表现在简单的商品集散和政治保卫领域。进入资本主义社会之后，随着社会生产力的不断发展，城市的规模和功能都得到极大扩展，城市作为“全方位”的集散中心的功能越发体现出来。“城里人”这个身份作为一种优越性的重要标识，成为源源不断涌入的“外来者”的热切追求和期盼。新中国成立之后，城乡二元结构长期存在，“城里人”与“乡下人”之间的流动往往是单向不对等的。“城里人”可以去农村接受贫下中农再教育，而“乡下人”很少有机会跳出农村。城乡二元结构长期存在使“城里人”这种身份标识变得更加珍贵，也使得“乡下人”这种身份标识备受冷遇。改革开放之后，中国城市化进程不断加快，大量的“乡下人”作为“外来者”如潮水一般涌入城市，他们为城市的繁荣扩张贡献了不可忽视的力量，他们承担了城市主要的体力劳动。“城里人”作为“土著居民”充分享受着现代城市文明的无尽繁荣，“乡下人”作为“外来者”游走于城市的“中心—边缘”之间，“留不下的城市”与“回不去的农村”成为广大“外来者”共同面对的时代难题。从静态的角度看，不断涌入的“外来者”确实会给“城里人”分享城市资源带来压力，比如，学区房变得日益紧俏，医疗资源变得日益紧缺，城市公共安全备受考验，交通拥堵日益普遍，饮用水源日益短缺，城市污染日益严重等。从动态的角度看，如果没有“外来者”大量涌入，“城里人”根本不可能依靠低成本过上高品质的现代生活，从这个意义上讲，“城里人”与“外来者”是一种“利益共同体”的关系，否定这一点，“城里人”与“外来者”之间的张力永远都不可能真正地缩小。

三、当代人与后代人的共享矛盾

共享发展不仅涉及代内公平问题，而且涉及代际公平问题。代内公平与代际公平是相互影响的，如果代内公平问题得不到有效解决，就会衍生出代际公平问题。代内公平问题涉及当代人与当代人的共享矛盾，代际公平问题则涉及当代人与后代人的共享矛盾。无论是当代人，还是后代人，他们所生活的地理空间和占有自然资源总量都是有限的。当代人对地理空间或自然资源的开发利用也必然影响到后代人的开发利用，这是不争的事实。比如，随着城市化进程不断加快，城市扩张使得城市规模不断扩大，城市空间不断挤占农村空间，城市用地不断挤占农业生产用地，耕地面积不断缩小，迫近18亿亩的“耕地红线”，后代人“去哪里”要粮食呢？当代人确实可以在疯狂的城市化进程中分享钢筋水泥带来的富丽堂皇，可是，后代人又去哪里寻找乡村的田野气息或世外桃源呢？当代中国出于实现工业化、信息化、城市化、农业现代化“并联式”发展的迫切需要，我们对自然资源的索取也呈现出“几何叠加”的态势。比如，我们对不可再生资源的索取达到了空前的高度，20世纪80年代初，我们国家曾大量出口石油、煤炭、铁矿等自然资源以换取发展所需的外汇，但随着中国现代化进程不断推进，中国转而大量进口石油、煤炭、铁矿、铜矿等工业原料，中国发展的对外依存度不断提高，发展的风险也在增加。随着资源环境约束趋紧的问题日益突出，后代人能否像当代人一样继续共享有限的自然资源呢？后代人分享自然资源的“历史法权”是否被当代人剥夺了呢？尤其是一些原本“可再生资源”变得“不可再生”之后，如地下水污染、土地盐碱化、土地沙漠化、冰川融化、江河断流、生物灭绝等问题大大降低了可再生资源的“再生能力”，后代人还能否共享当代人的荣耀？其实，后代人与当代人的共享矛盾不仅体现在地理空间或占有自然资源等方面，它的根源是当代人在经济、政治、文化、社会等领域的共享矛盾。当代人在经济领域存在贫富悬殊问题，致使贫困地区或贫困人口更加偏向于“出卖”自然资源以换取经济发展，快速改变贫穷落后的面貌。但开发自然资源留下的“后遗症”必须由后代人来买单，从这个意义上讲，后代人一生下来就背负着历史的债务。当代人的政治贫困或文化贫困在很大程度上会影响后代人的政治思维或文化心态，如果任由当代人的政治贫困或文化贫困发展下去，后代人很可能走向政治赤贫或文化赤贫的境地。代际公平有赖于代内公平的实现，解决当代人与后代人的共享矛盾有赖于当代人内部的和解。

四、普惠性与不均衡性的矛盾

当代中国的改革发展是普惠性的，但这种普惠性又是不均衡的。中国的改革开放是从农村的“摸着石头过河”开始的，正如邓小平所言：“农村搞家庭联产承包责任制，这个发明权是农民的。农村改革中的好多东西，都是基层创造出来，我们把它拿来加工提高作为全国的指导。”[①]农村实施家庭联产承包责任制，打破平均主义“大锅饭”，克服了“出工不出力”的“搭便车”问题，农民只要向国家缴纳一定数额的粮食税（2006年1月1日起，中国的农业税全面废止），剩余劳动产品由农民自由支配，这就极大地调动了广大农民的生产积极性。安排农民“种什么”“种多少”“什么时候种”“什么时候除草”“什么时候施肥”“什么时候浇水”等“计划”或“指令”被废除之后，广大农民可以根据市场需要有选择性地种植农作物，农民的自主权大大提升。从这个意义上讲，农村实施的家庭联产承包责任制增进了广大农民的自由，对广大农民而言，这种不断增进的自由是具有普惠性的。自由不是免费的午餐，农民在获得自主耕作的自主权之后，也面临着独自承担风险的问题。在人民公社时期，农民虽然没有自由耕作的自主权，但作为个体存在的农民在人民公社或生产队等利益共同体的保护下“风险共担”，这样就可以减小或降低灾难性的破产风险。相比之下，实施家庭联产承包责任制之后，获得解放的广大农民往往是以个体的姿态与市场打交道，以个体的身份独自承担市场风险，如此一来，广大农民在农村体制改革中获得的自由就被随之而来的市场风险大大抵消了。不可否认，家庭联产承包责任制在解决温饱问题上发挥了十分积极的历史作用，这一制度对广大农民而言是普惠性的，同时，这一制度背后潜藏着巨大的市场风险，能够有效规避市场风险的农民毕竟只是少数，依靠农业规模化经营实现脱贫致富的农民也只是少数，多数农民则处于“脱贫不富”且“风险多发”的状态，从这个意义上讲，这一制度的普惠性又是不均衡的。如果任由发展的不均

① 《邓小平文选》（第3卷），人民出版社，1993年，第382页。

衡性不断扩大，改革发展的普惠性价值底色就会在不均衡性的实际成色掩盖下黯然失色。如果只追求发展机遇的普惠性，不追求发展成果的均衡性，在激烈的市场竞争环境下，就必然导致“少数人吃肉变成胖子”“多数人喝汤不饿死”“一部分人喝不到汤忍饥挨饿”的局面。“吃肉的少数人”“喝汤的多数人”“喝不到汤的一部分人”在共享改革发展成果上的差距或差别绝不仅仅体现在经济领域，这种共享差距或差别在政治、文化、社会、生态等领域都是非常明显的。

五、“贫而均”与“富而不均”的矛盾

历史与现实是关联相通的，过去“贫而均”与当前“富而不均”矛盾也会形成鲜明的共享反差。新中国是在一穷二白的基础上站立起来的，站立起来的新中国要在一穷二白的基础上确立社会主义制度，国家就必须采取“高积累”和“低消费”的发展模式凝聚举国之力。为了建立独立的工业体系，国家不得不尽可能从社会抽调更多物资，以加快工业资本的原始积累过程，如此一来，整个社会能够调配的剩余产品就必然大幅减少。为了兼顾国家工业化建设和保障人民基本生活，党和国家不得不采取平均主义的政策，尽可能压低民众工资，控制商品流通，严格控制农产品的价格，同时大力倡导艰苦奋斗的作风，进而减小不必要的浪费。在人民公社普遍实行工分制，成年男性每天按12分计算，成年女性每天按8分计算，年底根据工分统一分红，如此一来，村民的收入水平虽然普遍偏低，但收入差距微乎其微，甚至可以忽略不计。这就是典型的“贫而均”的现象，一些人对过去“贫而均”的现象情有独钟、赞不绝口。改革开放之后，党和国家逐步破除姓“资”姓“社”的争议，将工作重心转移到社会主义现代化建设上来，形成了“贫穷不是社会主义”的认识，确立了“允许一部分人、一部分地区率先富裕起来”的导向，极大地激活了“平均主义”压抑下的创造精神。经过近40年的改革发展，中国“允许一部分人、一部分地区率先富裕起来”的历史任务业已完成，中国发展的“体量”和“质量”大幅提升，中国发展的“蛋糕”做得又大又好，中国国内生产总值已经稳居世界第二位，但中国的“蛋糕”在分配过程中也长期存在“大而不均”或“富而不

均”的问题。面对改革开放前后发展的共享反差，一些人会站在“贫而均”的道义制高点来批判“富而不均”的现实，一些人也会站在“富而不均”的现实制高点来嘲讽或贬低“贫而均”的历史。在“富而不均”的历史起点上，我们应该积极传承“贫而均”的历史道义制高点中有价值的共享精神，使这种共享精神或共享理念融入实现共同富裕的新的制度安排之中，焕发出新的生命力。习近平敏锐地指出：“我国经济发展的‘蛋糕’不断做大，但分配不公问题比较突出，收入差距、城乡区域公共服务水平差距较大。在共享改革发展成果上，无论是实际情况还是制度设计，都还有不完善的地方。为此，我们必须坚持发展为了人民、发展依靠人民、发展成果由人民共享，作出更有效的制度安排，使全体人民朝着共同富裕方向稳步前进，绝不能出现‘富者累巨万，而贫者食糟糠’的现象。”①

六、效率上位与公平让位的矛盾

效率与公平的矛盾是历史发展中的动态问题，当代中国的共享发展不可回避这对矛盾。大体上看，当代中国经历了从计划经济体制向社会主义市场经济体制的历史转变，这种历史转变也引起了效率与公平的关系变革。很多人会认为，在计划经济体制下，中国发展呈现出“公平有余，效率不足”的特征。其实，这种认识是笼统的，是不全面的，“公平有余”无可争议，“效率不足”则需要具体分析。在短时间内，中国在一穷二白的基础上进行“一化三改造”，集举国之力建立了门类较为齐全的社会主义工业体系，足以见得，在国家重点项目建设方面，计划经济体制“效率不足”的说法是不成立的。由于需要支援国家建设，在社会生活领域，特别是基本生活物质供给方面，计划经济体制确实存在一定程度的“效率不足”问题，这也使得改革开放前的“公平有余”不得不以平均主义的“简化主义”形式表现出来。在计划或指令发挥主要作用的社会结构中，极其容易滋生官僚主义的弊病，官僚主义的弊病又会反过

① 习近平：《在党的十八届五中全会第二次全体会议上的讲话》（节选），《求是》2016年第1期。

来影响效率。改革开放之后，邓小平多次强调要通过“提高效率，克服官僚主义”，他说：“官僚主义是小生产的产物，同社会化的大生产是根本不相容的。要搞四个现代化，把社会主义经济全面地转到大生产的技术基础上来，非克服官僚主义这个祸害不可。现在，我们的经济管理工作，机构臃肿，层次重叠，手续繁杂，效率极低。政治的空谈往往淹没一切。”[①]不仅如此，邓小平还将提高效率当做“今后主要的政治”，“今后，政治路线已经解决了，看一个经济部门的党委善不善于领导，领导得好不好，应该主要看这个经济部门实行了先进的管理方法没有，技术革新进行得怎么样，劳动生产率提高了多少，利润增长了多少，劳动者的个人收入和集体福利增加了多少。各条战线的各级党委的领导，也都要用类似这样的标准来衡量。这就是今后主要的政治。离开这个主要的内容，政治就变成空头政治，就离开了党和人民的最大利益”[②]。邓小平把提高效率提升到“今后主要的政治”的高度，实际上开启了效率与公平关系变革的新时代。党的十四届三中全会明确指出，“建立以按劳分配为主体，效率优先、兼顾公平的收入分配制度，鼓励一部分地区一部分人先富起来，走共同富裕的道路”[③]。“效率优先，兼顾公平”不仅是收入分配制度的变革，这里面也隐含了政绩导向的变革。在此后的多年实践中，“效率优先，兼顾公平”被曲解成“效率上位，公平让位”，一些当政者甚至为了一己之私而杜撰虚假的效率来抹杀公平正义。比如，一些地方当政者变卖国有资产导致大批工人下岗失业，一些当政者推行“私有化”侵吞国家资产，一些当政者以破坏生态环境为代价换取一时的发展，等等，类似的案例是不胜枚举的。习近平强调：“不论处在什么发展水平上，制度都是社会公平正义的重要保证。我们要通过创新制度安排，努力克服人为因素造成的有违公平正义的现象，保证人民平等参与、平等发展权利。要把促进社会公平正义、增进人民福祉作为一面镜子，审视我们各方面体制机制和政策规定，哪里有不符合促进社会公平正义的问题，哪里就需要改革；哪个领域哪个环节问题突出，哪个领域哪个环节就是

①② 《邓小平文选》（第2卷），人民出版社，1994年，第150页。

③ 《中共中央关于建立社会主义市场经济体制若干问题的决定》，人民网，1993年11月14日，http://www.people.com.cn/item/20years/newfiles/b1080.html 。

改革的重点。对由于制度安排不健全造成的有违公平正义的问题要抓紧解决，使我们的制度安排更好体现社会主义公平正义原则，更加有利于实现好、维护好、发展好最广大人民根本利益。”[①]可见，不以公平正义作为价值导向的效率只能是单向度的、没有灵魂的，不以提高效率为前提的公平正义是低水平的，是经不起历史和实践长期检验的。

七、公共服务供给不均衡的矛盾

公共服务是人民群众共享改革发展成果的重要内容，公共服务供给不均衡也是当代中国发展过程中突出的共享矛盾。公共服务的供给水平是一个国家综合实力的重要体现。改革开放以来，随着中国发展的“体量”和“质量”双重提升，中国的公共服务供给水平也得到很大提高，但距离人民群众不断增长的需求而言，还有一段距离。我们需要看到，当代中国的公共服务的供给矛盾已经不是“无”与“有”的矛盾，而是“有”与“优”的矛盾，实际上就是公共服务供给不均衡的矛盾。当代中国公共服务供给不均衡的问题体现在多方面，既有公共服务供给数量上的不均衡，也有公共服务供给质量上的不均衡；既有有偿公共服务供给不均衡，也有无偿公共服务供给不均衡；既有区域间公共服务供给不均衡，也有群体间公共服务供给不均衡，并且，这些供给不均衡的问题是相互杂糅的。比如，在公共服务的供给数量和质量方面，中东部均优于西部地区，大城市优于小城市，小城市优于城镇，城镇优于乡村。城市规模越大，公共服务资源就越集中，有偿或无偿公共服务也越发达，公共服务相对供给不足的问题也更加突出，比如，北京、上海、广州、深圳等大城市的公共交通非常便捷发达，但交通拥挤或拥堵的问题也非常突出。大城市所能容纳的公共服务资源总量是有限的，如果将有限的公共服务资源过度向大城市聚集，不仅不能有效缓解大城市公共服务供给不足的问题，反而会加剧大城市的公共服务资源相对紧缺的局面。此外，大城市公共服务的供给主体也是多元的，政府

① 《习近平关于全面深化改革论述摘编》，中央文献出版社，2014年，第98页。

主导与社会参与能够有机融合，但在中小城市，社会力量参与公共服务供给的途径不畅通，政府主导往往会演变成政府包揽包办，供给主体或供给结构不均衡的问题非常突出。也有一些地方政府为了“开源节流”、减轻负担，将本该由政府兜底的公共服务资源“私有化”，比如将一些公立医院或公立学校“私有化”或“市场化”，政府部门确实可以节约成本，甚至可以从中获得收益，但政府部门的“开源节流”却将成本转嫁给了老百姓，老百姓不得不花更多的成本购买那些被“私有化”的有偿公共服务，进而增加老百姓的负担。公共服务是共享发展的重要内容，公共服务供给不均衡往往会诱发一系列共享矛盾，公共服务资源过度集中的城市往往会诱发“人口爆炸”的“城市病”，公共服务资源供给不足的地区往往会引发人才流失，甚至人口流失等问题。由此可见，提高公共服务资源供给的均衡性，已经成为中国迈向更高品质的共享发展的必要举措。

落实“以人民为中心”的共享发展理念

“共享发展”是人类文明进步的总体趋势，但这一总体趋势不是“自然生成”的，而是劳动人民长期实践和斗争的结果。自觉顺应“共享发展”的总体趋势，自觉投身“为多数人谋利的运动”，是无产阶级及其政党先进性的重要体现。以习近平同志为核心的党中央在当代中国发展的历史新起点上，创造性地提炼出了“共享发展理念”，这一理念既深刻地诠释了我们党一以贯之的宗旨和初心，又直接回应了当代中国发展面临的诸多共享性矛盾，既是破解当代中国共享发展难题的迫切需要，又彰显了人民至上、以人民为中心的价值情怀，它为崛起的中国迈向更高质量、更高水准、更加全面、更加均衡的共享发展提供了新的价值引领和行动指南。习近平强调：“以人民为中心的发展思想，不是一个抽象的、玄奥的概念，不能只停留在口头上、止步于思想环节，而要体现在经济社会发展各个环节。”[①]共享发展是一门大学问，共享与共建相

---

① 习近平：《聚焦发力贯彻五中全会精神　确保如期全面建成小康社会》，《人民日报》2016年1月19日，第2版。

互促进、相辅相成、相得益彰，落实“以人民为中心”的共享发展理念既需要党和国家在制度层面作出新的顶层设计，也需要充分发挥广大人民群众的创造精神和实干精神。

一、提高公共服务供给水平

一个国家所能提供的公共服务与这个国家经济发展水平密切相关，超越或严重滞后于国家经济发展水平的公共服务供给都会造成严重的问题。中国在经济发展的体量与质量双重提升的基础上，应该坚持实事求是的原则，适时提高公共服务的供给水平。党的十八届五中全会指出：“坚持普惠性、保基本、均等化、可持续方向，从解决人民最关心最直接最现实的利益问题入手，增强政府职责，提高公共服务共建能力和共享水平。”[①]坚持普惠性原则，凸显了公共服务的“公共”二字，公共服务不是为少数群体提供的，而是为多数人提供的。坚持保基本的原则，适合中国人口众多的基本国情，能够有效避免陷入欧美国家高福利政策的误区，也可以避免“搭便车”的投机主义倾向。坚持均等化原则，注重城乡公共服务供给平衡，注重中西部地区基本公共服务供给平衡，注重不同群体间的公共服务共享平衡。坚持可持续性原则，强调公共服务供给的前后连贯性、递进性，不可时高时低，不可时有时无，防止公共服务供给中断给整个社会造成潜在动荡不安，防止公共服务供给断续给人们造成心理失衡。从人民群众最关心最直接最现实的利益问题入手，就是要抓住主要矛盾，着力解决当前公共服务供给中的突出问题。要着力“加强义务教育、就业服务、社会保障、基本医疗和公共卫生、公共文化、环境保护等基本公共服务，努力实现全覆盖。加大对革命老区、民族地区、边疆地区、贫困地区的转移支付。加强对特定人群特殊困难的帮扶”[②]。这些领域都是政府义不容辞的责任，这些领域也是公共服务供给的难点，破解这些问题，没有简便办法。过去，一些政府部门为了寻找简便办法，在一些公共服务领域推行私有化，政府部门确实省

①② 《中共中央关于制定国民经济和社会发展第十三个五年规划的建议》，《人民日报》2015年11月4日，第3版。

了事，提高了效率，但这遗留的问题更加值得深思。很多时候，我们会迷恋简便办法，但简便办法往往会潜藏更大的风险。在公共服务领域，政府部门一旦推卸了责任，缺了位，错了位，就会将问题推给群众，给群众增加不必要的负担，进而降低公民对政府部门的信任度。政府部门在公共服务供给中负有兜底的责任，但不能事无巨细、大包大揽，要在保基本的基础上探索差异性的公共服务供给渠道，满足不同人群的需求，使中国的公共服务供给水平不断适应变革的时代环境。要“创新公共服务提供方式，能由政府购买服务提供的，政府不再直接承办；能由政府和社会资本合作提供的，广泛吸引社会资本参与”[①]。公共服务供给现代化是国家治理体系和治理能力现代化的重要内容，我们应该在动态发展中去提高公共服务供给水平。

二、实施精准扶贫脱贫攻坚战

消除贫困、改善民生、实现共同富裕是社会主义本质的重要体现。经过新中国成立70年，特别是改革开放40年的社会主义建设和探索，当代中国已经告别了“普遍贫困”的历史境遇，进入向“共同富裕”奋勇前进的“全面小康”时代。当然，从全面建设小康社会向全面建成小康社会的实际转化需要一个过程，并不是目标观念转变就代表实践目标已经达成。贫困既有历史渊源，也有现实原因，以国家的名义实施脱贫扶贫攻坚战，充分显示了社会主义集中力量办大事的制度优势，这是以往的任何制度都不可比拟的。60多年来，中国政府一直致力于消除贫困的伟大斗争，引导7亿多人实现脱贫，为全人类消除贫困的事业做出了巨大贡献。2015年，中国还有7000万人生活在贫困线以下，党的十八届五中全会也吹响了扶贫攻坚战的时代新号角。“实施脱贫攻坚工程。农村贫困人口脱贫是全面建成小康社会最艰巨的任务。必须充分发挥政治优势和制度优势，坚决打赢脱贫攻坚战。”[②]打赢脱贫攻坚战不能停留在口号上，需要制定相应的年度脱贫扶贫计划，执行明确的量化指标，脱贫攻坚的战斗才能如

①② 《中共中央关于制定国民经济和社会发展第十三个五年规划的建议》，《人民日报》2015年11月4日，第3版。

期取得胜利。习近平强调：“通过实施脱贫攻坚工程，实施精准扶贫、精准脱贫，7017万农村贫困人口脱贫目标是可以实现的。2011年至2014年，每年农村脱贫人口分别为4329万、2339万、1650万、1232万。因此，通过采取过硬的、管用的举措，今后每年减贫1000万人的任务是可以完成的。具体讲，到2020年，通过产业扶持，可以解决3000万人脱贫；通过转移就业，可以解决1000万人脱贫；通过易地搬迁，可以解决1000万人脱贫，总计5000万人左右。还有2000多万完全或部分丧失劳动能力的贫困人口，可以通过全部纳入低保覆盖范围，实现社保政策兜底脱贫。”①2015年11月27日至28日，习近平在中央扶贫开发工作会议上明确指出：“‘十三五’期间脱贫攻坚的目标是，到2020年稳定实现农村贫困人口不愁吃、不愁穿，农村贫困人口义务教育、基本医疗、住房安全有保障；同时实现贫困地区农民人均可支配收入增长幅度高于全国平均水平、基本公共服务主要领域指标接近全国平均水平。脱贫攻坚已经到了啃硬骨头、攻坚拔寨的冲刺阶段，必须以更大的决心、更明确的思路、更精准的举措、超常规的力度，众志成城实现脱贫攻坚目标，决不能落下一个贫困地区、一个贫困群众。”②扶贫先扶志，治贫先治愚。教育是培育脱贫内生动力的长远大计，我们应该“要把下一代的教育工作做好，特别是要注重山区贫困地区下一代的成长。下一代要过上好生活，首先要有文化，这样将来他们的发展就完全不同。义务教育一定要搞好，让孩子们受到好的教育，不要让孩子们输在起跑线上。古人有‘家贫子读书’的传统。把贫困地区孩子培养出来，这才是根本的扶贫之策”。通过教育，彻底改变农村贫困群体的思维贫困、知识贫困，逐步培育脱贫致富的内生动力，不断巩固扶贫脱贫的成果，防止脱贫返贫的怪病。打赢扶贫脱贫攻坚战，要真扶贫，扶真贫。要“实施精准扶贫、精准脱贫，因人因地施策，提高扶贫实效。分类扶持贫困家庭，对有劳动能力的支持发展特色产业和转移就业，对‘一方水土养不起一方人’的实施扶贫搬迁，对生态特别重要和脆弱

① 习近平：《关于〈中共中央关于制定国民经济和社会发展第十三个五年规划的建议〉的说明》，《人民日报》2015年11月4日，第2版。

② 习近平：《脱贫攻坚战冲锋号已经吹响　全党全国咬定目标苦干实干》，《经济日报》2015年11月29日，第1版。

的实行生态保护扶贫，对丧失劳动能力的实施兜底性保障政策，对因病致贫的提供医疗救助保障。实行低保政策和扶贫政策衔接，对贫困人口应保尽保”①。

三、创造更加公正公平的就业创业机会

就业是一个国家实现长治久安的永恒课题，也是一个世界性难题。马克思主义认为，人民创造历史，劳动创造未来。人民群众共享改革发展成果的前提和基础是共享劳动就业的机会，离开了这个基本前提，我们就难以做大改革发展的蛋糕，共享发展也将成为空谈。十八届五中全会强调，要“坚持就业优先战略，实施更加积极的就业政策，创造更多就业岗位，着力解决结构性就业矛盾。完善创业扶持政策，鼓励以创业带就业，建立面向人人的创业服务平台”②。落实五中全会的就业部署，首先，要营造公正公平的就业创业环境。“统筹人力资源市场，打破城乡、地区、行业分割和身份、性别歧视，维护劳动者平等就业权利。加强对灵活就业、新就业形态的支持，促进劳动者自主就业。落实高校毕业生就业促进和创业引领计划，带动青年就业创业。加强就业援助，帮助就业困难者就业。”③其次，要大力推行终身职业技能培训制度，完善职业技能和职称评价机制。“推行终身职业技能培训制度。实施新生代农民工职业技能提升计划。开展贫困家庭子女、未升学初高中毕业生、农民工、失业人员和转岗职工、退役军人免费接受职业培训行动。推行工学结合、校企合作的技术工人培养模式，推行企业新型学徒制。提高技术工人待遇，完善职称评定制度，推广专业技术职称、技能等级等同大城市落户挂钩做法。”④通过行之有效的职业技能培训，提高劳动者的工作效率，重视对普通岗位上辛勤劳动着的大国工匠的发掘力度，大力发扬工匠精神，提升中国劳动者的制造品质。再次，要依法保护劳动者合法权益，既要打击损害劳动者权益的侵权行为，也要积极引导劳动者依法从业，从事合法之业，严厉打击并取缔非法职业，比如传销、贩毒、走私、网络犯罪、倒卖信息、电信诈骗、非法集资、聚众赌博

①②③④ 《中共中央关于制定国民经济和社会发展第十三个五年规划的建议》，《人民日报》，2015年11月4日，第3版。

等，不能因为要解决就业问题就疏于监管，纵容不法职业大行其道，破坏社会的公序良俗。最后，要鼓励大众创新，万众创业，以创业带动就业。当代中国依然面临就业难的问题，但就业难的主体是处于变动之中的，过去，大学生作为“稀缺资源”到哪里都是“香饽饽”，随着中国高等教育事业的发展，大学生在劳动者总量中所占的比重不断提升，大学生就业难的问题已经悄然而至。习近平指出：“现在，多数高校毕业生都想在大城市就业，找不到工作也在城里漂着，处理不好容易形成社会风险。各级党委和政府要落实已有的政策和措施，努力创造就业岗位，尽力吸纳更多高校毕业生就业创业，同时引导和鼓励他们到基层和中西部地区就业创业。”[①]我们要通过全面深化改革降低创业门槛，鼓励大学生自主创业，自主择业。我们还要善于发现社会变革时代下诞生的新行业、新业态，及时出台相关政策引导这些新行业、新业态持续健康发展，为增加就业岗位创造源源不断的活力。

四、切实缩小群体间的贫富差距

社会主义的中国不仅要善于做大蛋糕，也要善于分好蛋糕，社会主义制度集中力量办大事的优越性与公平正义的价值性应该在不断发展的实践中实现有机统一。在效率优先的价值评价机制引导下，允许少数人合法占有多数人创造的劳动成果，出现贫富悬殊的问题在所难免，但不同群体间的收入差距不断拉大，势必影响到广大人民群众对社会主义的价值评价。社会主义不是纯自然主义，效率优先强调的是自然选择下的公平，而社会主义制度应该既要尊重自然选择，也要善于克服自然选择带来的风险问题。在新的历史起点上，崛起的中国应该更加注重社会发展的公平性问题，充分发挥公平对效率的引领和促进作用，使中国发展的效率更加真实，更有质量，更有人情味，更有责任担当。党的十八届五中全会指出：“坚持居民收入增长和经济增长同步、劳动报酬提高和劳动生产率提高同步，持续增加城乡居民收入。调整国民收入分配格局，

---

① 习近平：《在中央经济工作会议上的讲话》，人民网，2013年12月10日，http://cpc.people.com.cn/xuexi/n1/2016/1129/c385476-28904979.html。

规范初次分配，加大再分配调节力度。”[①]切实提高一线劳动者的整体收入水平，确立并适时调整最低工资标准，让一线体力劳动更加体面，让一线劳动者更有尊严，更受尊重。切实提高一些劳动者的社会福利保障，防止劳动者因病因伤而陷入困境。完善国家二次分配制度，推进个人所得税改革，提高个人所得税起征点，严格执行个人所得税缴纳标准，严厉打击偷税漏税行为。继续加大反腐败力度，破除部门小金库，严厉查处贪污腐败行为，让吏治清明的政治生态为公平正义的社会价值保驾护航。有人说中国老百姓既“仇官”，又“仇富”，这种看法是有失偏颇的。其实，中国的老百姓不是仇视一般的官员，而是仇视欺压良善、作威作福、为官不仁、官僚主义的贪官、庸官，中国的老百姓也不是仇视一般的富人，而是仇视非法致富、为富不仁的富人，这恰恰说明中国的老百姓内心充满了朴素的正义感。老百姓朴素的正义感可疏不可堵。缩小群体间的贫富差距是一个系统工程，需要党和国家做出切实的顶层设计和制度安排，才能取得实效。比如，“完善职工养老保险个人账户制度，健全多缴多得激励机制。实现职工基础养老金全国统筹，建立基本养老金合理调整机制。拓宽社会保险基金投资渠道，加强风险管理，提高投资回报率。逐步提高国有资本收益上缴公共财政比例，划转部分国有资本充实社保基金。出台渐进式延迟退休年龄政策。发展职业年金、企业年金、商业养老保险”[②]。

五、制定人口均衡发展战略

共享不仅涉及当代人的发展问题，而且涉及后辈人的延续问题。如何实现当代人与后辈人在共享发展上的连续性，其中一个重要方面就是从国家顶层设计的高度制定人口均衡发展战略，促进人口结构保持动态平衡发展。改革开放40年来，中国经济能够实现年均9%以上的增长，其中一个重要因素就是人口红利。随着计划生育政策的普遍实施，中国的人口红利也在逐步消退，“五〇

①② 《中共中央关于制定国民经济和社会发展第十三个五年规划的建议》，《人民日报》2015年11月4日，第3版。

后”“六〇后”，甚至“七〇后”劳动者逐渐老去，人口老龄化问题日益凸显出来，新生代劳动者大幅减少，人口结构呈现出“4-2-1”的发展趋势，这种发展趋势对中华民族永续发展是很不利的。正如习近平所说：“我国人口老龄化态势明显，2014年60岁以上人口占总人口的比重已经超过15%，老年人口比重高于世界平均水平，14岁以下人口比重低于世界平均水平，劳动年龄人口开始绝对减少，这种趋势还在继续。这些都对我国人口均衡发展和人口安全提出了新的挑战。”①为了应对人口年龄结构失衡的问题，十八届五中全会对生育政策进行了调整，提出“坚持计划生育的基本国策，启动实施一方是独生子女的夫妇可生育两个孩子的政策”，即“单独二孩”政策。但这一政策并没有达到提高适龄人口生育意愿的目的。在很大程度上，这与当前的生育主体的成长环境有着密切关联。当前的生育主体是“八〇后”“九〇后”，他们当中相当一部分人是独生子女，更容易形成少生优生的观念，养儿防老的传统思维在他们的意识中并不强烈。党的十八届五中全会进一步调整国家的生育政策，提出了“全面二孩”的政策，“坚持计划生育的基本国策，完善人口发展战略。全面实施一对夫妇可生育两个孩子政策。提高生殖健康、妇幼保健、托幼等公共服务水平。帮扶存在特殊困难的计划生育家庭。注重家庭发展”②。从“单独二孩”到“全面二孩”，中国计划生育的基本国策没有变，但这一调整对破解中国人口结构矛盾具有重要意义。习近平强调：“全面实施一对夫妇可生育两个孩子政策，可以通过进一步释放生育潜力，减缓人口老龄化压力，增加劳动力供给，促进人口均衡发展。这是站在中华民族长远发展的战略高度促进人口均衡发展的重大举措。”③人口结构平衡不仅包括年龄结构平衡，还包括性别比例平衡。当前，中国男性人口比女性人口多出3300多万，男女性别比达到104.98∶100，需要引起足够重视，要严厉打击非法性别鉴定，消除重男轻女的落后思维，保护妇女儿童权益，防止性别比例失衡而引发一系列次生矛盾。生老病死是自然

①③ 习近平：《关于〈中共中央关于制定国民经济和社会发展第十三个五年规划的建议〉的说明》，《人民日报》2015年11月4日，第2版。

② 《中共中央关于制定国民经济和社会发展第十三个五年规划的建议》，《人民日报》2015年11月4日，第3版。

规律，任何人都将老去，这是任何人都无法跳出、无法阻挡的自然法则。让奋斗一生的老人安享晚年是一个国家文明进步的重要体现。十八届五中全会指出，要“积极开展应对人口老龄化行动，弘扬敬老、养老、助老社会风尚，建设以居家为基础、社区为依托、机构为补充的多层次养老服务体系，推动医疗卫生和养老服务相结合，探索建立长期护理保险制度。全面放开养老服务市场，通过购买服务、股权合作等方式支持各类市场主体增加养老服务和产品供给”①。

六、推动改善民生与发展民主相统一

民生与民主都是政治，如果说民生是政治的内在实质，那么，民主就是政治的表现形式。在政治领域落实“以人民为中心”的共享理念，必须重视民生与民主的问题。如果认为经济发展了，民生问题自然而然会解决，这是“经济决定论”的思维，是一种形而上学的思维。经过新中国成立后70年的发展，中国的民生问题得到根本上的改善，这是毋庸置疑的。但民生问题是一个动态发展的问题，我们不应该只从纵向上去进行历史比较，那样只会看到进步性，忽视现实问题。也不能只从横向上去进行现实比较，那样只会看到矛盾和问题，看不到进步性。我们应该将历史比较与现实比较统一起来，既要看到进步性，也要发现问题。经济不发展，我们会面临低层次的民生问题，经济发展了，我们会面临更高层次的民生矛盾。因而，习近平强调：“保障和改善民生没有终点，只有连续不断的新起点，要采取针对性更强、覆盖面更大、作用更直接、效果更明显的举措，实实在在帮群众解难题、为群众增福祉、让群众享公平。要从实际出发，集中力量做好普惠性、基础性、兜底性民生建设，不断提高公共服务共建能力和共享水平，织密扎牢托底的民生‘保障网’、消除隐患，确保人民群众安居乐业、社会秩序安定有序。”②

---

① 《中共中央关于制定国民经济和社会发展第十三个五年规划的建议》，《人民日报》2015年11月4日，第3版。

② 习近平:《在江西调研考察时的讲话》（2016年2月1–3日），《人民日报》2016年2月4日，第1版。

作为政治上层建筑的民主受经济发展水平的制约，但这并不是说民主完全处于被动地位，完全处于被决定的地位，其实，民主发展有自身的规律性。“民主无用论”与“经济决定论”一旦珠联璧合，必将产生极为负面的影响，多数人的民主就会演变成有钱的少数人的民主，从“先富参政”到“先富专政”，民主就会变成少数人的玩物，于多数人而言，民主就会成为“摆设”。习近平指出：“民主不是装饰品，不是用来做摆设的，而是要用来解决人民要解决的问题的。中国共产党的一切执政活动，中华人民共和国的一切治理活动，都要尊重人民主体地位，尊重人民首创精神，拜人民为师，把政治智慧的增长、治国理政本领的增强深深扎根于人民的创造性实践之中，使各方面提出的真知灼见都能运用于治国理政。”①同时，习近平又强调：“实现民主的形式是丰富多样的，不能拘泥于刻板的模式，更不能说只有一种放之四海而皆准的评判标准。人民是否享有民主权利，要看人民是否在选举时有投票的权利，也要看人民在日常政治生活中是否有持续参与的权利；要看人民有没有进行民主选举的权利，也要看人民有没有进行民主决策、民主管理、民主监督的权利。社会主义民主不仅需要完整的制度程序，而且需要完整的参与实践。人民当家作主必须具体地、现实地体现到中国共产党执政和国家治理上来，具体地、现实地体现到中国共产党和国家机关各个方面、各个层级的工作上来，具体地、现实地体现到人民对自身利益的实现和发展上来。”②毫无疑问，把改善民生与发展民主有机结合起来，必将大大提升中国特色社会主义共享发展的实际成色。

七、加快推进健康中国和平安中国建设

健康平安是人民群众共享改革发展成果的基础性内容，加快推进健康中国与平安中国建设具有“固本强基”的深远意义。从健康中国建设上看，第一，要制定实施全民健身战略，针对不同群体制定相应的健康运动规划，特别重视

①② 习近平：《在庆祝中国人民政治协商会议成立65周年大会上的讲话》，《人民日报》2014年9月22日，第2版。

大中小学的健康教育，增强广大师生的体质。同时，重视社区运动健身设施建设，引导社区居民有序健身，比如有序引导广场舞等健身活动。第二，要继续完善医疗保险机制，保障人民群众医疗健康权，使其有病可医，小病早医，大病能医。十八届五中全会指出："健全医疗保险稳定可持续筹资和报销比例调整机制，研究实行职工退休人员医保缴费参保政策。全面实施城乡居民大病保险制度。改革医保支付方式，发挥医保控费作用。改进个人账户，开展门诊费用统筹。实现跨省异地安置退休人员住院医疗费用直接结算。整合城乡居民医保政策和经办管理。鼓励发展补充医疗保险和商业健康保险。鼓励商业保险机构参与医保经办。将生育保险和基本医疗保险合并实施。"①第三，推动医疗机构改革，提高医疗服务质量。"全面推进公立医院综合改革，坚持公益属性，破除逐利机制，建立符合医疗行业特点的人事薪酬制度。优化医疗卫生机构布局，健全上下联动、衔接互补的医疗服务体系，完善基层医疗服务模式，发展远程医疗。促进医疗资源向基层、农村流动，推进全科医生、家庭医生、急需领域医疗服务能力提高、电子健康档案等工作。鼓励社会力量兴办健康服务业，推进非营利性民营医院和公立医院同等待遇。加强医疗质量监管，完善纠纷调解机制，构建和谐医患关系。"②第四，完善药物研发供给机制。"坚持中西医并重，促进中医药、民族医药发展。完善基本药物制度，健全药品供应保障机制，理顺药品价格，增加艾滋病防治等特殊药物免费供给。提高药品质量，确保用药安全。加强传染病、慢性病、地方病等重大疾病综合防治和职业病危害防治，通过多种方式降低大病慢性病医疗费用。倡导健康生活方式，加强心理健康服务。"③第五，大力发展运动医学学科，为国内新兴的体育事业提供更加健全的医疗保障机制，促进全民健身事业大发展、大繁荣。

安全与健康是彼此关联、相互促进的。在推进平安中国建设过程中，"要切实抓好社会治安综合治理，坚持系统治理、依法治理、综合治理、源头治理的总体思路，一手抓专项打击整治，一手抓源头性、基础性工作，创新社会治安防控体系，优化公共安全治理社会环境，着力解决影响社会安定的深层次问

①②③《中共中央关于制定国民经济和社会发展第十三个五年规划的建议》，《人民日报》2015年11月4日，第3版。

题”。就具体领域而言，需要重视以下几个方面：其一，重视安全生产，切实落实生产安全责任，减少生产安全事故，降低国内生产总值增长的“含血量”，保障劳动者在生产过程中的生命安全。习近平强调：“要切实抓好安全生产，坚持以人为本、生命至上，全面抓好安全生产责任制和管理、防范、监督、检查、奖惩措施的落实，细化落实各级党委和政府的领导责任、相关部门的监管责任、企业的主体责任，深入开展专项整治，切实消除隐患。”[①]其二，着力解决食品安全问题，保障人民群众“舌尖上”的安全。“要切实提高农产品质量安全水平，以更大力度抓好农产品质量安全，完善农产品质量安全监管体系，把确保质量安全作为农业转方式、调结构的关键环节，让人民群众吃得安全放心。”“要切实加强食品药品安全监管，用最严谨的标准、最严格的监管、最严厉的处罚、最严肃的问责，加快建立科学完善的食品药品安全治理体系，坚持产管并重，严把从农田到餐桌、从实验室到医院的每一道防线。”[②]其三，高度重视公共安全。习近平指出：“维护公共安全体系，要从最基础的地方做起。要把基层一线作为公共安全的主战场，坚持重心下移、力量下沉、保障下倾，实现城乡安全监管执法和综合治理网格化、一体化。要提高公共安全体系精细化水平，每一个环节都要深入考虑和谋划。要构建公共安全人防、物防、技防网络，实现人员素质、设施保障、技术应用的整体协调。要认真汲取各类公共安全事件的教训，推广基层一线维护公共安全的好办法、好经验。”[③]

人民群众是历史的创造者，是实践的主体。无论是健康中国建设，还是平安中国建设，都离不开广大人民群众的参与和支持。在推进健康中国建设和平安中国建设的过程中，既要坚持和完善党的领导，也要坚持群众路线，听取群众意见，关注群众呼声，切实将人民群众最关心的健康问题和安全问题解决好。只有以实实在在的行动将人民群众动员起来，提高人民群众的健康意识和安全意识，并将这种健康意识和安全意识落实到人民群众的具体生产生活实践之中，才能凝聚出健康中国建设与平安中国建设所需的历史合力，人民群众才能更好地以主人翁的姿态共享健康中国建设与平安中国建设带来的共同福祉。

①②③ 习近平：《牢固树立切实落实安全发展理念 确保广大人民群众生命财产安全》，《人民日报》2015年5月31日，第1版。

共享发展是引领当代中国新发展的根本价值导向，是“五大发展理念”的“画龙点睛之笔”，它使“五大发展理念”闪耀着人民至上的灿烂光芒。共享发展理念植根于中国特色社会主义的实践土壤，深刻诠释了发展依靠人民、发展为了人民、发展成果由人民共享的社会主义本质，这一理念顺应了人类社会发展“共享递增”的总体趋势，遵循了人类社会发展的客观辩证法，是历史必然性、实践自觉性、理论创造性在当代中国具体实践中的生动体现。问题是时代的声音，价值导向是破解问题的时代灯塔，共享发展理念的历史出场具有鲜明的问题导向性，它直接回应当代中国发展中存在的共享性不足或不够的现实问题。同时，共享发展理念也具有鲜明的价值导向性，它为破解共享性不足的问题或矛盾奠定了“人人参与、人人共享”的总体基调和主旋律，超越了“少数人所得而私”的历史局限性。在落实“以人民为中心”的共享发展理念过程中，党和国家既要发挥顶层设计的引领作用，也要调动人民群众向往美好生活的热情，培育人民群众共建共享美好生活的内生动力。

新时代中国发展观研究

新时代中国发展观的若干深层次问题

XINSHIDAIZHONGGUOFAZHANGUANYANJIU

发展理念是对发展实践的反映，发展理念的变革是更深层次的变革，它背后蕴藏着发展实践变革的紧迫性。当代中国新发展观在历史的具体形态上表现为“五大发展理念”，但它绝不囿于创新、协调、绿色、开放、共享等五个方面，它还涉及一些更深层次的发展逻辑问题。在新型工业化建设、城市化建设、信息化建设、农业现代化建设一路高歌、激流勇进的时代，以习近平同志为核心的党中央直接回应当代中国发展的实际难题，致力于推动中国实现更高质量、更高效率、更加公平、更可持续的新发展，进而对既往的发展理念和发展实践提出了全面反思，这充分说明，当代中国正在逐步摆脱迷信盲从、形而上学的发展思维，重新确立辩证唯物主义和历史唯物主义的发展思维，更加重视发展的整体性原则和价值目标。深刻认识当代中国新发展观所涉及的若干深层次问题，有助于我们更加全面地理解和把握马克思主义发展理念的实践整体性。

新时代中国发展观的伦理向度

创新、协调、绿色、开放、共享的“五大发展理念”致力于引领当代中国实现“以提高发展质量和效益为中心”的新发展，这背后折射出既往的发展理念或发展实践存在“轻质量，低效益”的问题。发展效率不等同于发展效益，过去，我们长期聚焦于发展的效率，片面追求经济增长的速度，导致违背规律的发展实践泛滥成灾，大大抵消了发展的实际成效。发展效益更多强调发展的正向溢出效益，发展效率则更多聚焦于发展速度的问题。从片面追求发展效率向实现“以提高发展质量和效益为中心”的新发展转变，这背后隐含了当代中国共产党人对于既往发展实践的一种伦理反思，可见，当代中国新发展观具有鲜明的伦理关怀或伦理向度。

一、发展是否具有天然的合理性

我们常说，发展就是硬道理，但所有的发展都是我们想要的吗？毋庸讳言，答案是否定的。其实，发展的硬道理还涉及“要什么样的发展”“发展为了谁”“怎样发展”等价值评价或路径选择问题。在教科书中，我们从哲学的高度把发展界定为新事物的产生与旧事物的灭亡。根据教科书对发展的界定，我们不难看出，发展作为事物存在的普遍状态，代表了一种铁的必然性。我们需要看到，自然领域的规律不能简单套用到社会领域，社会发展领域有其独特的运动规律，随着社会的进步，社会发展过程越来越彰显“现实的多数人”的价值评价和价值选择的维度。对于发展实践活动本身的“应然”层面，不断觉醒的人们必然会提出更多的呼唤，呼唤发展过程的“实然”层面不断靠近“应然”层面。从纯粹的自然界的发展演变来看，运动变化发展是不存在价值评价的，是由天然的、铁的必然性支配的。当人类从自然界分离出来，日益疏远自然，组成自身的社会系统之后，人类不断成长的主体意识驱使人们做出“以人为中心”的价值评价，历史发展便深深地打上了人的烙印。从纯自然系统来看，发展具有天然的合理性，这是毋庸置疑的。从自然界与人类社会相互交织的有机系统来看，发展过程依然需要遵循自然规律，但人类实践活动的自主选择性日益凸显出来，人类对发展过程和发展结果“善”的追求也日益强化起来。

发展就是硬道理，在不同的历史时期，这句话的内涵是不同的。在普遍赤贫的历史阶段，人们对“脱贫”的发展会充满迷信或迷恋，而不会顾及发展的代价问题。随着中国发展体量和质量的双重提升，人们不仅要关注做大做强发展的硬道理，而且要关注共享发展的硬道理。过去，我们为了做强发展的硬道理，忽视了发展的代价问题，比如，遗留下生态破坏、能源枯竭、贫富差距等问题，通过高额的代价积累出一定的“硬道理”，这个硬道理就转化成一种新的统治力量而支配人们的社会活动，发展过程缺少对“现实的多数人”的关怀，发展结果褪去了“人民主体”的荣光，进而产生少数人僭越多数人劳动成果的矛盾。虽然发展的硬道理不断做强，但发展的硬道理越来越不受“现实的多数人”的支配和控制，其结果自然会影响人民群众对发展实际成效的评价。美国学者威利斯·哈曼指出：“我们唯一最严重的危机主要是工业社会意义上的危机。我们在解决‘如何’一类的问题方面相当成功”，“但与此同时，我们对‘为什么’这种具有价值含义的问题，越来越变得糊涂起来，越来越多的人意识到谁也不明白什么是值得做的。我们的发展速度越来越快，但我们却迷失了方向。”① “五大发展理念”作为当代中国新发展理念，它既回答了“如何”发展的问题，又回答了“为什么”发展的问题，体现了工具理性与价值理性的有机统一。“五大发展理念”所追求的发展质量和效益是统一的，二者不可偏废。在纯自然领域，发展具有天然的合理性，但在社会领域，它的合理性却是由特定历史主体的价值偏好或实际需要来决定的。随着社会不断进步，人类对发展的内在规制、内在评价、内在约束也会不断增加，从而使发展的实际成效更加符合人类不断增进的“善”。“社会发展的主体是人类，社会发展是人类发展的历史。这源于实践的世界观的意义。社会历史既是一部物质生产发展的历史，也是一部人类发展史。人既是社会发展的参与者，也是社会发展的核心目标，经济增长本身不可能是一个孤立的目标，它必然是体现并服务于人的发展。”②

二、转嫁危机，抑或消化危机

长期以来，人们把发展理解为“增长”，并且认为增长是没有极限的，增长是不受制约的。这种认识是从启蒙运动开始的，科学与理性取代天国的上帝，支配人们的实践活动，人们不再屈从于自然的束缚，开始转向改造自然。特别是工业革命之后，人类开始向自然界进行了更深层次的索取，随着工业文明的成果不断涌现，人类对改造自然的实践活动也越发迷恋起来。人类在向自然界进行疯狂索取的过程中实现了财富增长，但财富增长背后潜藏的危机却长期为人们所忽视。恩格斯曾说：“我们不要过分陶醉于我们人类对自然界的胜

① [美]威利斯·哈曼：《未来启示录》，徐元译，上海译文出版社，1988年，第193页。

② 郝立新，李红专：《关于发展涵义的哲学反思》，《天津社会科学》2003年第4期。

利。对于每一次这样的胜利，自然界都对我们进行报复。每一次胜利，起初确实取得了我们预期的结果，但是往后和再往后却发生完全不同的、出乎预料的影响，常常把最初的结果又消除了。”[①]不受内在规制的增长造成的危机不仅体现在人对自然界的过分掠夺造成的生态危机层面，而且体现在人与人之间的关系相互疏离的社会危机层面。马克思曾说：“劳动为富人生产了奇迹般的东西，但是为工人生产了赤贫。劳动生产了宫殿，但是给工人生产了棚舍。劳动生产了美，但是使工人变成畸形。劳动用机器代替了手工劳动，但是使一部分工人回到野蛮的劳动，并使另一部分工人变成机器。劳动生产了智慧，但是给工人生产了愚钝和痴呆。”[②]发展危机作为一种客观存在，面对发展的危机，不同阶级、不同时代、不同民族、不同国家往往会选择更符合自身利益的解决方案。在古典自由主义的发展逻辑指导下，资本主义生产过剩造成了经济危机，工人下岗失业，饥寒交迫，露宿街头，为了走出危机，帝国主义选择用战争的方式转嫁危机。两次世界大战给人类带来的创伤波及全球，二战之后，凯恩斯主义在资本主义国家流行开来，它们力图通过国家调控的方式来规避世界性经济危机。在苏东剧变之后，资本主义开启了新一轮的经济全球化浪潮迅速席卷全球，发达国家纷纷把落后产能转移到广大发展中国家，在促进发展中国家经济增长的同时，也将很多发展危机转移到广大发展中国家，比如亚洲金融风暴。中国作为承接发达国家产业转移最多的国家，在经济体量不断增长的过程中，付出了沉重的生态代价、资源代价、能源代价，同时，贫富悬殊与两极分化的社会矛盾也在拷问着公平正义的价值理念。发达国家通过产业转移的方式把生态危机转移到发展中国家，通过对发展中国家进行剥削来缓和内部的阶级矛盾，进而为实施高福利的政策提供源源不断的资金来源。

当代中国已经进入了产能过剩（特别是低端产能过剩）的时代，我们是选择转嫁危机，还是消化危机呢？习近平指出：“每个国家在谋求自身发展的同时，要积极促进其他各国共同发展。世界长期发展不可能建立在一批国家越来越富裕而另一批国家却长期贫穷落后的基础之上。只有各国共同发展了，世界

① 《马克思恩格斯文集》（第9卷），人民出版社，2009年，第559-560页。

② 《马克思恩格斯选集》（第1卷），人民出版社，2012年，第53页。

才能更好发展。那种以邻为壑、转嫁危机、损人利己的做法既不道德，也难以持久。”[①]中国提出“一带一路”的倡议，绝不是为了转嫁危机，也不是为了转移过剩的产能，中国不会把发展的问题转嫁给其他国家，中国在社会主义现代化进程中遭受的苦难也不会转移到其他国家身上。中国通过实施创新驱动战略，将中国发展过程产生的负面问题消化在本土范围内，这是中国崛起的责任担当。对国内而言，当代中国提出的“五大发展理念”将致力于破除一些传统发展思路，努力克服“少数人所得而私”、多数人为少数人的荣光埋单的发展困局，着力消化传统发展思路和发展实践积累起来的生态危机或社会矛盾，让发展的硬道理更多更公平地体现在增进人民群众的共同福祉之上。

三、迈向发展的实践责任伦理

发展才是硬道理，我们不能停下来消化传统发展思路和发展实践积累起来的矛盾问题，我们要用新的发展理念指导新的发展实践，要用新发展的实际成效不断化解长期积累的矛盾，也要在新发展实践中最大限度地减小或规避不必要的新矛盾、新问题。从这个意义上说，发展既是我们国家矢志不渝的信念，也是我们每一代人应该肩负起的历史责任。自然界不会自动满足人类的需要，人类必须通过自身的劳动去获取生存繁衍所需的物质资料，改造世界的过程充分彰显了人类的创造力。每一代人都是站在前一代人创造的物质资料的基础上开展新的创造活动的，每一代人都有责任为下一代人开展新的历史活动创造条件。每一代人的发展活动都不能随心所欲，它既会受到前一代人遗留下来的物质条件的制约，也会受到下一代人在伦理关系上的制约。

人类社会的发展是一项具有伦理向度的实践活动，但发展过程伦理失范的问题也常常引起人们的反思。德国社会学家马克斯·韦伯在《学术与政治》一书中提出的“信念伦理”与“责任伦理”两个概念，对我们反思今天的发展实践也具有一定的参考价值。韦伯认为：“我们必须明白一个事实，一切有伦

① 《习近平谈治国理政》，外文出版社，2014年，第273页。

理取向的行为，都可以是受两种准则中的一个支配，这两种准则有着本质的不同，并且势不两立。指导行为的准则，可以是‘信念伦理’，也可以是‘责任伦理’。这并不是说，信念伦理就等于不负责任，或责任伦理就等于毫无信念的机会主义。当然不存在这样的问题。但是，恪守信念伦理的行为，即宗教意义上的‘基督行公正，上帝管结果’，同遵循责任伦理的行为，即必须顾及自己行为的可能后果，这两者之间有着极其深刻的对立。”[①]韦伯还指出：“在无数的情况下，获得‘善的’结果，是同一个人付出代价的决心联系在一起的，——他为此不得不采用道德上令人怀疑的、或至少是有风险的手段，还要面对可能出现甚至是极可能出现的罪恶的副效应。当什么时候、在多大程度上，道德上为善的目的可以使道德上有害的手段和副产品圣洁化，对于这个问题，世界上的任何伦理都无法得出结论。”[②]在韦伯看来，“信念伦理”应该受到“责任伦理”的规制，行为者不应该采取“为达目的，不择手段”的行动方案，手段也应该服从目的的“善”。如果手段不正义，也会使人们对“善”的目的产生诸多负面评价，目的的“善”就会背离行为者的初衷或初心。

长期以来，我们国家在发展实践中也存在着“信念伦理”过分膨胀与“责任伦理”规制不足的问题。一些领导干部为了追求发展的短期成效，不惜弄虚作假，牺牲生态环境，忽视人民健康，漠视群众疾苦，发展过程“见物不见人”，“只见领导，不见群众”，发展结果“只见少数人，不见多数人”，等等。“五大发展理念”的核心价值是“以人民为中心”，这与以往“以物为中心”的发展实践是存在鲜明差别的。当代中国要实现“以人民为中心”的新发展，不仅要在发展结果的共享上发现“现实的多数人”的光辉，而且要在发展过程中尊重和保护“现实的多数人”的合法权益。此外，还需要确立相关责任问责机制，督促行为主体做到“事先顾及，事后担当”。我们要实现“以人民为中心”的新发展，就必须迈向发展的实践责任伦理，为发展实践的动力机制寻求必要的伦理规制或责任规制，以便于更好地做到对人民负责与对历史负责的有机统一。

---

① [德]马克斯·韦伯:《学术与政治》，冯克利译，生活·读书·新知三联书店，1998年，第107页。

② [德]马克斯·韦伯:《学术与政治》，冯克利译，生活·读书·新知三联书店，1998年，第108页。

新时代中国发展观与文化自信问题

创新、协调、绿色、开放、共享的“五大发展理念”是在中国特色社会主义实践土壤中诞生的原创性理论成果，这一原创性理论成果是马克思主义关于发展的思想战略在当代中国的最新表现形态，它充分体现了以习近平同志为核心的当代中国共产党人的实践自觉性和理论创造性。中华民族具有理论创新的深厚禀赋，这种深沉的理论创新禀赋又滋养、培育、锤炼了中华民族的自信心和认同感，今天，中华民族站在实现伟大复兴的新起点上，我们应该具备并增强这种理论创新的自信心。习近平强调：“我们说要坚定中国特色社会主义道路自信、理论自信、制度自信，说到底是要坚定文化自信。”[①]因为“文化自信，是更基础、更广泛、更深厚的自信”[②]。党的十九大进一步指出：“文化是一个国家、一个民族的灵魂。文化兴国运兴，文化强民族强。没有高度的文化自信，没有文化的繁荣兴盛，就没有中华民族伟大复兴。要坚持中国特色社会主义文化发展道路，激发全民族文化创新创造活力，建设社会主义文化强国。”[③]我们需要看到，文化自信绝不是固步自封的盲目自信，发展才是硬道理，坚持文化自信既需要新发展理念提供正确的方向引领，又需要新发展实践提供强大的现实支撑。

一、以新发展理念引领国家文化软实力提升

提高国家软实力，建设社会主义文化强国，是习近平治国理政思想中的重要内容。从国家兴盛、民族复兴的高度来把握文化发展或文化软实力建设的意义，从历史与现实、理论与实践相统一的角度来阐释文化发展的规律和文化

① 习近平：《在哲学社会科学工作座谈会上的讲话》，《人民日报》2016年5月19日，第2版。

② 习近平：《在庆祝中国共产党成立95周年大会上的讲话》，《人民日报》2016年7月2日，第2版。

③ 习近平：《决胜全面建成小康社会　夺取新时代中国特色社会主义伟大胜利——在中国共产党第十九次全国代表大会上的报告》，《人民日报》2017年10月28日，第4版。

软实力建设的路径，是习近平文化思想的突出特点和重要贡献。从马克思主义中国化的进程特别是中国特色社会主义理论发展的逻辑轨迹看，不同的历史时期对文化的关注侧重点是有所不同的。从习近平一系列重要讲话精神中，我们不难发现有这样几个重要观点：一是提出了文化发展的战略思想，把文化建设视为五位一体建设整体的有机组成部分，主张用“四个全面”战略布局思想统领文化建设，以“五大发展理念”引领文化发展。二是把核心价值观作为文化之魂和文化建设的重中之重，提出了培育和践行社会主义核心价值观的原则和路径。三是强调文化发展的人民导向、科学规律。四是勾勒了文化发展的路线图。五是以马克思主义作为推动中国特色社会主义文化发展的哲学根基，同时，重视批判地吸收传统优秀文化资源和世界先进文明成果，提升中华文化的开放性、包容性、主体性和原创性，彰显中国文化的时代魅力。这些观点丰富和发展了马克思主义文化观的基本精神，是当代中国共产党人为推动中国特色社会主义文化事业大发展、大繁荣作出的新思考，彰显了文化自信、文化自觉的精神实质和内在品格。

一定的文化形态总是反映一定的社会实践或社会生活，反映人们的某种生活境遇，一个国家的文化则反映了国家社会实践的总体风貌，文化的发育程度与国家发展程度具有某种趋同性。任何大国的崛起，都需要文化提供强大的、源源不断的智力支持和信仰支撑，国家文化软实力就是渗透在智力与信仰中流淌着的血液。从社会功能上看，国家文化软实力并不“软”，而是国家“硬实力”的“软表达”。国家强大的文化软实力必须建立在深厚的哲学根基、强大的制度根基和物质根基之上，所以，习近平在十八届中央政治局第十二次集体学习时强调：“提高国家文化软实力，要努力夯实国家文化软实力的根基。”[①] 根基不牢，地动山摇，如果一个国家的文化根基不牢固，或者根基不明确，国家的文化就很难真正繁荣起来，即使在某个特定历史时期，表现出文化形态的多样性，这种多样性也往往是缺乏主体性和原创性的。在文化形态日益多样化的当下，夯实国家文化软实力的根基，对强化文化的纽带连接功能、增强国家

① 习近平:《建设社会主义文化强国　着力提高国家文化软实力》,《人民日报》2014年1月1日，第1版。

精神力量、丰富人们的精神世界、推动国家文化事业的持续健康发展等方面具有重要意义。

自古以来，中国就是一个统一的多民族国家，各民族在漫长的历史长河中共同缔造了灿烂夺目的中华文化和中华文明，培育了自强不息、厚德载物的民族品格，并在此基础上形成了延续千年、与时俱进的核心价值观。这种核心价值观支撑着中华民族历经苦难与辉煌，走上中国特色社会主义的复兴之路。党的十八大从国家、社会和个人三个层面提炼出富强、民主、文明、和谐、自由、平等、公正、法治、爱国、敬业、诚信、友善的二十四字社会主义核心价值观，社会主义核心价值观反映了中国特色社会主义伟大实践的目标导向和价值诉求，是对中国传统核心价值观的继承、发展和超越。习近平指出："核心价值观是文化软实力的灵魂、文化软实力建设的重点。这是决定文化性质和方向的最深层次要素。一个国家的文化软实力，从根本上说，取决于其核心价值观的生命力、凝聚力、感召力。"①习近平将社会主义核心价值观比作中国"文化软实力的灵魂"，是有深意的，如果国家文化软实力缺乏社会主义核心价值观这种"灵魂"，就无法支撑中国发展的"硬道理"。归根结底，文化软实力要为中华民族伟大复兴服务，要为中国经济社会发展服务，要为中国人民的全面发展服务，如果缺乏"灵魂"的支撑，中国的文化软实力就不可能最大限度地发挥正向的凝聚功能，反而会表现出负向的消解功能。正如习近平所言："人类社会发展的历史表明，对一个民族、一个国家来说，最持久、最深层的力量是全社会共同认可的核心价值观。核心价值观，承载着一个民族、一个国家的精神追求，体现着一个社会评判是非曲直的价值标准。"②因而，从这个意义上说，深入培育和践行社会主义核心价值观就成为提升中国文化软实力、构建社会主义文化强国的重大战略举措。

当代中国的核心价值观虽然与传统核心价值观一脉相承，但又与之存在根

① 习近平：《把培育和弘扬社会主义核心价值观作为凝魂聚气强基固本的基础工程》，《人民日报》2014年2月26日，第1版。

② 习近平：《青年要自觉践行社会主义核心价值观——在北京大学师生座谈会上的讲话》，《人民日报》2014年5月5日，第2版。

本差别，这种差别不仅是形式的差别，也不仅是语词的差别，而且是内容的差别和历史的差别。这就是说，作为文化“灵魂”的核心价值观是历史的产物，这种“灵魂”不是一成不变的，它本身也存在产生、发展、消退的过程。这种“灵魂”的普遍适用性不是自发生成的，而是外在灌输的，它需要国家力量的介入，加快这种外在灌输的过程。历史发展到今天，社会思潮多元化和文化形态多样化的格局日益形成，党和国家迫切需要以培育和践行社会主义核心价值观为突破口，开启中华民族新的铸魂工程。习近平强调：“一个民族、一个国家，必须知道自己是谁，是从哪里来的，要到哪里去，想明白了、想对了，就要坚定不移朝着目标前进。”①笔者认为，开启中华民族新的铸魂工程就是要让整个民族、国家和人民群众在不断变革的时代下对“自己是谁”“从哪里来”“要到哪里去”等问题保持清醒的认识和准确的判断。只有把握好这些问题，我们才能更好地坚持“不忘初心，继续前进”的理想信念，我们铸造起来的民族灵魂才能适应不断变革的时代，才能引领时代发展潮流，我们的文化软实力才能充分发挥为社会主义服务、为人民服务的正向功能。无论是国家文化软实力，还是社会主义核心价值观，它们都是发展的、实践的，它们都需要在新的发展实践中吸取养分，不断适应发展实践的变革，因而，创新、协调、绿色、开放、共享的“五大发展理念”在引领国家文化软实力建设过程中必将发挥重要作用。

二、以新发展理念滋养国民心态

国民心态是一个国家、一个民族文化自信的直观表现。国民心态与国家综合实力密切相关，国家繁荣富强，人民才会充满自信与朝气，国家积贫积弱，国民就会遭受各种“冷遇”，这是不言自明的，是全然可以从历史经验中体验到的。国民心态具有鲜明的历史传承性。中华文明是人类历史上唯一一个不曾中断的文明形态，中华民族自强不息的文化自信也经历了数千年的大浪淘沙。

① 习近平：《青年要自觉践行社会主义核心价值观——在北京大学师生座谈会上的讲话》，《人民日报》2014年5月5日，第2版。

从汉唐至清朝，中国的综合国力长期领先于世界，统治阶级长期沉浸在“天朝上国”“万邦来朝”的优越感之中，然而，统治阶级的优越感并不代表普通民众的整体社会心态，统治阶级的优越感与普通民众的卑微同在，统治阶级的优越感却长期掩盖了普通民众的卑微。清军入关之后，在阶级压迫与民族压迫之下，统治阶级的优越感与普通民众的卑微发展到前所未有的两个极端。鸦片战争之后，西方列强入侵中国，民族国耻与民众卑微交织在一起，统治阶级“天朝上国”“唯我独尊”的傲慢在西方列强接二连三的冲击中被打回了奴颜婢膝的原形，普通民众在国内国际的阶级压迫和民族压迫中变得更加彷徨不安。通过清朝晚期遗留下来的一些历史照片，我们可以猜测那些面无表情、目光呆滞的普通民众是何种社会心态或国民心态。经过辛亥革命、新文化运动、五四运动、北伐战争、抗日战争、解放战争，历史和人民最终选择了中国共产党作为自己的领路人，新中国的成立，标志着历经屈辱的中华民族重新站立起来了。站立起来的不仅是民族独立的新中国，而且包括那些饱受屈辱的精神灵魂。新中国的成立，终结了“少数人（统治阶级）的荣光”与“多数人（劳动人民）的卑微”并存的历史，劳动人民翻身成为国家的主人，“现实的多数人”以前所未有的创造活力与建设热情投入到社会主义的改造和建设之中，整个社会呈现出一片热火朝天、生机盎然的景象，劳动人民的自信心、自尊心、自豪感在峥嵘岁月中不断提升。可以说，新中国的成立，是新、旧两种国民心态的分水岭。

改革开放之后，中国逐步融入经济全球化浪潮之中，在世界历史性的普遍交往中发现自己的短板，于是，开启了新的“补课”征程。通过大量“补课”，中华民族的开放性和包容性大大提升，中国人民的视野也更加开阔。发展理念是发展实践的先导，发展理念对国民心态也具有不可忽视的引领作用。从“以阶级斗争为纲”到“以经济建设为中心”，从“以物为本”到“以人为本”，再到“以人民为中心”，发展理念的主旋律发生转变的同时，我们国家发展面临的主要任务也在发生转移，与此相伴随的，亦有国民心态的变迁（从以物为中心的极度狂热到以人民为中心的相对从容）。当然，我们深知，国民心态并不是全然被决定的，它对我们的发展实践也具有强大的反作用，尤其是当代中国在现有的发展体量与质量上，这种反作用已经变得越发明显。因而，党的十八大强调：“加强和改进思想政治工作，注重人文关怀和心理疏导，培育自尊自信、理性平和、积极向上的社会心态。”[①]站在新的历史起点上，适时以新发展理念引领国民心态，就是要引领国民心态朝着自尊自信、理性平和、积极向上的方向发展。以创新、协调、绿色、开放、共享的“五大发展理念”调适国民心态，已经成为增强文化自信的现实举措。创新是中华民族最鲜明的民族禀赋，倡导创新发展的理念有助于提振中华民族的自信心，尤其是中国一系列创新成果不断问世，也将增强国民的自豪感。倡导协调发展的理念有助于增进社会发展的整体性，缓和社会矛盾，促进各群体和谐相处，营造理性平和的社会氛围。倡导绿色发展的理念有助于我国公民培育和养成良好的生活习惯，培育绿色的生产方式和生活方式，在整个社会培育绿色低碳的消费观，抵制奢靡浪费的社会风气。倡导开放发展的理念有助于我们国家博采众长，增强开放性和包容性，学习传统文化与域外文化中的合理因素，不断丰富中华文化的时代内涵。倡导共享发展的理念有助于在整个社会营造人人参与、人人共享的氛围，减少不劳而获的“搭便车”行为，杜绝劳而不获的不公正现象，增强人民群众的获得感。我们需要将“五大发展理念”融入人们的日常生活，以之培育自尊自信、理性平和、积极向上的国民心态，文化自信才能植根于我们日常生活的沃土之中，进而推动当代中国社会的整体性发展。

三、以新发展理念重塑国家文化形象

重塑国家文化形象是提升文化自信的重要内容。我们要着力扩大文化领域对外交流，塑造国家良好的文化形象。我们从国情出发，探索向国外延伸、与国际接轨的文化发展之路，在“请进来”和“走出去”过程中，努力塑造和充分展示国家和民族的良好文化形象，如保持深厚的人文精神和严谨的科学精神、良好的道德风貌和崇高的精神境界、开放的文化心态和积极的生活态度等。我们在国际交往当中，文化话语权的问题提到了相当重要的地位，我们要

① 《胡锦涛文选》（第3卷），人民出版社，2016年，第638页。

想在文化话语权上取得主动权，就必须提升自己的文化形象，来减少由于文化障碍、文化的摩擦带来的一些消极影响。所以，今天我们强调重构国家的文化形象，正是为了我们国家在经济、政治、文化等方面同步发展，全面进步，进而提升它在国际社会中的竞争力。重塑国家文化形象，第一个抓手就是加强国民的素质教育，为什么这么讲呢？因为一个国家的文化形象，最基本的或者最终的都要通过个人、通过公民的素质表现出来，那么在国民教育当中，只有了解了本民族，又了解其他民族这样的人，才有可能在世界的或者国际的交往当中，有一个好的形象呈现出来。一个国家的形象，它关系到与它周围世界的沟通、和谐的关系，关系到它能否获得一个有利的舆论环境，关乎它的软实力是否提升。哈佛大学约瑟夫·奈讲过这么一句话，就是在现代信息社会里面，在国家竞争当中，往往最会讲故事的人是赢家。这里讲的最会讲故事，就是说他是最能宣传自己价值理念，最能给自己塑造形象的人。这从一个侧面告诉我们：国家的文化，特别是它的文化形象，在它同世界其他国家竞争当中，占有举足轻重的地位。这个文化的形象就是一种精神的力量。正如拿破仑说的一句话，他说世界上只有两种力量：思想的力量和利剑的力量，从长远来看，思想要战胜利剑。这就表明一种文化，一种软实力对于一个民族在世界上的地位所起到的作用。习近平强调："要注重塑造我国的国家形象，重点展示中国历史底蕴深厚、各民族多元一体、文化多样和谐的文明大国形象，政治清明、经济发展、文化繁荣、社会稳定、人民团结、山河秀美的东方大国形象，坚持和平发展、促进共同发展、维护国际公平正义、为人类作出贡献的负责任大国形象，对外更加开放、更加具有亲和力、充满希望、充满活力的社会主义大国形象。"[①]我们要建构的国家文化形象，既要一种反映世界文明的发展大势，又要体现中国民族特色；既要传承悠久的历史文化，又要反映现时代的精神风貌。我们有灿烂的久远的历史文明，但是在现代性的转换这个方面，我们还有很长的路要走，这就要求我们有一种现代性的观念和世界性的眼光。从现代性来看，我们不应该以一种展示古董的心态来宣示自己的文化；从世界性来看，我们不应该偏执于自己传统的

① 习近平:《建设社会主义文化强国　着力提高国家文化软实力》，《人民日报》2014年1月1日，第1版。

民族文化，要善于将传统民族文化向当今世界的发展潮流引领，只有在这个意义上讲，越是民族的才能越是世界的。空谈误国，实干兴邦。当前，我们国家需要通过落实创新、协调、绿色、开放、共享的“五大发展理念”来重塑生机勃勃、全面进步、生态友好、包容并蓄、合作共赢的国家文化形象，破除一些西方国家对传统中国“封闭落后”的固有认知和偏见，增强中国道路的时代魅力。

新时代中国发展观与生产力标准再思考

解放和发展生产力是社会主义的根本任务。发展的硬道理往往要通过生产力直观地表现出来，判断一个国家发达与否的根本指标就是这个国家的生产力发育水平。对于后发国家而言，改变生产力落后面貌的愿望尤为迫切。“五大发展理念”作为当代中国的新发展观，它并没有抛弃生产力标准，它依然服从于社会主义初级阶段解放和发展生产力的根本任务。当然，站在新的发展起点上，当代中国对生产力标准的认识逐渐去除过去浓郁的偏执狂热色彩，重新回归历史唯物主义和辩证唯物主义的整体性维度之中。“五大发展理念”没有否定生产力标准，恰恰相反，它为我们更加全面地认识生产力标准提供了新的历史契机。

一、作为历史合力的生产力

我们常说，生产力是决定社会进步的根本力量，那么，我们生产力是单个人的生产力，还是社会整体的生产力呢？我们生活的社会是由“现实的人”构成的，这些“现实的人”不是彼此孤立、不相往来的，而是处在一定的社会关系中，只是这些“现实的人”所处的社会关系有所差别罢了。正如马克思所言：“人的本质不是单个人所固有的抽象物，在其现实性上，它是一切社会关系的总和。”[①]

物质生产作为“现实的人”创造历史的基本方式，随着人类社会的发展，生产劳动逐渐告别“独力”的形态，越来越表现出“合力”的趋势，这是与不

① 《马克思恩格斯选集》（第1卷），人民出版社，2012年，第139页。

断深化的社会分工紧密相连的。哪怕进行“独力”生产的人，也是处在一定社会关系中的“独力”生产，而不是蛰居于整个社会关系之外的“独力”生产。资本主义社会以前的分工是一种自然形成的分工，资本主义生产方式出现之后，自然形成的分工逐渐被社会化的分工所取代。劳动者离开土地，进入工厂，起初，工人“独力”完成劳动产品，随着更加先进的生产工具的使用，工人开始分工协作。马克思指出：“单个工人的力量的机械总和，与许多人同时共同完成同一不可分割的操作(抬重物等等)时所发挥的机械力，在质上是不同的。协作直接创造了一种生产力，这种生产力实质上是集体力。”①马克思认为：“简单的协作是完成同一工作的许多工人的联合劳动，简单协作的实质始终是行动的同时性，这种行动的同时性所取得的结果，是独自行动的单个工人按时间依次进行他的劳动所根本不可能达到的。”②因为“协作的结果是，通过协作所生产出来的东西，比之同样多的人在同样的时间内分散劳动所生产出来的东西要多，或者说通过协作所生产的使用价值，在另一种情况下是根本不可能生产的”③。资产阶级在简单协作的基础上发现了集体联合的伟力，进而组织更大规模的联合劳动，实施更大范围、更加精细化的社会分工，以增强生产过程的协作性和联动性。“在大多数生产劳动中，单是社会接触就会引起竞争心和特有的精力振奋，从而提高每个人的个人工作效率。”④需要看到的是，生产环节的有序性只是整个社会价值实现的一个方面，在生产分工过程中表现出的有序性也要面对整个市场的无序性的冲击，其结果使得生产分工的有序性不可能产生“一厢情愿”的结果，它必然受到整个国内市场或世界市场的制约。

人类历史发展到经济全球化的时代，一个国家生产力的发展不仅要受到自身发展条件的制约，也要受到整个世界格局的影响，促进生产力发展的内在动力与外在动力都是需要考量的因素。生产力作为一种历史合力而存在，不仅体现在单个人“独力”生产的能力，而且更要体现在各种生产要素优化配置的层

① 《马克思恩格斯全集》（第16卷），人民出版社，1964年，第308-309页。

② 《马克思恩格斯全集》（第47卷），人民出版社，1980年，第306页。

③ 《马克思恩格斯全集》（第47卷），人民出版社，1980年，第293-294页。

④ 《马克思恩格斯全集》（第23卷），人民出版社，1972年，第362-363页。

面。如果只看到生产力表现形态的各个人的“独力”，看不到各个人“独力”生产背后相互制约的合力，我们就很难准确把握作为历史合力的生产力标准的精髓，在实践中就会采用简化主义的套路来肢解生产力标准，就极有可能背离或偏离社会主义的根本任务。

二、被肢解的生产力标准

从理论逻辑上看，作为一种历史合力，生产力标准是具有整体性的；但在实践中，原本具有整体性的生产力标准却时常遭遇被肢解的厄运。对于肩负着复兴使命的中国而言，在社会主义现代化建设过程中，必然会产生“一万年太久，只争朝夕”的紧迫感和使命感。当然，这种紧迫感和使命感并不全然来源于我们自身的主观愿望，更多来源于复杂国际局势的倒逼和压力。

十一届三中全会之后，党和国家把工作重心转移到社会主义现代化上来，并抓住了社会主义现代化建设中的主要矛盾——以经济建设为中心。围绕经济建设这个中心任务来解放和发展生产力，毋庸置疑，这个总体方略是正确的。但在具体实践中，生产力却时常丧失整体性的维度，经常面临被肢解的问题。广义的生产力就是生产方式，包括生产力和生产关系，实践中，很多人撇开生产关系来谈生产力，就会导致“有奶就是娘”的问题，一些社会乱象由此获得存在泛滥的道德依据。从狭义的生产力的构成要素来看，生产力包括劳动者、劳动工具和劳动对象三个要素，劳动者回答了“是谁生产”的问题，劳动工具回答了“怎么生产”或“用什么生产”的问题，劳动对象回答了“生产什么”的问题。长期以来，我们高度重视作为劳动工具的中介（科学技术），忽视作为劳动主体的劳动者和“生产什么”的劳动对象。马克思曾说：“在一切生产工具中，最强大的一种生产力是革命阶级本身。”[①]生产工具是人实践能力的延伸，如果只注重科学技术，不注重劳动者素质的提高，就等于在发展生产力问题上陷入了“舍本逐末”的死胡同。不可否认，在短期内，通过引进国外技

① 《马克思恩格斯文集》（第1卷），人民出版社，2009年，第655页。

术确实可以提高我们的社会生产力，但是，真正的核心技术是花钱买不来的。我们过分迷恋所引进的生产工具，忽视劳动对象的扩展和研发，最多只能在“怎么生产”这个方面占据微弱优势，因为“怎么生产”所创造的效益是存在边际的。当代中国出现的低端产能过剩问题，在很大程度上，与我们过分聚焦于“怎么生产”，忽视“生产什么”有着密切关联。比如，我们片面追求规模效应和增长速度，也为此付出了沉重的代价。忽视“生产什么”的劳动对象问题，使我们只能跟在别人后面，等着别人研发出新产品，我们再花大力气将这个“新产品”低成本化，如此一来，我们国家在全球产业分工中，就只能处在产业链条的中末端，很难在“生产什么”方面占据主动权。生产力资本化的问题也需要引起足够重视，生产力资本化虽然承认生产力是一种历史合力的客观事实，但在价值性上，资本化的生产力实际上作为一种独占性的力量而存在，由此一来，掌握大量资本的少数人就顺理成章地占有多数人的劳动成果，贫富悬殊、两极分化的问题由此拉开序幕。重视物质生产力（显性生产力）与忽视精神生产力（隐性生产力）也是生产力标准实践历险的重要表现，物质丰富与精神空虚形成强烈反差，经济决定论统御人们的现实生活，庸俗的唯物主义充斥着人们的精神世界，在物质生活不断宽裕的当下，补足人们精神生活的“隐性短板”成为我们不可回避的时代难题。总体而言，一些人在肢解生产力标准的过程中，或多或少地带有某种简化主义的色彩。正如弗朗索瓦·佩鲁所言：“最伟大的思想往往最容易成为某种简化主义的牺牲品。这种简化主义是肤浅的，它为了能够被懒惰的读者和职业鼓动家所接受而背叛了思想本身。”[①]因而，规避简化主义的发展思路和发展模式，回归马克思主义视野中的生产力标准，高度重视生产力标准的实践整体性，是贯彻落实“五大发展理念”需要遵循的内在逻辑。

三、生产力标准的“拨乱反正”

创新、协调、绿色、开放、共享这“五大发展理念”包含了“由谁来发

① [法]弗朗索瓦·佩鲁：《新发展观》，张宁、丰子义译，华夏出版社，1987年，第99页。

展”“怎么发展”“发展什么”“发展为了谁”等深层次逻辑，足以见得，当代中国新发展观蕴含着整体性的实践旨趣。“五大发展理念”的实践整体性原则与生产力标准的实践整体性原则是一致的，在落实当代中国新发展观的过程中，我们应该从历史与逻辑相统一的高度更加全面地认识生产力标准，切实规避简化主义的生产力标准对发展实践活动的误导和干扰。习近平强调：“生产力是推动社会进步的最活跃、最革命的要素。社会主义的根本任务是解放和发展社会生产力。在全面深化改革中，我们要坚持发展仍是解决我国所有问题的关键这个重大战略判断，使市场在资源配置中起决定性作用和更好发挥政府作用，推动我国社会生产力不断向前发展，推动实现物的不断丰富和人的全面发展的统一。物质生产是社会历史发展的决定性因素，但上层建筑也可以反作用于经济基础，生产力和生产关系、经济基础和上层建筑之间有着作用和反作用的现实过程，并不是单线式的简单决定和被决定逻辑。”[①]生产力对社会发展的决定性作用是从整个人类历史发展长河的宏观历史来考察的，在具体的微观历史阶段，这种决定性作用的“决定性”程度是不同的，我们不应该僵化固化地理解生产力的决定性作用，应该从历史合力的维度来全面辩证地理解生产力标准。习近平指出：“世界上的事物总是有着这样那样的联系，不能孤立地静止地看待事物发展，否则往往会出现盲人摸象、以偏概全的问题。正所谓‘有无相生，难易相成，长短相形，高下相倾，音声相和，前后相随’。在观察社会发展时，一定要注意这种决定和被决定、作用和反作用的有机联系。对生产力标准必须全面准确理解，不能绝对化，不能撇开生产关系、上层建筑来理解生产力标准。改革开放以来，我们党提出的一系列‘两手抓’，包括一手抓物质文明建设、一手抓精神文明建设，一手抓经济建设、一手抓法治建设，一手抓发展、一手抓稳定，一手抓改革开放、一手抓惩治腐败等，都是符合历史唯物主义要求的。”[②]当然，我们之所以能够对生产力标准作出更加全面的理解，与当代中国发展体量和发展质量的物质基础是紧密相连的。我们不应该将被肢解

① 习近平：《推动全党学习和掌握历史唯物主义　更好认识规律更加能动地推进工作》，《人民日报》2013年12月5日，第1版。

② 《习近平关于协调推进“四个全面”战略布局论述摘编》，中央文献出版社，2015年，第8页。

的生产力标准简单地归咎于前人的过错，因为前人不具备我们现在这样相对从容的发展条件。我们的进步就在于站在前人创造的发展成果的基础上，通过对既往发展理念与发展实践的全面反思和扬弃，获得新认识，谋划新战略，进而推动当代中国的新发展。我们如果割裂了生产力标准的历史延续性，就容易犯历史虚无主义的错误。贯彻落实“五大发展理念”，我们需要从历史合力的整体性维度更加全面地认识和把握生产力标准，进而在推动中国经济社会全面进步的同时，促进人的全面发展。

新时代中国发展观与全球治理的中国方案

创新、协调、绿色、开放、共享的“五大发展理念”是以习近平同志为核心的党中央统筹国内国际两个大局而提炼出的新发展观，它既植根于中国特色社会主义深厚的实践土壤，又展现了崛起的中国宽广的全球视野和博大的世界关怀。随着经济全球化深入发展，世界各国的联系变得多样化，事物发展的联动效应也越发增强，人与人之间的交往正不断超越种族和地域的限制，任何一个民族、国家都很难远离整个世界交往而独立存在，当今世界已经被经济全球化的浪潮席卷成一个“地球村”。在资本和资本主义主导的全球化进程中，资本追求剩余价值的秉性并没有褪色，而是在资产阶级标榜的“普世价值”等话语霸权掩饰下变本加厉，经济全球化正向溢出的绝大多数都被发达国家占据，而广大发展中国家几乎都要为全球化的负向溢出“埋单”，比如环境污染、生态破坏、贫富分化、粮食危机、能源危机，甚至政治危机等，时代呼吁全球治理的新方案。

一、时代呼唤全球治理的中国理念

中国在和平崛起过程中饱受西方国家炮制的“中国崩溃论”“中国威胁论”“霸权挑战论”“非洲新殖民论”“国强必霸论”“中国责任论”等攻击和责难，中国在国际社会中的成长过程真可谓“戴着镣铐跳舞”。韬光养晦谋发展，必定是一个忍辱负重的过程。改革开放以来，中国长期回避“构建一个什么样的世界”的主张，中国越是回避，西方国家就越是恐慌、猜疑。随着中国的崛起，如果中国再不明确地表达主张，就会被亚非拉发展中国家误解为是发达国家的“帮工”。可以说，是国内外的新时势共同倒逼着崛起的中国表达“构建一个什么样的世界”的基本主张，时代也在呼唤中国表达这种价值观。

中国在经济全球化浪潮中实现和平崛起，增强了“中国道路”或“中国模式”的时代魅力。崛起的中国依然是一个发展中国家，它同世界上大多数发展中国家一样，都面临着生态环境破坏、资源能源约束趋紧、科技创新能力不强等发展难题。此外，崛起的中国也面临着诸多全球性的治理难题，诸如恐怖主义、全球气候变暖、贫富差距扩大、文明的冲突等问题。广大发展中国家面临的发展难题与全球性的治理问题往往是彼此交织、相互影响的。当代中国处在新型工业化、信息化、城市化、农业现代化“并联式”发展进程之中，中国“并联式”发展的伟大成就有目共睹，发展的“中国速度”也为很多国家惊叹艳羡。中国“并联式”发展过程中出现的诸多问题恰恰是全球治理难题的缩影，中国解决“并联式”发展难题的思路可以为破解全球性治理难题提供有益参考。比如，改革开放以来，中国充分利用劳动力和市场优势，大量吸引外资，引进国外先进技术和管理理念，主动与全球产业分工对接，鼓励沿海城市凭借区位优势率先发展起来，带动中西部地区农村剩余劳动力向沿海城市转移，而后实施中部崛起战略、西部大开发战略、振兴东北老工业基地战略，在国家政策的引导下，7亿多人通过辛勤劳动摆脱贫困，这在人类历史上是绝无仅有的伟大创举。40年来，中国积极实施“走出去”战略，对外投资累计超过1.2万亿美元，为拉动世界经济增长做出了巨大贡献。正如美国学者阿里夫·德里克所言：“资本主义世界经济的管理者再也不可能无视中国领导人的提议，不管他们情不情愿，只要认真思考世界的问题，就必须考虑中国领导人的建议。”[①]中国积极地参与区域治理或全球治理，比如派遣维和部队、参加全球气候大会、主办博鳌亚洲论坛、发起“一带一路”倡议、发起“亚投行”、主办G20杭州峰会，等等，在这些区域性或全球性治理实践中，崛起的中国提出的很

① [美]阿里夫·德里克：《重访后社会主义：反思“中国特色社会主义”的过去、现在和未来》，吕增奎译，载王新颖主编：《奇迹的构建——海外学者论中国模式》，中央编译出版社，2011年，第151页。

多价值理念或行动方案赢得了越来越多的认同和支持。2017年1月18日，国家主席习近平在联合国日内瓦总部作了题为“构建人类命运共同体”的主题演讲，引起国际社会的强烈反响。2017年3月17日，联合国安理会一致通过关于阿富汗问题的第2344号决议，呼吁国际社会凝聚援助阿富汗共识，通过“一带一路”建设等加强区域经济合作，敦促各方为“一带一路”建设提供安全保障环境，呼吁国际社会共同“构建人类命运共同体”。2017年3月23日，“构建人类命运共同体”的中国理念又被载入联合国人权理事会第三十四次会议通过的关于“经济、社会、文化权利”和“粮食权”的两个决议之中，足以见得，“构建人类命运共同体”的中国理念正在升级为全球治理的“最大公约数”之一，这些都是中国参与全球治理过程中具有重大历史意义的胜利，也是崛起的中国与国际进步力量长期坚持不懈、共同努力的结果。

二、“构建人类命运共同体”的中国方案

习近平“构建人类命运共同体”的战略思想是从世界历史深入发展的客观辩证法中总结和提炼出来的中国方案和中国理念，彰显了当代中国共产党人的理论自觉和理论自信。

习近平提出“构建人类命运共同体”的战略思想经历了一个由局部到整体、由地区到全球的发展过程。党的十八大指出：“人类只有一个地球，各国共处一个世界。历史昭示我们，弱肉强食不是人类共存之道，穷兵黩武无法带来美好世界。要和平不要战争，要发展不要贫穷，要合作不要对抗，推动建设持久和平、共同繁荣的和谐世界，是各国人民共同愿望。”①2014年11月15日，习近平在出席G20布里斯班峰会时呼吁“二十国集团成员要树立利益共同体和命运共同体意识”；2015年4月，习近平在出访巴基斯坦时强调“充实中巴命运共同体”和“打造亚洲命运共同体”，习近平指出：“今天，中巴两国都肩负着民族振兴的历史重任，致力于强国富民的伟大梦想。我们比以往任何时候都更

① 《胡锦涛文选》（第3卷），人民出版社，2016年，第651页。

需要紧密携手合作，发挥两国传统友好优势、地缘毗邻优势、经济互补优势，共享机遇，共迎挑战，共谋发展，不断充实中巴命运共同体的内涵，更好造福两国人民，促进地区稳定和繁荣，为打造亚洲命运共同体发挥示范作用。”[①]习近平在博鳌亚洲论坛2015年年会上提出了“迈向亚洲命运共同体”和“建设人类命运共同体”的呼吁，习近平呼吁：“人类只有一个地球，各国共处一个世界。世界好，亚洲才能好；亚洲好，世界才能好。面对风云变幻的国际和地区形势，我们要把握世界大势，跟上时代潮流，共同营造对亚洲、对世界都更为有利的地区秩序，通过迈向亚洲命运共同体，推动建设人类命运共同体。”[②]在第七十届联合国大会上，习近平高呼“打造人类命运共同体”的时代强音，他强调：“当今世界，各国相互依存、休戚与共。我们要继承和弘扬联合国宪章的宗旨和原则，构建以合作共赢为核心的新型国际关系，打造人类命运共同体。”[③]在2016年G20杭州工商峰会上，习近平进一步阐述了“构建人类命运共同体”的重要思想，他又指出：“我们应该以伙伴关系为依托，秉持共赢理念，加强各领域务实合作，不断扩大合作内涵和外延，推动取得符合人民期待的合作成果。我们应该促进不同国家、不同文化和历史背景的人们深入交流，增进彼此理解，携手构建人类命运共同体。”[④]2017年1月18日，习近平主席在联合国日内瓦总部作了题为“构建人类命运共同体”的主题演讲，他在演讲中强调：“大道至简，实干为要。构建人类命运共同体，关键在行动。”[⑤]

党的十九大又将“坚持推动构建人类命运共同体”确立为新时代坚持和发展中国特色社会主义的基本方略，习近平指出：“中国人民的梦想同各国人

---

① 习近平：《构建中巴命运共同体　开辟合作共赢新征程——在巴基斯坦议会的演讲》，《人民日报》2015年4月22日，第2版。

② 习近平：《迈向命运共同体　开创亚洲新未来——在博鳌亚洲论坛2015年年会上的主旨演讲》，《人民日报》2015年3月29日，第2版。

③ 习近平：《携手构建合作共赢新伙伴　同心打造人类命运共同体——在第七十届联合国大会一般性辩论时的讲话》，《人民日报》2015年9月29日，第2版。

④ 习近平：《中国发展新起点　全球增长新蓝图——在二十国集团工商峰会开幕式上的主旨演讲》，《人民日报》2016年9月4日，第3版。

⑤ 习近平：《共同构建人类命运共同体——在联合国日内瓦总部的演讲》，《人民日报》2017年1月20日，第2版。

民的梦想息息相通，实现中国梦离不开和平的国际环境和稳定的国际秩序。必须统筹国内国际两个大局，始终不渝走和平发展道路、奉行互利共赢的开放战略，坚持正确义利观，树立共同、综合、合作、可持续的新安全观，谋求开放创新、包容互惠的发展前景，促进和而不同、兼收并蓄的文明交流，构筑尊崇自然、绿色发展的生态体系，始终做世界和平的建设者、全球发展的贡献者、国际秩序的维护者。”①

习近平“构建人类命运共同体”的战略思想丰富和发展了马克思主义世界历史理论，超越了“一赢多输”或“此赢彼输”的“零和博弈”思维，体现了以合作共赢为核心的共同利益观、国际权力观、全球治理观和可持续发展观。如果说邓小平“时代主题”理论指导中国融入经济全球化的发展潮流，那么，习近平“构建人类命运共同体”的战略思想则是在经济全球化浪潮中崛起的中国建立新型国际关系的时代号角。社会主义国家应该以积极有为的姿态在世界历史性的普遍交往中壮大自己的力量，而不应该关起门来搞建设，自我封闭，陷入教条主义的泥潭。可以说，习近平“构建人类命运共同体”的战略思想顺应了国际社会破解全球治理难题的新期待，顺应了时代对马克思主义世界历史理论新发展的时代呼唤，遵循了人类历史发展的辩证法，也彰显了中国共产党人的理论自觉和文化自信。

三、彰显世界关怀的新时代中国发展观

当今世界各国虽然结成了各种形式的利益共同体或命运共同体，但这些利益共同体或命运共同体依然是不平衡的。发展是解决中国一切问题的关键，也是解决世界问题的“牛鼻子”，只有牵住了这个“牛鼻子”，世界性的治理难题才能逐个破解，“人类命运共同体”也才能建设得更好。中国作为一个崛起的大国，不仅要向世界输出“Made in China”，而且要向世界积极传播发展的中国经验，如此，才能真正体现一个大国的担当，彰显大国智慧。相比之下，西

① 习近平：《决胜全面建成小康社会　夺取新时代中国特色社会主义伟大胜利——在中国共产党第十九次全国代表大会上的报告》，《人民日报》2017年10月28日，第5版。

方发达国家除了向世界输出资本、普世价值和战争之外，鲜有输出惠及全球的发展理念，这背后充分显示了发达国家维护既得利益的狭隘性和局限性。中国共产党十八届五中全会创造性地提出了“创新、协调、绿色、开放、共享”的五大发展理念，指明了中国“十三五”乃至更长时期的发展思路、发展方式和发展着力点，可以说，五大发展理念是立足于中国国情，全面总结反思世界范围国家治理的经验教训而得出的科学发展理念。五大发展理念诞生于中国，但中国从未封闭这种科学理念，从未将它锁在自家柜子里，不以示人，而是以积极的姿态向世界传播当代中国新发展观，充分显示了崛起的中国开放豁达的博大胸怀。

2015年11月，习近平先后出席土耳其安塔利亚G20峰会和联合国气候变化巴黎大会，两次大会上，习近平都积极向各国政要宣传五大发展理念，传播全球治理的中国声音和中国方案。习近平在巴黎气候大会上说：“对气候变化等全球性问题，如果抱着功利主义的思维，希望多占点便宜、少承担点责任，最终将是损人不利己。巴黎大会应该摒弃‘零和博弈’狭隘思维，推动各国尤其是发达国家多一点共享、多一点担当，实现互惠共赢。”[①]全球气候问题在本质上依然是发展权问题，一些发达国家拥有大量的跨国公司，开发发展中国家和不发达国家的自然资源，攫取了绝大多数利润，遗留下环境破坏的后遗症，拒绝承担修复自然生态的责任，导致一些地区长期贫困，一些国家长期陷入中等收入陷阱，甚至周期性的恶性循环。一些发达国家出于维护既得利益的需要，希望维持“掠夺式”的、不平衡的发展现状，维持全球发展的“两极化”，抵制全球发展的多极化，或者说，一些发达国家也形成了僵化固化的发展理念，形成了对既往发展的路径依赖。众多发展中国家始终处于全球产业链分工的末端，发展中国家之间由于存在竞争的客观事实，彼此间的张力不断加大，贸易摩擦不断增加，发达国家则借机设置各种隐性的、不公平的贸易规则，从中坐收渔翁之利。因此，中国秉承负责任大国的担当，呼吁国际社会共同“构建人类命运共同体”，积极向世界传播五大发展理念，具有鲜明的目标导向和问题

① 习近平：《携手构建合作共赢、公平合理的气候变化治理机制》，《人民日报》2015年12月1日，第2版。

导向，就是要呼吁各国破除既往发展的路径依赖，创造更加广阔的发展空间和发展领域，这对世界各国特别是对广大发展中国家具有普遍的借鉴意义。

“构建人类命运共同体”一定要有创新的思维，需要遵循人类历史发展的客观辩证法，适时转换发展动力。纵观当今世界经济，全球结构性的产能过剩成为绝大多数国家共同面临的经济问题，破解这一难题，不能仅从眼前利益入手，必须顾及中长期利益和世界整体利益。正如习近平所言：“在全球经济疲弱的背景下，中国也难免受到影响。面对下行压力，我们可以出台大规模刺激措施，短期内完全能够实现更高速度的增长，我们有这个能力。之所以没有这样做，是因为高消耗、高投入的模式对中国而言难以持续，也会给世界经济带来风险。因此，我们强调坚持进行结构性改革，着力解决经济中的深层次和中长期问题，让中国经济走得更好更稳更远。”[①]中国如果能够率先摆脱既往发展的路径依赖，走上创新驱动的发展道路，必将为世界广大发展中国家腾出更大的发展空间，也必将发挥正向外溢功能，为世界经济发展注入新活力，创造更多的机遇。习近平强调：“创新是从根本上打开增长之锁的钥匙。”[②]因而，倡导创新发展的意义不仅在于占领发展先机，而且彰显一个崛起的大国对“构建人类命运共同体”的应有担当。

“构建人类命运共同体”必须协调各方，着力解决全球经济发展不平衡问题。在资本和资本主义主导的全球化推动下，全球经济发展的不平衡性越发凸显，最发达国家与最不发达国家之间的差距持续加大，最不发达国家已经成为全球经济复苏的“短板”，而补齐这些“短板”，就必须协调各方力量，共同帮助最不发达国家赶上时代步伐，比如，由中国等二十多个亚洲国家发起建立的亚洲基础设施投资银行，对改善一些亚洲国家薄弱的基础设施将发挥重大作用。协调、对话、磋商是妥善解决全球经济发展不平衡的重要手段，单纯依靠人道主义救助不足以使最不发达国家摆脱贫困境地。此外，协调也是减小发展

① 习近平：《创新增长路径　共享发展成果——在二十国集团领导人第十次峰会第一阶段会议上关于世界经济形势的发言》，《人民日报》2015年11月16日，第2版。

② 习近平：《中国发展新起点　全球增长新蓝图——在二十国集团工商峰会开幕式上的主旨演讲》，《人民日报》2016年9月4日，第3版。

中国家与发达国家、发展中国家之间利益冲突的重要手段，反对武力威胁等霸权主义作风。习近平指出：“什么样的国际秩序和全球治理体系对世界好、对世界各国人民好，要由各国人民商量，不能由一家说了算，不能由少数人说了算。”[①]倡导协调的发展理念，发展中国家才能统筹国内国际两个大局，制定出适合本国实际的产业规划布局，全世界也才能在克服矛盾中保持和谐稳定。G20作为引领全世界经济发展的“关键的少数”，有责任，也有能力，在协调各方发展过程中发挥表率作用。

“构建人类命运共同体”必须坚持绿色发展，保护人类共同的家园。全球生态破坏，任何一个国家都不能独善其身，生态环境破坏带来的负面效应具有联动性，比如全球气候变暖导致海平面上升，许多沿海城市或岛国可能遭受灭顶之灾，即使一些内陆国，也会难免受到波及，比如降水失衡，导致饥荒或洪灾。全球经济发展不平衡，人类对地球的破坏力就更大，向自然的索取就会丧失理性。坚持绿色发展，关键是要准确把握自然生产力与社会生产力之间的辩证关系。习近平用朴素的道理阐明了二者之间的辩证关系，“绿水青山就是金山银山，保护环境就是保护生产力，改善环境就是发展生产力”[②]。因而，倡导绿色发展的理念，实施节能减排，保护自然资源，使用清洁能源，将绿色发展与消除贫困统一起来，“人类命运共同体”才能可持续发展。

“构建人类命运共同体”必然要求加快构建高水平的开放型世界经济。在全球化浪潮下，一个国家要想发展，就应该顺应历史潮流，开怀纳新，主动学习世界优秀文明成果。历史已经深刻证明，没有一个国家长期闭关锁国还能经久不衰，也没有一种文明能以封闭的姿态走向世界舞台的中央。正如习近平所言：“世界经济发展的历史证明，开放带来进步，封闭导致落后。重回以邻为壑的老路，不仅无法摆脱自身危机和衰退，而且会收窄世界经济共同空间，导致‘双输’局面。”[③]与开放发展理念相对立的是保护主义的发展观，它是一种短视的、褊狭的、片面的思维，是构建高水平世界经济的大敌，因为“保护

① 习近平：《在庆祝中国共产党成立95周年大会上的讲话》，《人民日报》2016年7月2日，第2版。

②③ 习近平：《中国发展新起点　全球增长新蓝图——在二十国集团工商峰会开幕式上的主旨演讲》，《人民日报》2016年9月4日，第3版。

主义政策如饮鸩止渴，看似短期内能缓解一国内部压力，但从长期看将给自身和世界经济造成难以弥补的伤害”[①]。习近平主席在达沃斯世界经济论坛2017年年会上强调，经济全球化是人类历史发展的必然趋势（与此形成鲜明对比的是美国总统特朗普，他在就职演讲中表露出反全球化的声音），“我们要坚定不移发展全球自由贸易和投资，在开放中推动贸易和投资自由化、便利化，旗帜鲜明地反对保护主义。搞保护主义如同把自己关进黑屋子，看似躲过了风吹雨打，但也隔绝了阳光和空气。打贸易战的结果只能是两败俱伤”[②]。所以，世界各国应该顺应全球化发展的大势，自觉适时提高对外开放水平，抓住全球化的正向溢出效应，推动本国的现代化历史进程。

“构建人类命运共同体”必然要求世界各国共建共享人类文明进步的成果。随着全球化进程的深入发展，在信息化时代下，人类社会发展的联动效应越发凸显，任何一个国家想要固守“零和博弈”的思维都不可能获得成功，都终将被世界所抛弃。共建人类命运共同体，共享人类文明进步的成果，也将成为人类历史发展的大势所趋。中国倡导“共享”的全球发展理念，旨在缩小全球经济发展的不平衡性，为发展中国家争取更多发展空间。在G20杭州峰会开幕辞中，习近平指出：“我们还将通过支持非洲和最不发达国家工业化、提高能源可及性、提高能效、加强清洁能源和可再生能源利用、发展普惠金融、鼓励青年创业等方式，减少全球发展不平等和不平衡，使各国人民共享世界经济增长成果。”[③]但是，共享又是一门大学问，每个国家在国际事务中的职责不同，付出的努力也有所差异，所以，共享绝不意味着平均主义，而是一种差异性的共享，它与差异性的责任担当是相一致的。共享与共建密不可分，一个国家在“构建人类命运共同体”过程中，若抱着“搭便车”的心态，为一己之私，不作为或乱作为，扰乱地区安全秩序，必将受到国际社会的制裁和谴责。

---

① 习近平：《构建创新、活力、联动、包容的世界经济——在二十国集团领导人杭州峰会上的开幕辞》，《人民日报》2016年9月5日，第3版。

② 习近平：《共担时代责任　共促全球发展——在世界经济论坛2017年年会开幕式上的主旨演讲》，《人民日报》2017年1月18日，第3版。

③ 习近平：《构建创新、活力、联动、包容的世界经济——在二十国集团领导人杭州峰会上的开幕辞》，《人民日报》2016年9月5日，第3版。

作为方法论的新时代中国发展观

事关一个国家、一个民族中长期发展的新理念往往具有高度的概括性。创新、协调、绿色、开放、共享的“五大发展理念”作为当代中国的新发展观，是一个有机的、完整的理论体系，但它并不画地为牢，也并不排斥其他具体的、进步的发展理念，它具有鲜明的开放性。同时，当代中国新发展观并不是一个什么都装的“大箩筐”，它的开放性也是有原则、有限度的，它的开放性必须服从于坚持和发展中国特色社会主义这条主线。深刻认识当代中国新发展观的开放性与原则性的问题，有助于我们从方法论高度来领会当代中国新发展观，自觉将“五大发展理念”的精神实质贯穿到“以提高发展质量和效益为中心”的新发展实践之中，进而规避把“五大发展理念”机械化、刻板化、庸俗化、形式化、俗套化等问题。

一、新时代中国发展观的开放性

创新、协调、绿色、开放、共享“五大发展理念”是当代中国发展思路、发展方向、发展着力点的集中体现，它既是对当代中国经济社会发展历史方位的准确研判，也是对中国未来发展蓝图的描绘勾勒。“五大发展理念”是一个有机的、完整的理论体系，但它不是一个排他性的理论体系，而是一个开放性的理论体系。任何一种科学发展理念都是顺应发展实践的需要而诞生的，这种需要既包括发展实践的事实需要，也包括发展实践的价值需要。发展实践在本质上是一种历史活动，历史活动的延续性和继承性是不以人的主观意志为转移的，一种新的发展理念的历史出场，必定与传统发展理念和发展实践有着千丝万缕的联系，或是批判反思，或是超越扬弃。

从历史传承的角度看，当代中国新发展观具有开放性。一种科学的发展理念必定会对既往发展理念和发展实践作出全面的评价，绝不会轻易把既往发展理念和发展实践片面否定，它也不会片面地宣扬传统与现代的简单二元对立，它会在现代化的发展实践中发现传统发展理念中闪耀着真理光芒的思想元素，并对之进行现代化改造。从这个意义上说，一种科学的发展理念对传统发展理念中闪耀着真理光芒的思想元素应该是包容的、开放的。以“五大发展理念”中的绿色发展理念为例，在人类改造自然的能力普遍低下的时代，人类无法对千奇百怪的自然现象作出合理解释，也无法对扑朔迷离的自然灾害做出预警措施，于是产生了自然崇拜，受到自然界的长期奴役。面对自然奴役，西方人产生了人与自然二元对立的看法，这种二元对立在文艺复兴之后表现得尤为明显。随着机器的发明和使用，尝到甜头的资产阶级更加迷信人类改造自然的能力，征服自然、统治自然成为当时西方的主流意识。同样面对自然奴役，中国先民探索了人与自然和谐相处的共生之道，比如，天人合一、道法自然已经成为中华民族传承数千年的生存哲学。当代中国在工业化、信息化、城市化、农业现代化“并联式”发展一路高歌、激流勇进的时代，面对资源环境约束趋紧的时代难题，我们党从中国古代“道法自然”“天人合一”的生存哲学中提炼绿色发展的新智慧，足以见得，当代中国新发展观对历史深处闪耀着真理光芒的思想元素是开放的，也是包容的。我们不应该用传统与现代“二元对立”的僵化思维来看待当代中国新发展观。

从全球视野来看，当代中国新发展观具有开放性。当今世界已经被经济全球化浪潮席卷成一个“地球村”，各种思想理念在“地球村”内交流交融交锋，各种发展理念竞相角逐，为世界各国反思既往发展实践、破解发展难题提供了更多可供选择的新方案。从“经济增长理论”到“增长极限论”，从“可持续发展”到“亲穷人的发展”，从“新发展观”到“以自由看待发展”，等等，这些发展理念中都包含着很多有价值的方案。当代中国不是与世隔绝的中国，“五大发展理念”作为当代中国的新发展观，它不是闭门造车的产物，它也不可能对世界文明体系中先进发展理念视而不见、置若罔闻。虽然中国在“补课”的过程中学到了很多有价值的东西，但我们“补课”的历史任务并不能因此而终结，对世界先进发展理念博采众长、为我所用，依然是推动当代中国新发展不可或缺的积极因素。

从现实关怀上看，当代中国新发展观也具有开放性和包容性。创新、协调、绿色、开放、共享的“五大发展理念”是实践的发展观。“五大发展理念”在实践过程中，必然会涌现出很多新形式，表现出很多新特点，甚至会出现很多前所未有的新样态，对此，凸显发展实践的开放性和包容性就显得尤为重要。否则，一种发展实践新样态刚刚崭露头角，就有可能遭遇当头一棒而寿终正寝。中国共享经济的发展就很好地体现了开放性和包容性的现实关怀，比如，共享自行车、共享电瓶车、共享汽车、共享充电宝等新业态在登上历史舞台、站稳脚跟的过程中，也遭遇了诸多质疑，在运行过程中也存在制度供给不足、管理不够规范、共享主体行为失范等问题，随着相关制度设计不断完善，中国的共享经济正在逐步摸索中走向正轨。足以见得，如果偏离或背离了“五大发展理念”的开放性、包容性的实践导向，我们国家就很难在扩展发展新业态、拓宽发展新空间、开辟发展新领域、提升发展新境界等方面取得实质性进展和突破，我们国家也很难从发展实践中获取源源不断的新动力。

二、新时代中国发展观的原则性

发展理念不是无立场的，它总是服务于特定的经济基础和上层建筑，服务于特定的国家和民族，服务于特定的阶级或阶层。创新、协调、绿色、开放、共享的“五大发展理念”是中国特色社会主义发展思想的最新成果，它服务于中国特色社会主义的经济基础和上层建筑，“五大发展理念”的开放性和包容性是建立在坚持和发展中国特色社会主义的原则性基础之上的。离开了坚持和发展中国特色社会主义这条总原则，“五大发展理念”就会沦为一纸空谈，当代中国新发展观就会丧失生长的现实土壤，就会失去领航的启明灯塔。坚持和发展中国特色社会主义是落实“五大发展理念”的原则性问题，是一个非常严肃的是非问题，也是一个只有对错之分的判断题，在这个问题上，我们不能将开放性和包容性“泛化”。如果在落实“五大发展理念”过程中出现了是非模糊的问题而不加以及时制止或纠偏，就等于纵容社会主义的对立面挖社会主义的墙脚，历史教训深刻地表明，“养猫成虎”是非常危险的。围绕坚持和发展中国特色社会主义，党的十八大确立了八项基本原则：必须坚持人民主体地位、必须坚持解放和发展社会生产力、必须坚持推进改革开放、必须坚持维护社会公平正义、必须坚持走共同富裕道路、必须坚持促进社会和谐、必须坚持和平发展、必须坚持党的领导。党的十八大以来，以习近平同志为核心的党中央围绕坚持和发展中国特色社会主义的总目标，创造性地提出了全面建成小康社会、全面深化改革、全面依法治国、全面从严治党的“四个全面”战略布局，为推动中国特色社会主义事业行稳致远提供了顶层设计。“八项基本原则”与“四个全面”战略布局的基本指向是一致的，我们不应该把“八项基本原则”与“四个全面”战略布局对立起来，也不应该只见“八项基本原则”，不见“四个全面”战略布局，可以说，“四个全面”战略布局是从“八项基本原则”中进一步概括和提炼出的主要矛盾和主要抓手。在党的十八大确立的“八项基本原则”基础上，党的十九大提出了新时代坚持和发展中国特色社会主义的十四条基本方略，即坚持党对一切工作的领导、坚持以人民为中心、坚持全面深化改革、坚持新发展理念、坚持人民当家作主、坚持全面依法治国、坚持社会主义核心价值体系、坚持在发展中保障和改善民生、坚持人与自然和谐共生、坚持总体国家安全观、坚持党对人民军队的绝对领导、坚持“一国两制”和推进祖国统一、坚持推动构建人类命运共同体、坚持全面从严治党。在落实“新发展理念”过程中，我们必须遵循党的十九大确立的“十四条基本方略”，高度重视党对一切工作的领导，牢牢坚持事关当代中国长远发展的“四个全面”战略布局和顶层设计，不能偏离中国特色社会主义的基本路线。

三、从方法论的高度把握新时代中国发展观

创新、协调、绿色、开放、共享的“五大发展理念”是对当代中国发展思路、发展方向、发展着力点的高度概括，高度概括的“五大发展理念”是作为一种发展的方法论或发展的哲学而存在的。作为方法论的当代中国新发展观兼具开放性与原则性的双重特色，在新的发展实践中，我们需要把创新、协调、绿色、开放、共享的发展方法论融入具体的发展门类、发展领域，才能使方法论的“种子”在发展的具体实践土壤中落地、生根、发芽，不断吸取外界养

分，长得枝繁叶茂，开花结果。以创新发展的方法论为例，制度创新、理论创新、实践创新、科技创新、文化创新永远都在路上。社会主义“集中力量办大事”的制度优势是资本主义不可比拟的，但这并不是说，现存的社会主义制度已经达到至善至美的境界，无须进一步完善和发展，实际上，缺乏或忽视制度创新的苏联积弊太深，已经在“休克式疗法”中遭遇了解体的命运，这样的反面教训是值得深思的。当代中国的制度创新就是在坚持和发展中国特色社会主义的道路上，不断推动国家治理体系和治理能力现代化。理论创新、文化创新的先导性、批判性、建设性作用需要进一步凸显，才能为人们的创新实践活动提供源源不断的优质精神食粮。实践创新、科技创新日新月异，墨守成规、封闭僵化没有出路。创新发展的理念并没有提供某种“模板化”的创新样式或创新路径，而是作为“变化”的实践导向而存在。同样，作为方法论的协调、绿色、开放、共享等发展理念都没有提供某种具体的、既存的、刻板化的发展方法和发展模式，它们都需要在新发展实践中不断具体化，这就是作为方法论的当代中国新发展观的时代魅力。我们需要看到，马克思主义的方法论与价值论向来都是统一的，在实践中，作为方法论的“五大发展理念”更不能偏离或背离“以人民为中心”的价值论。

结束语

发展理念是指引发展实践的灵魂，它从根本上回答了“怎么发展”“发展什么”“发展为了谁”等深层次问题，对于一个国家和民族而言，是管全局、管根本、管方向、管长远的方法论和价值论。肩负着复兴使命的中华民族尤其不能缺少或迷失发展的方法论和价值论。一定的发展理念总要针对或回应一定的发展难题，随着中国发展体量与质量不断提升，发展环境与发展条件不断变化，发展难题也将不断升级，不断升级的时代发展难题必然呼唤发展理念与时更新。

道路决定命运。一定的发展理念是基于一定发展道路而言的，迄今为止，人类还没发现放之四海而皆准的发展理念，也没有发现惠及全球的发展模式，每一个国家选择的发展道路都与其特定的历史传统有着千丝万缕的联系。习近平强调：“中国特色社会主义，是科学社会主义理论逻辑和中国社会发展历史逻辑的辩证统一，是根植于中国大地、反映中国人民意愿、适应中国和时代发展进步要求的科学社会主义，是全面建成小康社会、加快推进社会主义现代化、实现中华民族伟大复兴的必由之路。”[①]中国特色社会主义是与时俱进、与时偕行、引领未来的事业，它每向前推进一步，就等于翻开了新的历史篇章。中国历史翻开的新篇章固然会受到历史文化传统与世界发展格局的影响，但“当代中国的伟大社会变革，不是简单延续我国历史文化的母版，不是简单套用马克思主义经典作家设想的模板，不是其他国家社会主义实践的再版，也不是国外现代化发展的翻版，不可能找到现成的教科书”[②]。因而，中国特色社会

① 《习近平谈治国理政》，外文出版社，2014年，第21页。（《毫不动摇坚持和发展中国特色社会主义》，2013年1月5日，有学者把习近平的这篇讲话称为“1・5”讲话）

② 习近平：《在哲学社会科学工作座谈会上的讲话》，《人民日报》2016年5月19日，第2版。

主义是在实践中不断开拓的伟大事业，它每前进一步，都伴随着中国特色社会主义发展理念的继承和超越。

党的十八大以来，以习近平同志为核心的党中央承接实现“两个一百年”奋斗目标的历史接力棒，针对当代中国发展面临的突出问题和主要矛盾，开展了具有许多新的历史特点的伟大斗争，创造性地提出并形成了全面建成小康社会、全面深化改革、全面依法治国、全面从严治党的“四个全面”战略布局，为推动中国特色社会主义行稳致远提供了新的战略布局和顶层设计。发展才是硬道理，发展是我们党执政兴国的第一要务。在新的历史起点上，我们党制定出治国理政新的战略布局和顶层设计，无疑为推动当代中国实现新发展做出高瞻远瞩的新部署。党的十八大以来，习近平提出了一系列治国理政新理念、新思想、新战略，形成了中国特色社会主义的战略布局与发展理念，党的十九大对过去五年极不平凡的伟大实践做出进一步提炼和概括，形成了习近平新时代中国特色社会主义思想，开辟了当代中国马克思主义发展的新境界，是引领我们新时代的全局性、战略性、前瞻性的行动纲领。

发展理念是发展实践的先导，是治国理政战略布局的逻辑延伸。党的十八届五中全会创造性地提炼出创新、协调、绿色、开放、共享的“五大发展理念”，为当代中国实现“以提高发展质量和效益为中心”的新发展提供了新的遵循。作为当代中国的新发展观的“五大发展理念”，是在全面决胜小康社会的时代背景下，针对中国崛起的陷阱问题、短板问题和安全风险问题提出来的，它旨在破解发展难题、增强发展动力、厚植发展优势，提高发展质量和效益，从而使“发展的硬道理”更多更公平地惠及全体人民。从逻辑上看，“五大发展理念”是当代中国发展思路、发展方向、发展着力点的集中体现，具有理论逻辑的周延性；从实践上看，以“四个全面”战略布局作为保障机制的“五大发展理念”，具有前所未有的稳健性。

“五大发展理念”贯穿了辩证唯物主义和历史唯物主义的观点方法，全面总结、反思中国社会主义实践的经验教训，博采世界文明体系中先进发展理念之众长，传承中华民族延绵千年的存续之道，直面当代中国发展的突出问题和主要矛盾，是马克思主义发展观在当代中国的最新表现形态。“五大发展理念”作为当代中国的新发展观，它不是“从无到有”之新，而是“继承与超越”之新。当代中国新发展观经历了从“一化三改造”到“四个现代化”的艰辛探索、从“两个凡是”到“一个中心”的拨乱反正、从“一个先锋队”到“三个先锋队”的实践创新、从“三位一体”到“五位一体”的内涵拓展、从“四个全面”到“五大发展理念”的整体飞跃的演进历程。“五大发展理念”凸显了立足长远的战略思维、顾及全局的整体意识、居安思危的忧患意识、以问题为中心的破题意识和以人民为中心的价值导向等时代特征。在中国特色社会主义“五位一体”的总体布局和“四个全面”战略布局下落实当代中国新发展观，必须坚持“一个中心，两个基本点”，坚持人民主体地位，坚持全面依法治国、坚持科学发展，做到实事求是，求真务实。

创新发展是引领发展的第一动力，是中华民族最鲜明的民族禀赋，是坚持和发展中国特色社会主义的重要引擎。创新是当代中国提高发展质量和效益的关键所在，历史经验深刻地告诉我们，不创新就要落后、创新慢了也要落后。我们要把创新摆在国家发展全局的核心位置，致力于破解理论创新、制度创新、科技创新、文化创新和其他领域创新的难题与瓶颈，发挥新型举国体制创新优势，推动宏观调控方式创新、推动跨领域跨行业协同创新、强化企业创新主体地位、创新国家治理体系和治理能力、加强创新人才队伍建设，进而抢占民族伟大复兴的战略制高点。

协调发展是中国特色社会主义事业行稳致远的基本遵循，也是治国理政不可或缺的艺术。协调发展的核心是统筹兼顾，它以突出问题和主要矛盾的转化或变迁作为现实依据，协调出合力、出动力、出生产力，协调发展彰显中国特色社会主义的制度优势。当代中国发展存在不协调的问题，主要体现在区域失衡、领域失衡、城乡机会分配失衡、“两个文明”发展失衡和结构性失衡等方面。全面建成小康社会的关键词是“全面”，我们必须着力解决发展不协调、不平衡的问题，增进中国特色社会主义事业的整体性、协调性。在全面建成小康社会的决胜决战期，我们要大力推动区域整体协调发展、推动城乡整体协调发展、推动“两个文明”协调发展、推动经济建设和国防建设融合发展、推动供给侧结构性改革、推动当代中国马克思主义的整体性发展。

绿色发展理念是当代中国原创性的发展理念，是马克思主义生态文明思想与中国优秀文化历史传统在现代文明时代相融合而成的理论结晶。绿色发展是生态文明建设的重要内容，也是生态文明建设的主要抓手。生态兴，则文明兴，中华民族素有“道法自然”的优良传统，对生态规律的自觉把握和遵循，也是中华文明不曾中断的重要原因。绿色发展理念旨在破解中国崛起面临的生态代价问题，如环境污染与生态退化问题、能源资源约束趋紧问题、经济上位与生态让位问题、自然灾害与人为祸根问题、生态恶化与贫困交加问题、生活生产过程非绿色化问题，为中国从“可持续发展”向“永续发展”的飞跃提供了正确的思想指南。推动当代中国的绿色发展，需要筑牢生态安全屏障，加大环境治理力度，优化生产、生活、生态空间布局，培育绿色的生活生产方式，坚持绿色发展与消除贫困相结合。绿色发展理念是崛起的中国为全人类超越工业化时代的“黑色发展”“灰色发展”做出的独特性理论贡献，中国绿色发展的实践也将为全人类迈向“永续发展”做出更多努力。

开放发展是中国崛起的必由之路。随着时代的发展，开放发展的内涵也在发生深刻变革，当代中国的开放发展是崛起的中国全面升级对外开放战略的必然选择，崛起的中国将以更加开放的姿态重返世界舞台的中心。当代中国的开放发展面临诸多现实挑战，诸如自然壁垒与体制壁垒、显性壁垒与隐性壁垒、利益固化壁垒与思想僵化壁垒、信息壁垒与安全壁垒、域外文化冲击的挑战、对外开放路径依赖的挑战，等等。破解这些开放发展的难题，我们应该站在实现“两个一百年”奋斗目标和实现中华民族伟大复兴“中国梦”的战略高度，积极营造更加有利于开放发展的国内环境，着力实施中西部的对外开放战略，疏通制约开放发展的各种体制机制壁垒和隐性显性壁垒，让创造财富的源泉充分涌流起来。面对经济全球化浪潮出现的“退潮”迹象，崛起的中国应该全面提高“引进来”的标准，全面升级“走出去”的战略，大力推动“一带一路”建设，以更加积极有为的姿态传播全球治理的中国声音，贡献全球治理的中国方案。

共享发展是坚持和发展中国特色社会主义的本质要求。共享发展是人类文明进步的总体趋势，是国家长治久安的平衡器，是治国理政的新智慧，是中国特色社会主义的根本价值取向。坚持共享发展既体现了中国共产党人对根本宗旨一以贯之的坚守，也体现了中国共产党人对社会发展规律的自觉探索和遵循。当代中国发展面临诸多共享性矛盾，如“先富”与“未富”的共享矛盾、城里人与外来者的共享矛盾、当代人与后代人的共享矛盾、普惠性与不均衡性的矛盾、“寡而均”与“富而不均”的矛盾、效率上位与公平让位的矛盾、公共服务供给与共享不均的矛盾，等等。这些共享矛盾既有存量矛盾，也有增量矛盾，如果不妥善化解这些错综复杂的共享矛盾，中国经济社会发展必将出现“少数人所得而私”的局面。共享发展是贯穿创新、协调、绿色、开放等发展理念的价值指向，具有根本导向性，它的核心是“以人民为中心”，从某种意义上讲，“五大发展理念”就是“以人民为中心”的发展思想。落实“以人民为中心”的发展思想，需要充分调动广大人民群众的积极性、主动性、创造性，着力提高公共服务供给质量、实施精准扶贫脱贫政策、创造公平的就业创业机会、推动民生改善与民主发展相统一、制定人口均衡发展战略、加快推进健康中国和平安中国建设，让“以提高发展质量和效益为中心”的发展新成果更多更公平地惠及全体人民，让“发展的硬道理”更多更公平地体现在增进广大人民群众的共同福祉之上，不断增强人民群众的获得感。

科学的发展理念是对发展实践的客观反映。发展理念的变革是更深层次的变革，它背后蕴藏着发展实践变革的迫切需要。当代中国新发展观在历史的具体形态上表现为“五大发展理念”，但它绝不囿于创新、协调、绿色、开放、共享等五个方面，它还涉及一些更深层次的发展逻辑问题。这些深层次的问题涉及新发展观的伦理向度问题、新发展观与文化自信问题、新发展观与生产力标准再思考的问题、新发展观的全球视野与世界关怀问题，等等。发展才是硬道理，我们不能“停下来”消化传统发展思路和发展实践积累起来的矛盾和问题，我们应该用新的发展理念指导新的发展实践，用新发展的实际成效不断化解长期积累的矛盾，在新发展实践中最大限度地减少或规避不必要的新矛盾、新问题。从这个意义上说，发展既是我们国家矢志不渝的信念，也是我们每一代人应该肩负起的历史责任。当代中国新发展观并不否定生产力标准，而是要纠正“唯生产力论”，摆正生产力标准的历史方位，让生产力标准重现“现实的多数人”的光辉。作为方法论的当代中国新发展观具有高度的开放性，它并没有穷尽所有发展观，也没有排斥其他发展理念中的有价值因素；作为方法论的当代中国新发展观具有鲜明的原则性，它植根于中国特色社会主义的实践土壤，是从中国特色社会主义实践土壤中提炼出的新发展理念，它必将肩负起坚持和完善中国特色社会主义的历史使命。

创新、协调、绿色、开放、共享的“五大发展理念”是直面“十三五”的新发展理念，也是展望中国发展未来的新发展理念。“十三五”时期是全面建成小康社会、实现我们党确定的“两个一百年”奋斗目标的第一个百年奋斗目标的决战决胜阶段。习近平强调：“全面建成小康社会是我们的战略目标，到二〇二〇年实现这个目标，我们国家的发展就会迈上一个大台阶，我们所有的奋斗都要聚焦于这个目标。”[①]可以说，全面建成小康社会已经成为我们党在“十三五”期间“明确的积极的纲领”[②]，我们党和国家所有的奋斗都要聚焦于这个纲领。党的十八大以来，在以习近平同志为核心的党中央领导下，中国特色社会主义的理论内涵不断丰富，实践保障机制不断完善，发展目标越发清晰，发展动力、发展思路、发展着力点更加明确，全面建成小康社会这项“不让一个人掉队”的伟大历史活动正在不断从胜利走向新的胜利。我们党和国家之所以要集举国之力来补齐全面建成小康社会的“短板”，是因为“只有现时的实际任务获得尽可能彻底的完成，才能有根据有基础地发展到将来的远大理想那个阶段去”[③]。“十三五”时期是当代中国发展承前启后的战略机遇期，它既要为中国实现“第一个百年”奋斗目标画上圆满句号，也要为中国实现“第二个百年”奋斗目标谋划新的蓝图。创新、协调、绿色、开放、共享的“五大发展理念”作为我们党治国理政的新发展观，它既是立足现实问题的新发展观，也是管全局、管长远的新发展观；它既要为破解当代中国发展面临的突出问题和主要矛盾提供科学指引，也要为当代中国开启社会主义现代化建设的新征途谋篇布局。可以说，“五大发展理念”肩负着“承上启下”“承前启

① 《习近平关于协调推进“四个全面”战略布局论述摘编》，中央文献出版社，2015年，第17页。

② 《马克思恩格斯选集》（第4卷），人民出版社，2012年，第271页。

③ 《毛泽东著作专题摘编》（下），中央文献出版社，2003年，第1893页。

后”“继往开来”“破旧立新”“立今开新”等多重使命，它必将在实现中华民族伟大复兴“中国梦”的奋斗史上留下浓墨重彩的画卷和篇章。

踏着全球化浪潮扬帆起航的“中华号”历史巨轮一路乘风破浪，已经抵近“全面小康”的港湾，在“全面小康”的港口稍作驻足之后，它又将风雨兼程地驶向全面建设社会主义现代化强国的“彼岸”，迎接中华民族伟大复兴的胜利曙光。正如习近平所说：“中华民族是历经磨难、不屈不挠的伟大民族，中国人民是勤劳勇敢、自强不息的伟大人民，中国共产党是敢于斗争、敢于胜利的伟大政党。历史车轮滚滚向前，时代潮流浩浩荡荡。历史只会眷顾坚定者、奋进者、搏击者，而不会等待犹豫者、懈怠者、畏难者。全党一定要保持艰苦奋斗、戒骄戒躁的作风，以时不我待、只争朝夕的精神，奋力走好新时代的长征路。”[①]我们生活在一个大有可为、大有作为的新时代，我们不应该辜负这个伟大的新时代。我们要紧密团结在以习近平同志为核心的党中央周围，坚持以习近平新时代中国特色社会主义思想为指导，自觉把作为方法论的创新、协调、绿色、开放、共享的新时代中国发展观贯彻落实到社会实践活动的方方面面，为夺取新时代中国特色社会主义伟大胜利贡献智慧和力量。

① 习近平：《决胜全面建成小康社会　夺取新时代中国特色社会主义伟大胜利——在中国共产党第十九次全国代表大会上的报告》，《人民日报》2017年10月28日，第5版。

参考文献

著作类：

[1] 马克思恩格斯选集（第1–4卷）[M]. 北京：人民出版社，2012.

[2] 马克思恩格斯文集（第1–10卷）[M]. 北京：人民出版社，2009.

[3] 列宁选集（第1–4卷）[M]. 北京：人民出版社，1995.

[4] 毛泽东选集（第1–4卷）[M]. 北京：人民出版社，1991.

[5] 毛泽东文集（第1–8卷）[M]. 北京：人民出版社，1993/1996/1999.

[6] 邓小平文选（第2–3卷）[M]. 北京：人民出版社，1994、1993.

[7] 江泽民文选（第1–3卷）[M]. 北京：人民出版社，2006.

[8] 胡锦涛文选（第1–3卷）[M]. 北京：人民出版社，2016.

[9] 习近平谈治国理政[M]. 北京：外文出版社，2014.

[10] 习近平关于全面建成小康社会论述摘编[M]. 北京：中央文献出版社，2016.

[11] 习近平关于科技创新论述摘编[M]. 北京：中央文献出版社，2016.

[12] 习近平关于协调推进“四个全面”战略布局论述摘编[M]. 北京：中央文献出版社，2015.

[13] 习近平关于全面深化改革论述摘编[M]. 北京：中央文献出版社，2014.

[14] 习近平关于实现中华民族伟大复兴的中国梦论述摘编[M]. 北京：中央文献出版社，2013.

[15] 王伟光. 王伟光自选集[M]. 北京：学习出版社，2007.

[16] 王伟光. 新大众哲学（上、下）[M]. 北京：人民出版社、中国社会科学出版社，2014.

[17] 陈先达，等. 被肢解的马克思[M]. 上海：上海人民出版社，1990.

[18] 陈先达文集（第一卷）：走向历史的深处——马克思主义历史观研究[M]. 北京：中国人民大学出版社，2006.

[19] 李捷. 坚持和发展中国特色社会主义[M]. 北京：社会科学文献出版社，2013.

[20] 胡鞍钢，等. 人间正道[M]. 北京：中国人民大学出版社，2011.

[21] 胡鞍钢，等. 中国新理念：五大发展[M]. 杭州：浙江人民出版社，2016.

[22] 房宁. 民主的中国经验[M]. 北京：中国社会科学出版社，2013.

[23] 郭建宁. 中国特色社会主义论[M]. 北京：高等教育出版社，2014.

[24] 郑永年. 大格局：中国崛起应该超越情感和意识形态[M]. 上海：东方出版社，2014.

[25] 成思危，厉以宁，等. 改革是中国最大的红利[M]. 北京：人民出版社，2013.

[26] 李河君. 中国领先一把——第三次工业革命在中国，北京：中信出版社，2014.

[27] 陈延武. 万水朝东[M]. 上海：三联书店，2011.
[28] 李德顺. 价值论・一种主体性的研究（第3版）[M]. 北京：中国人民大学出版社，2013.
[29] 杨耕. 为马克思辩护[M]. 哈尔滨：黑龙江人民出版社，2002.
[30] 俞吾金. 实践阐释学：重新解读马克思哲学与一般哲学[M]. 昆明：云南人民出版社，2001.
[31] 任平. 出场学视域中的马克思主义哲学[M]. 北京：北京师范大学出版社，2009.
[32] 丰子义. 马克思主义社会发展理论研究[M]. 北京：北京师范大学出版社，2012.
[33] 李崇富，姚小泉. 历史唯物主义与中华民族复兴之路[M]. 2014.
[34] 王新颖. 奇迹的构建——海外学者论中国模式[M]. 北京：中央编译出版社，2011.
[35] 吕增奎. 民主的长征——海外学者论中国政治发展[M]. 北京：中央编译出版社，2011.
[36] 吕增奎. 执政的转型——海外学者论中国共产党的建设[M]. 北京：中央编译出版社，2011.
[37] 周艳辉. 增长的迷思——海外学者论中国经济发展[M]. 北京：中央编译出版社，2011.
[38] ［美］罗伯特・布伦纳. 马克思社会发展理论新解[M]. 张秀琴，译. 北京：中国人民大学出版社，2016.
[39] ［法］弗朗索瓦・佩鲁. 新发展观[M]. 张宁，丰子义，译. 北京：华夏出版社，1987.
[40] ［印度］阿马蒂亚・森. 以自由看待发展[M]. 任赜，于真，译. 北京：中国人民大学出版社，2002.

期刊类：

[1] 郝立新. 中国特色社会主义实践的战略布局和发展理念[J]. 中国特色社会主义研究，2015（6）.
[2] 郝立新. 当代中国的新发展观[J]. 中国高等教育，2016（1）.
[3] 郝立新. 对当代中国新发展观的思考[J]. 理论与现代化，2016（6）.
[4] 郝立新. 如何把握新时代的马克思主义[J]. 甘肃社会科学，2015（5）.
[5] 郝立新. “五大发展理念”——当代中国的新发展观[J]. 党政视野，2016（Z1）.
[6] 郝立新，路向峰. 文化实践初探[J]. 哲学研究，2012（6）.
[7] 郝立新. 历史唯物主义的理论本质和发展形态[J]. 中国社会科学，2012（3）.
[8] 郝立新，李红专. 论唯物史观的实践精神[J]. 马克思主义研究，2004（1）.
[9] 郝立新. 认识“普世价值”问题应注意区分几个层面[J]. 政治学研究，2008（6）.
[10] 郝立新，李红专. 关于发展涵义的哲学反思[J]. 天津社会科学，2003（4）.
[11] 顾海良. 新发展理念的马克思主义政治经济学探讨[J]. 马克思主义与现实，2016（1）.
[12] 顾海良. 新发展理念与当代中国马克思主义“系统化的经济学说”的发展[J]. 经济学家，2016(3).
[13] 顾海良. 新发展理念与当代中国马克思主义经济学的意蕴[J]. 中国高校社会科学，2016(1).

[14] 韩庆祥，张健. 习近平治国理政思想的体系性[J]. 马克思主义与现实，2017（1）.
[15] 韩庆祥. 习近平治国理政思想的四大基础[J]. 中国特色社会主义研究，2016（2）.
[16] 韩庆祥. 习近平以人民为中心的政治经济学说[J]. 人民论坛，2016（1）.
[17] 韩庆祥. 问题导向与辩证思维[J]. 学习与探索，2015（7）.
[18] 韩庆祥. 从哲学视阈理解“国家治理现代化”[J]. 马克思主义与现实，2015（3）.
[19] 王岩，竟辉. 以新发展理念引领人类命运共同体构建[J]. 红旗文稿，2017（5）.
[20] 王水平. 以开放发展新理念引领开放发展新时代[J]. 理论视野，2016（6）.
[21] 齐卫平. 贯彻五大发展理念对党的建设提出新要求[J]. 理论探讨，2016（3）.
[22] 齐卫平. 五大发展理念融入高校思想政治教育：新任务和新要求[J]. 思想理论教育，2016(5).
[23] 常欣欣，刘宗涛. 新常态下五大发展理念研究述评[J]. 科学社会主义，2016（2）.
[24] 双传学. 论新发展理念的理论升华与实践指向[J]. 南京社会科学，2016（4）.
[25] 张辉. 贯彻协调发展新理念，构筑均衡融合新格局[J]. 北京大学学报（哲学社会科学版），2016（2）.
[26] 程恩富. 论新常态下的五大发展理念[J]. 南京财经大学学报，2016（1）.
[27] 牛先锋. 新发展理念将如何引领未来中国[J]. 人民论坛·学术前沿，2016（3）.
[28] 冯俊. 五大发展理念是对科学发展观的新突破新发展[J]. 中国浦东干部学院学报，2016(1).
[29] 韩强. 五大发展新理念与党的建设[J]. 思想理论教育导刊，2016（1）.
[30] 张新. 五大发展理念是党对科学发展原则和规律的新认识[J]. 思想理论教育导刊，2016(1).
[31] 潘峰. 目标新内涵发展新理念行动新举措——党的“十三五”规划建议的创新亮点[J]. 理论探索，2016（1）.
[32] 黄群慧，李晓华. 创新发展理念：发展观的重大突破[J]. 经济管理，2016年（11）.
[33] 杨解君. 当代中国发展道路及其推进方式的转变：绿色发展理念的法治化[J]. 南京社会科学，2016（10）.
[34] 杨柳. 习近平开放发展理念与中国开放道路的总结展望[J]. 探索，2016（5）.
[35] 孙肖远. 共享发展理念的理论内涵与实践价值[J]. 科学社会主义，2016（4）.
[36] 陈焕随. 略论创新发展的实践理性——党的十八届五中全会精神的创新发展理念解读[J]. 思想教育研究，2016（6）.
[37] 董振华. 共享发展理念的马克思主义世界观方法论探析[J]. 哲学研究，2016（6）.
[38] 方世南. 论绿色发展理念对马克思主义发展观的继承和发展[J]. 思想理论教育，2016(5).
[39] 兰洋. 绿色发展理念的哲学基础与多维审视[J]. 学习与实践，2016（5）.
[40] 方世南. 领悟绿色发展理念亟待拓展五大视野[J]. 学习论坛，2016（4）.
[41] 杨玉成. 开放发展理念与对外开放转型升级[J]. 湖南社会科学，2016（2）.
[42] 吴潜涛. 协调发展理念与社会主义核心价值观[J]. 中国高等教育，2016（6）.

[43] 庄友刚. 准确把握绿色发展理念的科学规定性[J]. 中国特色社会主义研究，2016（1）.
[44] 刘武根，艾四林. 论共享发展理念[J]. 思想理论教育导刊，2016（1）.
[45] 叶南客. 共享发展理念的时代创新与终极价值[J]. 南京社会科学，2016（1）.
[46] 王金利. 略论马克思生产合力思想及管理学启示[J]. 理论学刊，2007（10）.
[47] 强以华. 论社会发展的伦理张力[J]. 哲学研究，2003（12）.
[48] 贝阿特利斯·波利尼，李存山. 实践中的责任伦理[J]. 国际社会科学杂志（中文版），2003（4）.
[49] 宋文新. 发展的伦理规范[J]. 自然辩证法研究，2001（8）.
[50] 刘怀光. 发展伦理的伦理反思[J]. 自然辩证法研究，2001（8）.
[51] 刘福森. 存在“发展伦理”吗?[J]. 哈尔滨师专学报，1999（2）.
[52] 刘福森. 可持续发展观的哲学前提[J]. 人文杂志，1998（6）.
[53] 陶文昭. 科学理解习近平命运共同体思想[J]. 中国特色社会主义研究，2016（2）.
[54] 曲星. 人类命运共同体的价值观基础[J]. 求是，2013（4）.
[55] 叶小文. 人类命运共同体的文化共识[J]. 新疆师范大学学报(哲学社会科学版)，2016(3).
[56] 刘传春. 人类命运共同体内涵的质疑、争鸣与科学认识[J]. 毛泽东邓小平理论研究，2015(11).
[57] 金应忠. 试论人类命运共同体意识——兼论国际社会共生性[J]. 国际观察，2014（1）.

报纸类：

[1] 习近平. 在“一带一路”国际合作高峰论坛圆桌峰会上的闭幕辞[N]. 人民日报，2017-05-16（003）.
[2] 习近平. 携手推进“一带一路”建设[N]. 人民日报，2017-05-15（003）.
[3] 习近平. 共同构建人类命运共同体[N]. 人民日报，2017-01-20（002）.
[4] 习近平. 共担时代责任　共促全球发展[N]. 人民日报，2017-01-18（003）.
[5] 习近平. 在纪念孙中山先生诞辰150周年大会上的讲话[N]. 人民日报，2016-11-12（002）.
[6] 习近平. 关于《关于新形势下党内政治生活的若干准则》和《中国共产党党内监督条例》的说明[N]. 人民日报，2016-11-03（002）.
[7] 习近平. 在纪念红军长征胜利80周年大会上的讲话[N]. 人民日报，2016-10-22（002）.
[8] 习近平. 构建创新、活力、联动、包容的世界经济[N]. 人民日报，2016-09-05（003）.
[9] 习近平. 中国发展新起点　全球增长新蓝图[N]. 人民日报，2016-09-04（003）.
[10] 习近平. 在庆祝中国共产党成立95周年大会上的讲话[N]. 人民日报，2016-07-02（002）.
[11] 习近平. 为建设世界科技强国而奋斗[N]. 人民日报，2016-06-01（002）.
[12] 习近平. 在哲学社会科学工作座谈会上的讲话[N]. 人民日报，2016-05-19（002）.
[13] 习近平. 在省部级主要领导干部学习贯彻党的十八届五中全会精神专题研讨班上的讲话

[N]. 人民日报，2016-05-10（002）.
[14] 习近平. 在网络安全和信息化工作座谈会上的讲话[N]. 人民日报，2016-04-26（002）.
[15] 习近平. 毫不动摇坚持我国基本经济制度 推动各种所有制经济健康发展[N]. 人民日报，2016-03-09（002）.
[16] 习近平. 在第二届世界互联网大会开幕式上的讲话[N]. 人民日报，2015-12-17（002）.
[17] 习近平. 携手构建合作共赢、公平合理的气候变化治理机制[N]. 人民日报，2015-12-01（002）.
[18] 习近平. 关于《中共中央关于制定国民经济和社会发展第十三个五年规划的建议》的说明[N]. 人民日报，2015-11-04（002）.
[19] 习近平. 在文艺工作座谈会上的讲话[N]. 人民日报，2015-10-15（002）.
[20] 习近平. 携手构建合作共赢新伙伴 同心打造人类命运共同体[N]. 人民日报，2015-09-29（002）.
[21] 习近平. 谋共同永续发展 做合作共赢伙伴[N]. 人民日报，2015-09-27（002）.
[22] 习近平. 在纪念中国人民抗日战争暨世界反法西斯战争胜利70周年大会上的讲话[N]. 人民日报，2015-09-04（002）.
[23] 习近平. 在会见全国优秀县委书记时的讲话[N]. 人民日报，2015-09-01（002）.
[24] 习近平. 在庆祝"五一"国际劳动节暨表彰全国劳动模范和先进工作者大会上的讲话[N]. 人民日报，2015-04-29（002）.
[25] 习近平. 构建中巴命运共同体 开辟合作共赢新征程[N]. 人民日报，2015-04-22（002）.
[26] 习近平. 迈向命运共同体 开创亚洲新未来[N]. 人民日报，2015-03-29（002）.
[27] 习近平. 在全国政协新年茶话会上的讲话[N]. 人民日报，2015-01-01（002）.
[28] 习近平. 推动创新发展 实现联动增长[N]. 人民日报，2014-11-16（002）.
[29] 习近平. 联通引领发展伙伴聚焦合作[N]. 人民日报，2014-11-09（002）.
[30] 习近平. 关于《中共中央关于全面推进依法治国若干重大问题的决定》的说明[N]. 人民日报，2014-10-29（002）.
[31] 习近平. 在党的群众路线教育实践活动总结大会上的讲话[N]. 人民日报，2014-10-09（002）.
[32] 习近平. 在庆祝中华人民共和国成立65周年招待会上的讲话[N]. 人民日报，2014-10-01（002）.
[33] 习近平. 在纪念孔子诞辰2565周年国际学术研讨会暨国际儒学联合会第五届会员大会开幕会上的讲话[N]. 人民日报，2014-09-25（002）.
[34] 习近平. 在庆祝中国人民政治协商会议成立65周年大会上的讲话[N]. 人民日报，2014-09-22（002）.

[35] 习近平. 在庆祝全国人民代表大会成立60周年大会上的讲话[N]. 人民日报，2014-09-06（002）.

[36] 习近平. 在纪念邓小平同志诞辰110周年座谈会上的讲话[N]. 人民日报，2014-08-21（002）.

[37] 习近平. 新起点　新愿景　新动力[N]. 人民日报，2014-07-17（002）.

[38] 习近平. 在中国科学院第十七次院士大会、中国工程院第十二次院士大会上的讲话[N]. 人民日报，2014-06-10（002）.

[39] 习近平. 从小积极培育和践行社会主义核心价值观[N]. 人民日报，2014-05-31（002）.

[40] 习近平. 青年要自觉践行社会主义核心价值观[N]. 人民日报，2014-05-05（002）.

[41] 习近平. 切实把思想统一到党的十八届三中全会精神上来[N]. 人民日报，2014-01-01（002）.

[42] 习近平. 在全国政协新年茶话会上的讲话[N]. 人民日报，2014-01-01（003）.

[43] 习近平. 在纪念毛泽东同志诞辰120周年座谈会上的讲话[N]. 人民日报，2013-12-27（002）.

[44] 习近平. 关于《中共中央关于全面深化改革若干重大问题的决定》的说明[N]. 人民日报，2013-11-16（001）.

[45] 习近平. 携手合作共同发展[N]. 人民日报，2013-03-28（002）.

[46] 习近平. 在第十二届全国人民代表大会第一次会议上的讲话[N]. 人民日报，2013-03-18(001).

[47] 习近平. 在全国政协新年茶话会上的讲话[N]. 人民日报，2013-01-02（002）.

[48] 习近平. 在首都各界纪念现行宪法公布施行30周年大会上的讲话[N]. 人民日报，2012-12-05（002）.

[49] 习近平. 紧紧围绕坚持和发展中国特色社会主义学习宣传贯彻党的十八大精神[N]. 人民日报，2012-11-19（002）.

[50] 郝立新. 从“四个全面”到“五大发展理念”[N]. 光明日报，2015年12月7日.